JN092419

価値創造の教育

神戸大学バリュースクールの挑戦

國鶴祗　部田園　克宏景　彦樹子　編

神戸大学出版会

はしがき

　VUCA（Volatility, Uncertainty, Complexity, Ambiguity）が現代社会の世界的なバズワードになっている。それが世相をどれくらい正確に反映しているかは分からないが、社会を生きる私たちが、不安定さ、不確実さ、複雑さ、曖昧さを感じる度合いが、日々増していることは事実であろう。2020年に突然世界に蔓延した新型コロナウイルスは、この状況をさらに混沌とさせている。

　このような時代を生き抜く力をつけるには、これまで築き上げてきた知識体系だけでは十分ではない。これらの知識を、不安定で、不確実で、複雑で、曖昧な状況に適応させて、未来を切り拓く力が求められる。それが新しい価値を創造する力である。しかし、このような価値創造力を育成することは、大学をはじめとする伝統的な教育機関が不得意とするところである。既存の教育機関は、これまで人類が蓄積してきた学問的知識を若い世代に伝承することには優れているが、その知識をこれまで想定していない状況下で活用することまではなかなか想像が及ばないためである。

　神戸大学バリュースクール（V.School）は、このような状況を打破し、縦割りの学問領域に横串をさして、新しい価値創造教育を実践するために、2020年4月に設置された。一つのモデルとしたのは、スタンフォード大学のデザインスクール（d.school）であるが、デザインという機能的なイメージから、もう一歩人間の主観に入り込んだバリュー（価値）を対象とするところにV.Schoolの意義がある。対象をデザインからバリューに拡張することで、幅広い社会的課題の解決による価値創造を対象に取り入れることができる。

　しかし、価値創造教育のプログラムは、世界的に標準化されているわけではない。V.Schoolは、価値創造の世界的なネットワークであるCreating Value Allianceを通じて、価値創造の国際的なプラットフォームづくりにも参画しているが、まだ議論が始まったばかりの段階であり、我々も手探りからのスタートとなった。

　本書は、そのような状況下で、V.Schoolが価値創造教育をどのように体

系化して実践しているかについての中間報告である。ちなみに、V.School が開発した価値創造教育のためのモデルである「価値創造スクエア」については、別著（『価値創造の考え方』日本評論社 2021 年）で詳しく解説したので、本書では、V.School が実施している教育プログラムを中心に、価値創造教育の内容が具体的に伝わるように編集した。

本書は三つの部から構成される。第 1 部「価値創造教育の構築—V.School の教育体系」では、V.School で提供する価値創造関係の講義科目を中心に、「価値創造＝価値創発×価値設計」の公式を軸にしながら解説する。第 2 部「アイデアの創出・試作・検証を通じた教育—Project-Based Learning と Field-Based Learning」では、V.School の価値創造教育の中心科目である PBL と FBL について、その内容をできるだけ詳細に紹介する。第 3 部「価値創造のフロンティア—討議の場としての V.School サロン」では、価値の多様性をめぐる学内および学外の方々との交流の場であり、学生への教育機会でもある「V.School サロン」で議論した多様なトピックを中心に、価値創造のフロンティアを論じる。

新しい価値創造は常に一つの挑戦である。価値創造教育の実践も挑戦に他ならない。価値創造教育では、どのような価値創造も直線的には進まず、さまざまな課題に直面しながら実践を通じて、アイデアが進化していくことを学ぶ。これは、V.School の価値創造教育プログラムについても言えることである。VUCA の時代に画一的な価値創造教育など何の役にも立たないであろう。

むしろ、常に改善し続ける駆動力を内蔵した価値創造教育が求められる。その一端を本書でお伝えし、読者の方々の建設的なご批判を得て、さらにその進化のサイクルを回すことができれば、そして、そのことによって一つでも多くの新しい価値を社会に提供することができれば、本書の目的は達成される。

    ＊   ＊   ＊

最後になったが、武田廣神戸大学前学長および藤澤正人現学長をはじめとして、V.School の創設・運営にご指導・支援を頂いている関係各位に深く、感謝の意を表したい。特に、財政的に多大なご支援を頂いている日本 M ＆

Aセンター株式会社・社長の三宅卓氏、株式会社スマートバリュー社・社長の渋谷順氏、教育プログラムにご支援・ご協力いただいている神戸市、淡路市、日本たばこ産業株式会社、神戸信用金庫、有限責任監査法人トーマツ、株式会社パソナグループの皆様には、この場を借りて改めて厚くお礼申し上げたい。

2021年6月1日

神戸大学バリュースクール長　國部克彦

<この本を読んでいただく前に>
「V.School」というところについて

　たぶんあたたかくやさしくキラキラしている何かがその先にあると感じて、人は習い学ぶ。助け支えあって生きるために、人は互いに教え育む。これらの営みを共同するところが学校である。習い学びたい人たちが集って、価値について互いに教え育む学校、バリュースクール（V.School）が神戸大学にできた。この学校を、「正しい答え」をみんなで共有するところではなく、集った人たちが話をし、考え、そして、あたたかくやさしくキラキラしている何かを一緒につくる「思索と創造のワンダーランド」にしようという試行がはじまった。集った人たちは、V.School というところはいったいどうあればよいのだろうかと長い間喧々諤々と話し合った。未だに話し合いは続いている。たぶん、話し合いは永遠に終わることはないのかもしれない。

　喧々諤々と話し合っている中で、集った人たちは、この喧々諤々と話し合っていることこそとても大切なことなのではないかと考えた。そして、話し合っているところを全ての人たちへ開放して共有することにした。それが、V.School サロンである。

　喧々諤々と話し合う中で、集った人たちは、価値を説明するための出発点として「価値創造＝価値創発×価値設計」と「価値創造スクエア」と呼んでいる公式・モデルを共有した。これが「正しい答え」となるはずもないが、これを足掛かりとして、色々な物事を捉える試みを授業でやってみようと考えた。そして、「価値創造と創

```
┌─────────────────────────┐
│ V.Schoolサロン           │
│   SDGs                   │
│   ダイバーシティ          │
│   レジリエンス            │
│   医療機器等              │
└─────────────────────────┘

┌──────────────┐   ┌──────────────┐
│  価値創発     │   │  価値設計     │
│              │   │              │
│ 価値創造と創発 │   │ 価値創造と設計 │
│ 価値創発の実践 │   │ 価値設計の実践 │
└──────────────┘   └──────────────┘

┌─────────────────────────┐
│      PBL / FBL           │
│ 未来洞察プロジェクト　スパイラルアップPBL │
│ 神戸市課題解決プロジェクト   │
│ 日常生活における心の豊かさプロジェクト │
│ One Hyogoプロジェクト     │
│ 学生プロジェクト　　PVCセミナー │
└─────────────────────────┘
```

図0-1　2020年度の主なV.Schoolの教育活動

発」「価値創造と設計」「価値創発の実践」「価値設計の実践」を開講することになった。

　喧々諤々と話し合う中で、集った人たちは、「思索と創造のワンダーランド」というからには、考えるだけでは十分でなく、考えたことを創りだすことも経験するところにしたいと考えた。そこで、PBL（Project-Based Learning：課題解決プロセスを経験しながら学習する方法）やFBL（Field-Based Learning：現場を体験しながら学習する方法）のようなやり方も取り入れて試してみることにした。

　このようにして、2020年度の1年間をかけてV.Schoolというところが少しずつ現れてきた。この新しい学校は、アメーバのように形を変えて、過去と現在、現在と未来をつなぐ学校の在り方・やり方を模索し続ける。それは進化かもしれないし、適応かもしれないし、淘汰かもしれない。この模索は、いつか大学の新しい在り方・やり方の足掛かりが見つかるまで続くはずである。さぁ、あなたも。「思索と創造のワンダーランド」へようこそ。

祇園景子・鶴田宏樹

目次

第 1 部

価値創造教育の構築
V.School の教育体系

価値創造教育の意義と体系

—— 國部 克彦 ——————————————————

1. はじめに

　神戸大学バリュースクール（V.School）は、2020 年 4 月に、「価値の創発及び設計に資する人材を育成するとともに、価値の創造に関する研究を促進する全学横断組織」として設置された。V.School は、価値創発と価値設計の両面から、価値創造教育の推進と価値創造研究の促進という二つのミッションを持っている。なお、「価値創造研究の促進」とは、V.School が固有の価値創造研究をすることではなく、神戸大学の各専門部局で進められているさまざまな研究を相互につなぐ場を提供することで、大学全体としての価値創造研究をさらに発展させるという意味である。

　近年、日本のみならず世界レベルで、価値創造の重要性がさまざまな領域で強調されている。たとえば、経済協力開発機構（OECD）は 2030 年を目指した教育改革プロジェクト OECD Education 2030 のポジションペーパー（OECD, 2018）において、「「VUCA」（不安定、不確実、複雑、曖昧）が急速に進展する世界に直面する中で、教育の在り方次第で、直面している課題を解決することができるのか、それとも解決できずに敗れることとなるのかが変わってくる。新たな科学に関する知識が爆発的に増大し、複雑な社会的課題が拡大していく時代において、カリキュラムも、おそらくは全く新しい方向に進化し続けなければならないだろう」と述べて、現在の教育に強い危機感を示すと同時に、求められる変革を起こす三つのコンピテンシーの筆頭に「新たな価値を創造する力」を掲げている[1]。

　しかし、価値創造のための一般的な教育プログラムはまだ開発途上にある[2]。これには、価値の概念が抽象的で把握しにくいことと、価値の範囲が極めて広く多様なことに大きな原因がある。もちろん、すでに確立されている領域は、社会的に認められた固有の価値を持ち、専門分野としての教育カリキュ

ラムをもっている。しかし、新しい価値の創造を考える場合には、専門分野の研究・教育とは異なる理論と方法が求められる。

　社会は、すでに確立された既存の価値を新しい価値で塗り替えていくことで発展していく。その意味で、社会的に新しい価値の創造力を育成することは、必須の課題であり、それが専門分野のさらなる発展にも通じるであろう。そのためには、価値創造に関する学問分野横断的な教育が必要になる。V.School が担う価値創造教育はまさにこの部分に相当する。

　本書は、V.School が創設1年目に試みた価値創造教育の成果を中心にまとめたものである。価値創造教育は、まだ体系化されていないので、これは未来への挑戦でもある。現在、さまざまな試行錯誤を繰り返しながらも、価値創造教育の一つの道筋が見えてきたところである。本書は、その内容を再度検討し、次のステップへ向かう礎石とすることを目的としている。

　本章では、価値創造教育の意義を V.School の教育と関連付けながら検討し、V.School の教育体系を示すことにしたい。

2. 価値とは何か—価値創造教育の対象

　今日、価値創造の重要性を否定する人は、ほとんどいないであろう。企業はもとより、行政機関も価値創造の重要性を強調し、世界中で「価値創造」という言葉の入った多くのプロジェクトが進行中である。日常生活でも、私たちは、意識的もしくは無意識のうちに、価値を評価して選択しながら過ごしている。しかし、価値の本質とは何かを振り返ると、途端に思考の迷宮に入り込んでしまう。価値とは、それくらい身近でありながら、取扱いの難しい概念である。

　価値創造が社会的に求められているのであれば、当然、価値創造力を持った人材を育成することは教育機関の責務となる。実際、大学の教員は所属する部局において、それぞれの固有の価値観の下で研究教育に励んでいる。ところが、価値は、自分一人でこれには価値があると思っているだけでは社会的には無意味であり、社会が要請する期待にマッチして初めて意義を持つ。その意味で、大学における研究および教育の価値も、常に、社会からの期待を考えて、創り変えていくことが求められる。もちろん、社会からの期待と

しては、顕示的に認識できる期待だけでなく、まだ意識されてない潜在的な期待にまで考えをめぐらす必要がある。そのためには、価値を捉える理論とその実践的な教育が必要となる。

　ところが、価値は捉えどころのない概念であり、またその範囲は極めて広いため、これまで明示的な教育の対象としては捉えられてこなかった。価値創造教育の体系化も、前述のように、世界的にみてもまだ構築途上の課題にある。したがって、私たちは、価値創造教育の体系を一から創っていく必要がある。その最初の一歩は、教育対象としての価値とは何かを考えることにある。

　価値とは何かを考えることは、本来哲学的な課題である。しかし、哲学ではこれまで多くの議論がなされてきたが、価値は必ずしも体系的に論じられてきたわけではない。これには、価値を専門に扱う学問分野として、19世紀には哲学から経済学が独立の学問分野として分離したことも影響していると思われる。たしかに、経済学において、価値は、かつて隆盛を極めたマルクス経済学においてはもちろんのこと、現在の主流派の新古典派経済学においても、中心的課題として認識されている。しかし、その理論を細かく見ていくと、価値の本質は仮説として前提にされているだけで、その根源的な意義を深く問うことなく、多くの経済理論が構築されていることが分かる。

　たとえば、新古典派経済学では、価値は効用として定義されているが、効用を具体的にどのように測定するのかについては十分に理論化されておらず、多くの場合、抽象的な数式として議論が展開される。一方、マルクス経済学では、新古典派経済学よりもはるかに多くの価値概念を使用するものの、最終的に価値を労働時間の投下で評価する労働価値説を前提として理論が構築されており、なぜ、労働時間が価値を構成するのかについては、他の可能性を排除することはできない。価値創造の実際において重要なポイントは、思考上の価値を目に見える価値に転換することなのであるが、この点は経済学では十分に解明されていないのである。

　価値を中心的な研究対象とする経済学でもこのような段階にあるのだから、私たちが、価値創造教育を実践するために、価値の本質から考えていくとすぐに思考の迷宮に入ってしまう。したがって、価値創造教育の第一歩は、価

値の本質を探究することではなく、教育面からもっとも効果的な価値の定義を考えることとすべきであろう。そのときに重要なことは、価値の本質に関する理論的な厳密性よりも、価値創造教育によって開かれる未来の地点から、価値の定義の妥当性を問うことである。

　教育対象としての価値の定義は、多くの学生の思考の出発点になるので、できるだけ一般的で、かつ広く納得を得られるものが望ましい。そのためには、できるだけ人間の経験に広く根差す定義が求められる。つまり、私たちはどのようなときに価値を感じ、そこにどのような共通性があるのかということから、考えていくべきである。私たちが価値を感じるのは、高い芸術性に触れたときであろうか、性能の高いPCを操作したときであろうか、あるいはのどの渇きを癒したときであろうか、それとも友達との何気ない語らいのときであろうか。そのようなときに価値を感じた経験のある人は多いことであろう。このような例はいくらでもあげることができるが、そこに共通する感情を突き詰めていくと、「満足」という感情が浮かび上がってくる。

　したがって、価値とは「何らかの満足を得ること」と定義しても、多くの人には違和感はないであろう。これは、新古典派経済学の効用概念とも近い理解で、効用があるから満足を得るとか、満足するから効用があると考えることができるので、そこから経済学的な理論を展開することが可能となる。そうすると、価値創造とは「何らかの満足を提供すること」となり、それが社会的に繰り返されることで、「社会全体の満足度が高まる」ことになる。「満足」が増えると、当然、人々の幸福感は増えると考えられるので、「価値創造とは幸福な社会を創ること」とも言い換えることができる。このような展開は、当然未来の社会に通じているので、価値創造教育における価値の定義として、その面からも妥当であると主張しうるであろう。

　しかし、価値が「満足」に起因する現象であるとしても、教育対象としての価値は、「個人の満足」の範囲に留まってはならない。個人的な満足だけを追求したいのであれば、何も大学でわざわざ教育する必要はない。目指すべき価値は、「社会全体の満足」でなければならない。しかし、「社会全体の満足」と言った瞬間に、「満足」という言葉が持つ経験的なイメージが失われ、価値の概念が抽象の世界に浮いてしまう。この両者を結び付けて、「個

人の満足」を「社会の満足」につなげることが必要で、そのプロセスが価値創造教育の対象となる。このように価値は、「個人の満足」が起点になるが、価値創造教育においては、それを「社会の満足」にまで展開する必要がある。そのためには、「個人の満足」が他者と共通性を持つかどうかの吟味と、他者に対する共感が求められる。「個人の満足」であっても他者と共通するのであれば「社会の満足」になり得るし、「他者の満足」であっても自分が共感するのであれば「社会の満足」になり得ると考えられる。このプロセスを経ることで、価値をイメージの段階から、具体的なアイデアの段階にまで展開することができるようになる。このような能力を開発する価値創造教育が実現できれば、「社会の満足度を高めることのできる」人材を育成することが期待できる。社会の満足度が高まれば、幸福感も増すはずであるから、価値創造教育は「社会的な幸福感を高める人材」を育成することと言い換えることもできる。

　なお、現在の日本では、イノベーションが起こりにくいことによる国力の低下が深刻な問題になっているように報じられている。このことが真実かどうかは、慎重に吟味されるべき問題ではあるが、ここでは、人間にとっての満足や幸福ということを考えることなしに、直接イノベーションを考えても効果があまりないことを指摘しておきたい。イノベーションを通じて幸福な未来を開きたいという構想がなければ、どのようなイノベーション政策も意味はないであろう。しかし、その幸福の中身の議論が欠落していることが日本の一番の問題であり、それがイノベーションが起こりにくい原因にもなっていると思われる。ところが、この点は、イノベーションの議論からは生まれてこない。なぜなら、それはイノベーションに先行して存在している問題だからである。この問題領域こそ、価値創造の研究と教育が対象とすべき次元である。

3. 価値の二つの次元と四つの要素─価値創造スクエアの提案

　価値を、個人または社会の満足として捉えるとしても、それだけでは体系的な教育プログラムに落とし込むことはできない。満足にしても、価値と完全に同じ概念というわけでなく、価値が生じることによる一つの現象に過ぎ

ない。また、満足は主観的な概念であるため、そのまま社会に実装するわけにもいかない。社会に実装するためには、価値を形式化する客観的な枠組みが必要になる。

　価値という概念が、主観的な観念と客観的な実在の間の相互作用の結果として生じていることは、ジョン・デューイの「価値づけの理論」（Dewey, 1939）でも示されているとおりであり、価値創造教育においても、価値が存在する主観の世界と客観の世界の二つの次元を抑えることが必要になる。つまり、価値は主観的で目に見えない「感情」と、それを客観化した「形式」の間の相互作用の中で生じるものであり、その主観と客観の関係性をどのように捉えるかで、価値の中身が決まってくるのである。

　しかし、主観と客観というだけでは、教育対象としては操作可能ではないため、このプロセスを思考可能なモデルに落とし込む必要がある。V.Schoolでは、この点について１年近く検討を重ねた結果、図1-1に示す「価値創造スクエア」モデルを考案するに至った。価値創造スクエアは、価値を「期待」、「課題」、「結果」、「満足」の四つの要素から捉える。「期待」と「満足」は主観の世界に、「課題」と「結果」は客観の世界に存在する概念である。実際に、価値は、この二つの次元の四つの要素が相互作用する中で、創造されると考えられる。その意味で、価値創造スクエアは、価値が創造される場を示している。

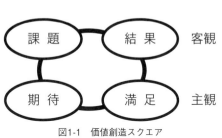

図1-1　価値創造スクエア
出所：國部、玉置、菊池（2021）

　つまり、価値が最終的には何らかの「満足」（あるいは「不満足」）をもたらすものであるとすれば、意識的か、無意識的かは別にして、何らかの「期待」（あるいは「失望」）がその背後にあるはずである。しかし、「期待」を心の中にしまっておくだけでは、実現できないので、それを言語でも、数字でも、イメージでもよいので形式化する必要がある。この形式化された「期待」が「課題」である。そして「課題」に取り組めば、当然何らかの「結果」が出るはずで、その「結果」を評価して「満足」（あるいは「不満足」）

がもたらされる。実際には、このように直線的にはことは進まず、この四つの側面は複雑に入り混じりながら、進行することになる。

　したがって、この四つの要素は相互に独立して存在しているのではなく、「期待」のない「課題」には意味がなく、「満足」や「不満足」を与えない「結果」にも意味がないことから明らかなように、「期待」と「課題」、「結果」と「満足」は実際には相互に分離できない形で進行する。「期待」や「満足」は、「課題」や「結果」という形式化された客観に、意味を与える主観であり、主観が客観を支えていると同時に、客観が主観に影響する相互作用がそこに存在しているのである。

　この価値創造スクエアを具体的な問題に当てはめて考えれば、価値創造プロセスが思考可能になる。それを他者と共有すれば、他者の経験との共通性が発見できると同時に、新しい気づきが得られるであろう。つまり、自分の「期待」と他者の「期待」を議論するだけで、主観的な「期待」に潜む客観性と新規性が理解できるようになるのである。「課題」、「結果」、「満足」も同じように、他者とともに思考することで新しい見方が醸成される。このようなプロセスを経て、「個人の価値」が「社会の価値」へ展開することが期待されるのである。

　なお、この価値創造スクエアにおける四つの要素の結びつき方のパターンには、さまざまなバージョンが考慮可能であり、さらに、デザイン思考やPDCAサイクルなどの既存の思考プロセスとの関係についても重要な論点になるが、それらについては國部、玉置、菊池（2021）で詳細に論じているので、そちらを参照していただきたい。ここでは、価値創造スクエアの原型を示すのみにとどめ、このスクエアをどのようにして価値創造教育に応用するかについて論じていきたい。

　なお、私たちは価値創造スクエアを唯一の価値創造モデルであると主張したいわけではない。「価値創造スクエア」は、価値創造プロセスについての排他的な理論モデルとして提案されるものではなく、価値創造教育に応用するための暫定的なモデルであり、価値創造教育の実践を積み重ねる過程で、常に改訂される可能性に開かれたモデルである。

4. 価値創造＝価値創発×価値設計

　価値を価値創造スクエアのように主観と客観の二つの側面と、「期待」、「課題」、「結果」、「満足」の四つの要素から捉えるとして、それを教育プログラムに落とし込む際には、価値創造のプロセス別に編成することが有効である。V.School では、価値創造プロセスを「創発」と「設計」という二つのプロセスに区分して、教育プログラムを体系化している。

　創発とは、一般に、個別の要素の相互作用によって、各要素の総和以上の性質が生じることである。これを価値創造スクエアに即して考えるならば、ある「期待」や「満足」が、他の「期待」や「満足」または、形式化された「課題」や「結果」の相互作用を経て、当初の想定とは異なるレベルの「期待」や「満足」が生じ、それが新たな「課題」や「結果」を生み出すことと理解できる。

　つまり、「価値の創発」とは、当初の「期待」や想定されていた「満足」を超える価値が生み出されることであり、これはまさにイノベーションに通じる現象である。しかし、そのためには、「期待」や「満足」はもちろん、その形式化である「課題」や「結果」が、既存の思考に支配されていてはならない。創発は、既存の思考の外部から生起する概念であるから、形式化された「課題」や「結果」が、主観的な「期待」や「満足」を規定するような考え方は、価値創造教育の現場では排除されなければならない。

　「価値の創発」を有効に実践するためには、そのためのプラットフォームとしてのシステムの設計が求められるが、教育の場ではそれは思考のプロセスになる。デザイン思考やアート思考と呼ばれる思考方法は、そのための有効な思考プロセスの手法である。「価値創造＝価値創発×価値設計」の公式や価値創造スクエアを、デザイン思考やアート思考のステップの中に取り込むことで、それぞれの思考方法の内容を充実させることができる。

　たとえば、「創発」という概念は、価値創造スクエアの「主観」の側面、すなわち「期待」と「満足」がドライバとなって生じるものであって、「課題」と「結果」という「客観」の側面から生じるものではない。したがって、このような思考を、価値創造スクエアを通じて、デザイン思考やアート思考に持ち込めば、価値創発の概念をより具体的に思考することができるであろ

う。一方、デザイン思考やアート思考では、ユーザーの課題解決や自己の希望の実現のような起点が想定されているが、価値創造スクエアを導入することで、「期待」と「満足」の概念を拡張して、社会的な価値の視点から全体を眺めることも可能となる。

　一方、価値創造を考える場合、創発プロセスだけで終わるのなら、まだ価値が創造されたことにはならない。価値は、社会に実装されて初めて創造されたことになる。このプロセスを対象とするのが、「設計」である。価値設計では、価値創発とは逆に、「課題」と「結果」の関係が重要になる。なぜなら、アイデアとして生み出された価値を社会に実装するには、さまざまな「課題」を「結果」に結びつけていかなければならないからであり、そのためには既存の資源を適切な手法で結合させる必要がある。

　その際に、特に重要なのは、「価値設計」のプロセスに、「期待」と「満足」という主観の側面を取り込むことである。価値の社会実装の局面では、「課題」や「結果」のような目に見える側面に目が行きやすいが、むしろ、そのような客観的プロセスにおいてこそ、その背後にある「期待」や「満足」という主観の側面が必要になる。なぜなら、現実の制約条件に抗しきれず、当初の「期待」や「満足」を諦めることになれば、当初の価値そのものを毀損することにも通じるので、これはできる限り避けなければならないからである。したがって、「価値設計」の側面においても、価値創造スクエアの主観の側面が重視される必要がある。

　その意味において、「価値創発」と「価値設計」は、「創発」を終えてから「設計」に至るという直線的な関係ではなく、価値創造スクエアにおいて、主観と客観があざなえる縄のごとく入り組んでいるように、「創発」と「設計」も常に入れ子構造のように進んでいくことが理想となる。これが、「価値創造＝価値創発×価値設計」の公式の本質である。この関係は、図1-2のように図示できるであろう。

　図1-2を見れば明らかなように、一つの「結果」が出て「満足」した瞬間に、新しい「期待」が生まれて「課題」が見つかることがよくある。その「期待」や「課題」は、最初の「期待」や「課題」を考えていたときには見えていなかったものであれば、それは新たな価値が創発されたと考えられる。

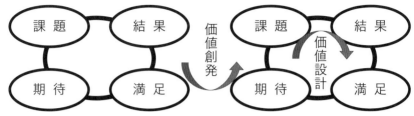

図1-2　価値創造スクエアにおける価値創発と価値設計の関係

　一方、「課題」から「満足」に落とし込むのが設計で、この図では連続的につながっているように見えるが、「課題」→「結果」の時間と、「期待」→「満足」の時間は異なるので、図示することは困難であるが、「創発」と「設計」は時間軸の中では複雑に入り組んでいるのである。

　また、図1-2が示すもう一つの重要なメッセージは、価値創造スクエアが連鎖していくことで価値が創造されることを示していることである。価値創造スクエアだけを見ると、PDCAサイクルのような循環モデルのように見えてしまうが、価値創造スクエアにおける図1-2の右側の「期待」は、左側の「期待」とは、最初に想定されていなかったという意味で、次元の異なるものである。このように価値はつながりの中で生まれ、さらに価値が新しいつながりを生むことを、価値創造スクエアは示している。

5. 経験と共創—価値創造教育の実践

　価値が主観と客観が交差する価値創造スクエアの中で創造されるとすれば、そして、そのプロセスが価値創発と価値設計の継時的な繰り返しであるとすれば、その教育は知識の提供ではなく、学生の経験を重視したものでなければならない。なぜなら、価値とは個人の経験を通して生じるもので、知識を学習して身につくものではないからである。

　教育における経験の重要性は、1938年に公刊されたジョン・デューイの古典的名著『経験と教育』において詳細に議論されている。この著書の中で、デューイは、経験の理論的な意義を検討し、教育において経験を活用するための基準を提示している。デューイは、「真実の教育はすべて、経験をとおして生じる」（デューイ、2004, p. 30）と考え、経験を教育に生かすためには、

教師が学生の経験の質を評価して、「継続して起こる経験のなかで、実り豊かに創造的に生きるような種類の現在の経験を選択する」（同上、p. 35）能力の育成が必要であることを主張する。

このデューイの主張は、価値創造教育にもそのまま当てはまる。価値は経験を通して生じるものであるため、価値創造教育では、価値をどのようにして学生の経験に結び付けていくかが鍵になる。これは、知識を価値として経験させるだけではなく、学生個人の経験を価値の経験として展開することが必要になる。それは、価値の源泉が自己の外部にあるのではなく、内部にあることを自覚させるような教育である。そのうえで、学生の過去の経験に教育による新たな経験が追加されて、異なる経験同士がつながれば、そこに新たな価値が生まれる可能性が高まる。これが教育による価値の創造、つまり価値の共創である。そのためには、教員が自らの経験を学生と共有するだけでなく、学生同士の経験の共有が促進されるような教育の場が求められる。

このような学生の経験を重視した教育プログラムにPBL（Project-Based Learning）やFBL（Field-Based Learning）があり、V.SchoolでもPBLやFBLを中心科目に位置付けている。PBL/FBLでは、実際に学生自身のアイデアを生み出して試作し、フィールドに出て検証することが求められる。そのためには、デザイン思考やアート思考のような、アイデアを生み出すための思考方法を学習することも有効であるが、これらの思考プロセスはあくまでも手段であって、価値創造教育では、これらの手法が目的に対してどの程度効果的であるかが問われなければならない。したがって、価値創造教育のPBL/FBLは、実際に学生が何らかの価値を創造するように設計されていることが必要で、最終的にそれを検証することができれば、学生は価値創造のプロセスを経験することになって、実践的な学びを得ることになる。

実際に、このようなプロセスは、エフェクチュエーションそのものでもある。エフェクチュエーションとは、バージニア大学ビジネススクールのサラス・サラスバシーが提唱する概念で、新規事業を創造する起業家に共通してみられる行動パターンである。サラスバシーによれば、起業家たちは特定の目標を目指して活動するのではなく、自分たちが利用可能な手段を実効化すること（エフェクチュエーション）を通じて、新たな目的を発見し、新たな

関係を築き、新たな手段を得て、さらに展開し、そのプロセスの中で新規ビジネスが形成されていくという。つまり、目的が先にあるのではなく、手段が先にあり、それを実行化していくプロセスで、目的が生まれて展開し、最終的に何らかの新しい事業が創造されるのである（サラスバシー、2015）。

　価値創造教育の実践では、このようなエフェクチュエーションのプロセスを、デザイン思考やアート思考のような思考方法を取り入れながら、学生に実際に経験させることが効果的である。そのときに鍵を握るのが経験の共有である。本書の定義によれば、価値とは「何らかの満足を得ること」であるから、それは経験そのものである。したがって、複数の経験が共有されれば、自分にはない経験（満足）を発見するという意味で、価値が創造される可能性が高まる。サラスバシーのエフェクチュエーションのモデルでも、「他の人々との相互作用」は新しい手段と目的を生み出すための重要な位置を占めている。

　このような経験の共有による価値創造は、ビジネスの世界では、「共創経営」として知られている。ペンシルベニア大学のビジネススクールの教授であったC・K・プラハラードは、同僚のベンカト・ラマスワミとともに執筆した『コ・イノベーション経営―価値共創の未来に向けて』において、経営における価値共創の概念を定式化した。プラハラードらは、価値は、企業が創造して顧客に提供するものではなく、企業と顧客が協力して創造するものであることを強調し、そのプロセスを理論化している。

　プラハラードらが重視するのは、企業と消費者の経験の共有であり、さらには経験のパーソナル化である。企業にとっての経験のパーソナル化とは、個々の顧客が価値を経験する場面を捉えて、新しい価値に気づくことである。従来であれば、多くの顧客の共通のニーズが価値の対象であると考えられていたが、これからは個人ごとに違う経験の中にこそ、新しい独自の価値（unique value）があることをプラハラードらは説くのである。経験のパーソナル化は、一見するとニーズの多様化のように見えるが、実は、多様化したニーズに応えてほしいという共通の期待が背景にあり、その期待に応える仕組み作りが価値創造の対象になるのである。このような価値は、経験のパーソナル化を共有しない限り、気づくことが難しいものであるが、それが

実現すれば共創経験が価値創造の世界を拡張する可能性が開けるのである。

　プラハラードらの価値共創の理論は、そのまま価値創造教育にも応用でき
る。価値創造スクエアで示した通り、価値とは、主観的な側面をその源泉と
しているのであるから、それは基本的にパーソナルなものである。価値の創
発も共創もこのパーソナルな価値を起点にしなければ、次のステージに進め
ない。しかし、完全にパーソナルであればその価値は社会化できないので、
その価値に他者との共通性があるかどうかを問う必要がある。そのためには
共感という経験のプロセスが鍵になる。このようなプロセスを経て、パーソ
ナルな価値の共通性に学生が気づき、それを育むような教育の場が、価値創
造教育の中にビルトインされる必要がある。その意味で、経験と共創は価値
創造教育の二軸なのである。

6. V.Schoolの価値創造教育体系

　価値創造教育の意義とそのアプローチ方法について述べてきたが、本節で
は、このような理論的な検討を背景として、V.School の価値創造教育体系
について説明する。

　V.School は冒頭に示したように、価値創造教育の推進と価値創造研究の
促進という二つの使命を持っている。この二つは別々の活動ではなく、教育
が研究を支え、研究が教育の基盤を提供するように、お互いに切り離すこと
はできない。この使命を果たすために、V.School は以下に示す三つのビジョ
ンを掲げている。この三つのビジョンは、V.School が、単なる知識提供の
場でなく、学生が考え、気づきを得て、それを試作（プロトタイプ）してい
く、ダイナミックな場であるべきことを示している。

> 「**教わるのではなく考え抜く場**」
> 　「価値」は人によって違います。各々の「価値」をみつけるために、
> 教師が学生に向けて講義するのではなく、V.School に集う人たちが共
> に問いを立てて考え抜くことを実践します。
> 「**情報ではなく気づきを得る場**」

教科書や論文、最新ニュースなどの情報は、ネットを探せばどこでも手に入ります。V.School は、情報を提供するのではなく、物事を捉える視点を提案し、価値創造につながる気づきが生まれることを大切にします。

「プランではなくプロトタイプの場」

　　考えたアイデアやコンセプトを具体的な形にすることはとても勇気のいることです。V.School は立案にとどまらず、実際にモノ・コトを創って、価値を実現しようとする人たちと協働していきます。

　このような使命とビジョンをもった V.School の活動は、価値創造教育と学内外の価値創造研究をつなぐことの二つに分かれる。前者は、価値創造科目を体系的に学生に提供することであり、後者は、「V.School サロン」[3]として、価値創造に関する研究交流の場を提供し、学生に対しては、それを価値創造教育の一環として運営している。

　V.School が現在対象としているのは、V.School に入校している V.School 生を対象とする価値創造の「発展教育」であるが、神戸大学全学生を対象とした「一般教育」や社会人を対象とした「実践教育」も重要な活動である。この全体の関係は図 1-3 のように示すことができる。この三つの教育の関係は、「発展教育」が V.School の中心であり、その成果を、「一般教育」と「実践教育」にも生かすという位置づけになっている。これらの教育を「V.School サロン」という研究交流と教育の場が支える構図が、現在の V.School の教育体系である（詳細は、本書の「資料」参照）。なお本書は、V.School の「発展教育」の内容をもとに構成されている。

7. おわりに

　「多くの人が夢中になって新たな価値を創り出し、それが結果として世の中を良くしている社会。」これは、ある学生が V.School への入校志願書に「理想とする社会」として記したものである。この学生は、V.School 創設以前に、経営学部提供の高度教養セミナー「シリコンバレー型起業演習」[4]を

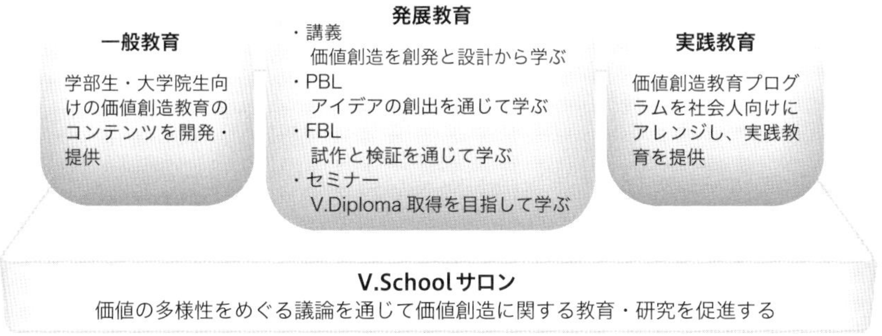

一般教育

学部生・大学院生向けの価値創造教育のコンテンツを開発・提供

発展教育

・講義
　価値創造を創発と設計から学ぶ
・PBL
　アイデアの創出を通じて学ぶ
・FBL
　試作と検証を通じて学ぶ
・セミナー
　V.Diploma 取得を目指して学ぶ

実践教育

価値創造教育プログラムを社会人向けにアレンジし、実践教育を提供

V.School サロン

価値の多様性をめぐる議論を通じて価値創造に関する教育・研究を促進する

図1-3　V.Schoolの教育体系

受講して、このような考えに至ったと説明している。まさに、V.School が追求すべき社会を端的に示していると言えよう。

　価値創造は、本来企業や政府が求めるものではなく、個人一人ひとりが、日々の生活の中で実践すべき活動である。しかし、価値の概念が、個人から遠くなると、お仕着せの価値や価値観に満足するようになって社会が停滞し、権威主義が台頭し、非民主化的な傾向が強まってしまう。まさに現在は、至るところで、このような危険な兆候が表れているのではなかろうか。価値創造教育は、このような権威主義的で非民主的な動向を抑制し、価値を創造する主導権を個人に取り戻すための教育と言うことができる。しかも、そのような方向性は、第一線の経営学者たちが指摘するように、価値創造を目指す組織である企業にとっても望ましいものなのである。

　また、学生の価値創造能力を高めるということは、自分自身の専門知識の活用の幅を広げることにも通じる。大学では、個々の専門知の価値は不問に付されやすいが、それが知の権威化の始まりであり、社会からの乖離の要因にもなる。大学の中だけの知に価値はなく、専門知も人間の経験によって更新され続けなければならない。そのような能力の育成こそ、専門教育ではなく、本来の意味での教養教育が担うべきである。価値創造教育はその中心を構成する高等教養教育の基礎としても位置づけられるべきであろう。

　価値創造教育は、価値の概念が個人の経験に根差すものであるため、語学や数学のように体系的に知識を教授する形式では教育することができない。学生の経験を通じて、学生がすでに持っている価値創造能力を引き出す教育

が必要である。そのための有効な教育プログラムは、世界的にみてまだ開発
途上である。V.School の価値創造教育は、この難問に挑戦し、来るべき社
会を開く起点になることを目指している。

<付記>
本章は、國部克彦「価値創造教育の意義と実践—民主的な社会の実現のために」神戸大学
大学教育推進機構『大学教育研究』第 29 号、2021 年を大幅に加筆修正したものである。

注
1　ちなみに、残りの二つは、「対立やジレンマを克服する力」と「責任ある行動をとる力」
　　である。なお、OECD（2018）は、初等中等教育を主な対象としているが、大学教育の
　　現場も、まさに同じ問題をより増幅された形で抱えていると言えよう。
2　V.School は価値創造に関する国際的ネットワークである Creating Value Alliance にお
　　いて、メリーランド大学、南フロリダ大学、オールボー大学、北陸先端科学技術大学院大学
　　等と協力して、価値創造教育や研究のプラットフォームづくりに着手している。
3　「V.School サロン」は、2020 年度は「価値創造サロン」として実施したが、2021 年度よ
　　り「V.School サロン」に改称した。
4　この科目は 2020 年度は神戸大学経営学部と V.School の教員が協力して担当している。
　　科目の詳細については、内田（2021）を参照されたい。

参考文献
内田浩史（2021）「「シリコンバレー型起業演習」について」神戸大学経済・経営学会『経済学・
　　経営学学習のために』令和 3 年度前期号、pp. 37-45。
國部克彦、玉置久、菊池誠編（2021）『価値創造の技法—期待を満足につなぐために』日本
　　評論社。
サラス・サラスバシー（2015）『エフェクチュエーション—市場創造の実効理論』碩学舎／
　　中央経済社。
ジョン・デューイ（2004）『経験と教育』講談社学術文庫。
C・K・プラハラード、ベンカト・ラマスワミ（2004）『コ・イノベーション経営—価値共創
　　の未来へ向けて』東洋経済新報社。
Dewey, J. (1939). "Theory of Valuation," in Boydston, J. A.(ed.), *John Dewey: The Later
　　Works*, Vol. 13, Southern Illinois University Press, 1991, pp. 189-251.
OECD（2018）. *The Future of Education and Skills : Education 2030*, OECD.

第2章
価値創発の教育
── 玉置 久・菊池 誠 ──

1. はじめに

V.School における 2020 年度の教育は、テーマを定めて複数の教員等が話題を提供し議論する価値創造サロン、講義科目、PBL（課題解決型科目）の三つのカテゴリーで行われた。また、V.School には価値創発部門と価値設計部門が設けられていて、2020 年度の教育のうち、講義科目と PBL の一部は価値創発系科目と価値設計系科目に分類されて実施された。価値創発系科目には「価値創造と創発、価値創発の実践、価値創発 PBL」があり、価値設計系科目には「価値創造と設計、価値設計の実践、価値設計 PBL」がある。本章の目的は価値創発系科目の背後にある、価値創発の教育の基本的な考え方を紹介することにある。

2. 価値創造の公式

価値創発の教育について考えるためには、まず、価値創発とは何であるかを明らかにする必要がある。V.School では発足時に「価値創造」と「価値創発」、「価値設計」の関係について次の「公式」が提案された。

（1）価値創造＝価値創発×価値設計

課題解決を図るとき、私たちは与えられた「課題」に対して、いかにして「結果」を導き出すかを考える。しかし課題解決で求められているのは、本来、「結果」それ自身ではなく、「結果」がもたらす「価値」である。そして、望んでいた「価値」を手に入れるためには、「課題」の背後にある「期待」を把握し、「課題から結果に至るプロセス」ではなく、「期待から価値に至るプロセス」を考えることが大切である。V.School では発足時に、この

「期待から価値に至るプロセス」が「価値創造」であると考え、この「価値創造」のうち「期待から始まる前半部分」を「価値創発」と、「価値に至る後半部分」を「価値設計」と名付けた。これが（1）の背後にあるV.Schoolの「基本図式」である。

この「基本図式」では、「価値創発」や「価値設計」という言葉は「価値創造」の前後半部分に付けられた名前でしかない。名前は好きに付ければ良いので、それらが「価値創発」や「価値設計」と呼ばれることは真偽が定まるものではない。しかし、「基本図式」の考え方が（1）で適切に表現されているのか、その「基本図式」は「価値創造」や「価値創発」、「価値設計」という言葉の素朴な意味に照らし合わせて妥当であるのか、という二つの問題は、議論する必要も価値もある。この節では一つ目の問題について考える。二つ目の問題は次節で論じる。

さて、（1）の大きな特徴の一つに、数学や物理学で用いられる「積」の記号「×」が用いられていることがある。（1）の妥当性を検討するために、（1）の「積」の記号「×」を「和」の記号「＋」に取り替えて、（1）を

（2）価値創造＝価値創発＋価値設計

と書き直したときに、意味が変わるのかについて考えてみる。

もしも（1）と（2）の意味が同じであるのなら、（1）に現れる「積」の記号はかなり素朴に、感覚的に用いられていることになる。そのとき（1）は、厳密な議論で使われる「公式」というよりは、むしろ、何らかの気分を曖昧に共有する「スローガン」のようなものに過ぎないことになる。もちろん「スローガン」でも十分に価値を持つであろう。しかし、「スローガン」だけでは理論や教育体系は構築できない。

もしも（1）と（2）の意味が違うのであれば、なぜ「和」の記号ではなく「積」の記号が選ばれたのかが問題になる。この問題に答えられなければ、結局（1）の意味は理解できていないことになる。そこで、この問題について考えてみる。

先に説明したように、「期待から価値に至るプロセス」としての「価値創

造」の前後半部分をそれぞれ「価値創発」と「価値設計」と名付けたのであれば、「価値創発」と「価値設計」は「つながる」ものになる。それならば「基本図式」の考え方は、「積」の記号を用る（1）よりは、「和」の記号を用いる（2）で表すことが相応しいであろう。一つのプロセスを前後半部分の二つに分解する「基本図式」と（1）は対応しない。このとき、「基本図式」と（1）のどちらが妥当であるのかが問題になる。

まず、「価値創造」を前後半部分に分解する「基本図式」の妥当性について考える。素朴に考えれば、「期待から価値に至るプロセス」の前半部分は製品開発に、後半部分は商品化に相当する。もしも、製品開発を担当する学問領域が工学であり、商品化を担当する学問領域が経営学であると考えるとすれば、「基本図式」は「工学で製造物が作られ、経営学で商品化される」という「素朴な見方」と似たものになる。そして、どれだけ有効であるかは別として、この「素朴な見方」は十分に整合的であり、妥当である。

ただし、「工学で製造物が作られ、経営学で商品化される」という「素朴な見方」には、「課題と期待の区別」や「結果と価値の区別」がなく、「出発点は課題ではなく期待であり、終着点は結果ではなく価値である」という「基本図式」の考え方は含まれていない。したがって、この「素朴な見方」によって「基本図式」が正当化される訳ではない。

なお、「基本図式」の考え方は（1）と（2）のいずれにも反映されていない。例えば、もしも「価値創造」を「課題から結果に至るプロセス」であると考え、この意味での「価値創造」の「課題から始まる前半部分」を「価値創発」と、「結果に至る後半部分」を「価値設計」と名付けたとしても、（1）や（2）はそのまま成立するであろう。（1）や（2）には「期待と課題の違い」や「価値と結果の違い」は含まれていない。

次に、（1）と（2）を比較したときの（1）の妥当性について考える。「数の演算」としての「積」と「和」が異なることはいうまでもない。ただし、数学では「数そのもの」が扱われるのに対して、物理学ではcmやkgといった「単位を伴う数」が扱われるため、どのような場合に「積」や「和」が可能であるのかは、数学と物理学とでは大きく異なる。例えば、数学では3×5や3＋5は常に意味がある。しかし、物理学では単位を考慮する必要が

あるため、ただ単に3×5や3＋5といっても、それだけでは意味があるかないかは判断できない。

　例えば、電力量の単位にkWh（キロワット時）がある。1kW（キロワット）の電力を1h（時間）消費したときの電力量が1kWhである。3kWの電力を5h用いれば、3×5＝15なので、15kWhになる。3kW×5hは意味を持つ。しかし、3kW＋5hには意味がない。3＋5＝8という計算ができるとしても、3が電力を、5が時間を表していれば、3と5は足せない。それに対して、3h＋5hには意味がある。3時間と5時間を足せば8時間である。

　同じように、速度と時間は掛けられるが、足せない。異なる単位の数についても「積」は可能であるのに対して、「和」が可能であるのは単位が等しいときのみである。

　先の（1）や（2）の妥当性を考えるときには、そもそも「価値創発」や「価値設計」が何であるのかが問題になる。「価値創発」や「価値設計」にかかる時間やコストに興味があり、例えば、「価値創発には2週間かかり、価値設計には3週間かかる」ことを考えるのであれば、「積」の記号を用いる（1）ではなく、「和」の記号を用いる（2）が相応しいことになる。

　しかし、（1）で話題にされているのは、そのような「量的に表現されるもの」ではない。それならば、「価値創発」と「価値設計」は、電力と時間のように、本質的に異なる概念であろう。したがって「価値創発」と「価値設計」を考える場合には、同種のものしか演算できない「和」の記号を用いる（2）ではなく、「積」の記号を用いる（1）こそが相応しいことになる。つまり、「（1）と（2）のいずれかを選べ」と言われれば、（1）を選ぶしかない。

　もちろん、「価値創造」についての議論は「量的に表現されるもの」を扱うことを意図していないので、kWhと同種の考察が適用されるべきではないという考え方もあろう。しかし、もしもそのように考えるのなら、そもそも「積」や「和」の記号を用いること自体がおかしい。そして、（1）が「公式」として単なる「スローガン」以上の厳密な内容を持つと考えるのなら、「積と和には違いがある」と考えるべきである。そして、「積」と「和」に違いがあるのなら、数学や物理学の記号を用いているのだから、その違いは数

学や物理学における違いと対応させるべきであろう。

　このように、「価値創造」や「価値創発」、「価値設計」の関係は（2）で表されるべきものではない、と考えるのであれば、やはり「基本図式」は妥当ではないことになる。

　実際、V.School では「基本図式」に代わるものとして「価値創造スクエア」を提唱するに至った。この「価値創造スクエア」は、「価値創造」を「期待から価値に至るプロセス」として理解するのではなく、「期待、課題、満足、結果の相互作用」として考えるものである。「価値創造スクエア」について詳しくは國部、玉置、菊池（2021）で論じているので、そちらを参照していただきたい。ただし、「価値創造スクエア」には「価値創発」と「価値設計」は現れない。「価値創発」や「価値設計」が何であるのか、「価値創造スクエア」と（1）の間にどのような関係にあるのかは、まだ明らかではない。

　なお、ここまでの議論で明らかになったことは、「（1）か（2）か」の二者択一を迫られるならば「（2）ではない」というだけのことである。そもそも「（1）か（2）か」の二者択一という問題は（1）について批判的に考えるために用意したものであって、問題そのものに妥当性があるとは限らない。例えば、物理学においては質量と速度を掛ければ運動量になり、質量と速度の2乗を掛けて2分の1倍すれば運動エネルギーになる。運動量と運動エネルギーは異なる概念である。「価値創造」が、「価値創発」と「価値設計」の「和」ではないとしても、それらの「積」である理由はどこにもない。（1）と「基本図式」が両立せず、かつ、「基本図式」は妥当性を欠くことが明らかになったとしても、それだけでは（1）の妥当性が示されたことにはならない。

3. 創発と設計

　前節で論じたように、「価値創発」と「価値設計」が「価値創造」の主要な要素であり、かつ、「価値創発」と「価値設計」は足せないとしても、それだけでは、なぜ「価値創発」と「価値設計」を掛ければ「価値創造」になるのかは明らかでない。この問題そのものについては明確な答えは持ち合わせていないが、創発と設計の関係については、これまでに長い時間をかけて

数多くの議論を積み重ねている。

　創発とは、一般に「部分の性質に還元できない性質を全体が持つこと」である。この創発と呼ばれる現象には、以下のような典型的な二つの型がある。

　一つは「全体の性質が部分の性質の単純な総和ではないこと」である。ただし、このように考えるとき、世の中にあるものほとんど全てが創発である。人間の脳の働きは細胞の働きからなるが、一つ一つの細胞の働きの中には、感情や論理的思考力に相当するものはない。コンピュータの働きは突き詰めれば抵抗やコンデンサ、トランジスタの働きからなるが、抵抗やコンデンサ、トランジスタの働きの中にはシミュレーションや画像処理の能力に相当するものはない。脳やコンピュータの働きは皆、創発と呼ばれる現象である。ただし、この説明は、なんとなく言いたいことはわかるが、きちんと理解しようとすると、何のことだか分からなくなる。

　もう一つは、意味を持たない数多くのものが集まることで、何らかの意味が構成されるものである。例えば白い点と黒い点がたくさんあるとする。それらは、ある並べ方では自動車の絵になるし、別の並べ方では人間の絵になる。構成している点に違いはなく、点の並べ方が白い点や黒い点に役割を与えているのである。これもまた、「部分の性質に還元できない性質を全体が持つこと」であり、創発であると考えられるが、そもそも白い点や黒い点それ自身は何の働きも持たないという意味で、この創発の例は先の脳やコンピュータなどの創発の例とは本質的な違いがあるようにも思われる。しかし、正直なところ、その違いが何であるのかはよく分からない。

　創発ではない現象は簡単である。例えば、重さの概念を考える。5kgの重りと10kgの重りを合わせれば、15kgの重りができる。この場合は、全体の性質は部分の性質の単純な総和である。このような性質や現象は創発ではない。

　自然科学が目指すことは、人間の脳の働きを神経細胞の働きに還元するなど、創発としてしか捉えられない現象に合理的な説明を与えることであるとも考えられる。一般にこのことはアナリシスと呼ばれている。一方、何らかの人工物や組織を作ることは、創発という現象を実現する全体を構成することである。一般にこの構成はシンセシスと呼ばれている。

このことを考えると、先に紹介した「価値創造」の前半部分を「価値創発」と呼ぶことの妥当性が明らかになる。「素朴な見方」では、この前半部分を担当する学問領域が工学であった。工学が目指しているのは、想定された性質を持つ人工物を構成すること、もう少し丁寧にいえば、「部分から全体を構成して、創発という現象を意図的に作り出すこと」である。それならば、この部分を「価値創発」と呼ぶことは自然である。

　ただし、部分から全体を構成する方法を与えることは、一般に設計と呼ばれている。創発の後に設計が続くのではない。つまり創発と設計は、「期待から価値に至るプロセス」としての「価値創造」の前後半部分として区別できるものではない。設計という言葉を「価値設計」と名付けられた「価値創造」の後半部分において限定的に用いるのであれば、その言葉の使い方は、通常の設計という言葉の使い方とはかなり異なる。

　逆に、「価値創造」の後半部分を設計として特徴づけることも、この部分に対する見方を不必要に限定してしまう。工学的に実現された製造物を如何にして社会に受け入れられる商品にするかは、確かに設計と呼ぶことに相応しい思考の過程であろう。ただし製造物は、種々多様な商品の中で、また、数多くの人たちとの関係の中で商品としての役割を担っている。これは、経営学で最近重視されている共創と呼ばれている現象である。共創とは創発の一種であり、創発を無視した商品の設計などありえない。「価値創造」の後半部分は設計という行為のみで成立するものではなく、そこでは創発という現象もまた重要な役割を果たしている。

　素朴な意味での創発と設計は、「この部分は創発、この部分は設計」というように排他的に用いられる概念ではない。創発と設計は組にして考えるべきである。

　「価値創造」という一つの行為が、同時に「価値創発」と「価値設計」という二つの側面を持つ。このことを主張しているのが（1）であると解釈すべきであろう。この二つの側面は座標平面を定める x 軸と y 軸のようなものである。例えば、座標平面の上に描かれた放物線について考えるときに、x 軸と y 軸のどちらか一方の軸だけを見ていては、放物線の特徴は何も見えてこない。同じように、「価値創造」という一つの行為について考えるときに、

「価値創発」と「価値設計」のどちらか一方の側面だけを見ていては、「価値創造」の特徴は何も見えてこないであろう。このことを意味しているのが（1）である。

　この見方は、「価値創造」を「期待から価値に至るプロセス」と考えて、その前後半部分をそれぞれ「価値創発」および「価値設計」と名付ける「基本図式」とは両立しない。この見方のもとでは、「価値創発」と「価値設計」をつなげたものを「価値創造」とすることは、座標平面について考えているのにx軸とy軸を一本の直線につなげてしまうようなもので、無意味である。

　ただし、このように議論しても、「価値創発」や「価値設計」とは何か、それらはどのような関係にあるのかという問題については、何も答えたことにはならないし、この問題に答えられなければ、「価値創発」や「価値設計」の教育については考えようもない。そして、この問題に答えるためには、やはり「創発、設計、価値」という言葉本来の意味に立ち返らなければならないであろう。

　「創発」とは「部分の性質に還元できない性質を全体が持つこと」であった。また、「設計」とは「部分から全体を構成して、創発という現象を意図的に作り出すこと」であった。「創発」も「設計」も、いずれも「部分と全体」の関係に関わるものである。何らかの環境の中に置かれた「部分と全体」は一般に、システムや組織と呼ばれている。「創発」とはシステムや組織の性質に関わること、「設計」とはシステムや組織の構成に関わることである。

　「価値」を説明することは難しい。「価値」とよく似た概念に、「機能」と「意味」がある。工業的に作り出される人工物の「価値」とは、その人工物の「機能」に他ならないとも考えられる。そして、「機能」もまた創発するものであり、「機能」を持つように人工物は「設計」される。先に紹介した、「全体の性質が部分の性質の単純な総和ではないこと」という意味での「創発」は「機能」に関わるものである。主観的な「価値」という概念を客観的に捉えようとするときに現れる概念が「機能」であるのかもしれない。

　一方、「意味がある」という表現が「価値がある」という表現とほぼ同義であるように、「意味」という言葉を広く捉えれば、「意味」と「価値」の境界は曖昧になる。例えば、先に紹介した、無個性な点の集まりが絵を形作る

現象としての「創発」は、「意味」の発生に関わるものである。静的ないし量的に扱われがちな「価値」という概念を、判断や理解、使用といった行為によって捉えようとするときに現れる概念が「意味」であるのかもしれない。「機能」や「意味」の理解は「価値」の理解と深く関わっている。

　もしも「価値創発」と「価値設計」を「期待から価値に至るプロセス」としての「価値創造」の前後半部分と考え、先に紹介した「工学で製造物が作られ、経営学で商品化される」という「素朴な見方」を採用するならば、「価値創発」の教育とは工学の教育そのもの、「価値設計」の教育は経営学の教育そのものになる。しかし、そのような「素朴な見方」に基づく教育では不十分であるという危機感があるからこそ、改めて「価値創造」が問われているのであろう。

　「価値創造」の教育について考えるときには、「期待から価値に至るプロセス」の前後半部分としての「価値創発」や「価値設計」の教育を考えるのではなく、「価値創発」や「価値設計」をシステムや組織の性質や構成に関わるものであると解釈したときの、それぞれの教育を考えなければならないであろう。

4. 価値創発系の講義科目

　V.School では2020年度に価値創発系の講義科目として「価値創造と創発」および「価値創発の実践」が実施された。

　「価値創造と創発」では、創発に関わるこれまでの議論や既存の理論・方法論について、価値や機能といった概念とも絡めて講述した。第1回講義では、システム論的な立場から創発を捉え、その背景や概念を複雑系や自律分散系といった考え方との関連性を交えて紹介するとともに、「価値創造」を「価値の担い手のシンセシス」と捉え、創発とシンセシスの接点について議論した。第2回講義では、社会の複雑化に伴って提供型価値から共創型価値への変化が必要となっているという状況を踏まえ、これまでの価値共創の考え方や在り方を整理、紹介した上で、創発をベースとした共創的意思決定の今後の展開や展望について議論した。第3回講義では、人工物の機能と工学設計に関する古典的な理論を紹介し、それらの理論と「期待、課題、結果、満

足」のなす価値創造スクエアとの関係、自然言語の意味論や生物学の機能論との関係について議論し、価値についての議論における構造主義的な考え方の可能性と限界について考察した。

「価値創発の実践」では価値が生まれてくる現象を、「自然科学、生命科学、人文科学、社会科学」の各専門領域からテーマを選び、具体的な研究事例をもとに議論した。第1回講義では「機械と都市」をテーマに、自動車や航空機など、人間が意図的に作り出してきた人工物における創発現象について議論した。第2回講義では「生物と環境」をテーマに、人間やその他の生物、そして、それらが作り出す環境における創発現象について議論した。第3回講義では「組織と社会」をテーマに、意図的に作り出された組織や、自然発生的に誕生する人間社会における創発現象について議論した。第4回講義では「思考と感情」をテーマに、創発現象としての人間の思考や感情について、デザインを中心に議論した。

以上の講義概要から明らかなように、価値創発系の講義科目の中にも、かなり設計についての議論が組み込まれている。同様に、価値設計系の講義科目の中にも、実質的には創発についての議論が入っているであろう。

本章の第2節および第3節では、「価値創発」と「価値設計」をそれぞれ工学と経営学に対応させる「素朴な見方」を批判した。ただし、「価値創造」には、創造されるべき人工物そのものについて議論する「自然科学・工学の側面」と、創造された人工物の評価や受容について議論する「人文科学・社会科学の側面」があることは確かである。この二つの側面を狭義の工学と経営学に集約してしまうこと、および、この二つの側面を「価値創発」と「価値設計」と同一視してしまうことには問題があるが、この二つの側面の区別は無視すべきではない。

「価値創発」と「価値設計」が「価値創造」に関わる排他的な区別ではないのと同じように、「自然科学・工学の側面」と「人文科学・社会科学の側面」もまた「価値創造」に関わる排他的な区別ではない。この二つの側面も座標平面を定めるx軸とy軸のようなものであり、別々に考えていては「価値創造」は理解できない。この「自然科学・工学の側面」と「人文科学・社会科学の側面」は、しばしば理系および文系と呼ばれている。「価値創造」の理解

には「文理融合」が必須である。

さて、「価値創造」の「自然科学・工学の側面」と「人文科学・社会科学の側面」という二つの側面を考えると、「価値創発」と「価値設計」のそれぞれもまた、「自然科学・工学の側面」と「人文科学・社会科学の側面」に分類されることになる。すると、「価値創造」は以下の四つの領域に分類される。

（a）価値創発 & 自然科学・工学
（b）価値創発 & 人文科学・社会科学
（c）価値設計 & 自然科学・工学
（d）価値設計 & 人文科学・社会科学

2020年度は（a）と（b）、（c）と（d）をそれぞれ組にして教育を実施した。このことは「自然科学・工学の側面」と、「人文科学・社会科学の側面」を区別せずに一まとまりのものとして扱うことである。この意味で2020年度に採用した教育の枠組みは、「文理融合」の実践を目指したものであると解釈できる。

しかし2020年度の教育は、結果として（a）および（d）に重点が置かれることになり、（b）および（c）の扱いが不十分であったように思われる。もちろん、先に説明したように、価値創発系の講義科目においても設計が扱われている。しかし、その位置付けや解釈は曖昧で不十分であった。これは「価値創造」を、まず最初に「価値創発」と「価値設計」に分類したことの影響であろう。

大学の組織は、学問の成り立ちを反映して、自然科学・工学系と人文科学・社会科学系に分類されており、その二つはしばしば断絶する。「価値創造」を理解するためには、その断絶を乗り越える必要がある。ただし、既存の組織を活用しながら「価値創造」についての議論や教育を進めていくためには、既存の分類を無視した形で枠組みや方法を構築するのではなく、既存の分類と矛盾のない形で枠組みや方法を構築する必要がある。

もしもそのように考えるのであれば、上記の（a）から（d）を並べ替えて、（a）と（c）、（b）と（d）をそれぞれ組にした、

（e）価値創発×価値設計（自然科学・工学）

（f）価値創発×価値設計（人文科学・社会科学）

という構成は、十分に検討する価値があるように思われる。この構成は表面的には「文理融合」という流れに逆行するように見える。しかし、「文理融合」は手段であって目的ではない。我々の目的は「価値創造」の理解であって、「文理融合」それ自身ではない。それに、既存の枠組みを十分に考慮しない枠組みや方法では、断絶の深い二つの領域の融合など不可能であろう。

5. おわりに

　最近は学力の三要素に「知識・能力・態度」があり、「知識」と「能力」に関わる教育手段として講義科目とPBLがあると考えられることが多い。このように、目的をいくつかの要素に分解し、それぞれに実現方法をあてがうことは、1970年代以降に流行した設計論に典型的に見られる、今となっては古風な機能主義的ないし要素還元主義的な方法である。そもそも「価値創造」が問題になるのは、このような古風な方法の限界が強く意識されたからであろう。「価値創造」に関わる「知識」の教育を講義科目で、「能力」の教育をPBLで実践することが有効であるかどうかは、注意深く検討する必要がある。

　もしも学力に三要素のようなものがあるとしても、それらは個別に涵養できるものではない。学力を三要素に分解する枠組みに対しては批判的な考察が必要であり、「価値創造」の教育体系は、その考察をもとに構築されるべきである。「価値創造」の教育体系を確立させることは重要であるが、そう簡単ではない。我々は知らず知らずのうちに、自分自身の学問的背景や社会的要因に支配され、自らに数多くの不必要な制約を課してしまいがちである。「価値創造」の教育体系の確立のような困難な試みに取り組むためには、あらゆるタブーを廃して、可能性を最大限に広げる必要がある。

参考文献

國部克彦、玉置久、菊池誠編（2021）『価値創造の考え方―期待を満足につなぐために』日
本評論社。

第3章
価値設計の教育

—— 忽那 憲治 ——

1. はじめに

　どのような価値創造が今後日本で求められるであろうか。それは日本が今後抱えることが予想される課題と密接に関連しているであろう。問題があるところにニーズやウォンツが生まれる。ベストセラーになった、河合（2017）では、利用可能な様々なデータ他に基づいて、何年ぐらいにどのような問題が深刻になる可能性があるかを「未来の年表」として論じている。同書の出版は2017年であるが、2021年から2025年までの5年間について指摘されている深刻な問題は、順に下記となる。2021年に介護離職が大量発生する。2022年に「一人暮らし社会」が本格化する。2023年に企業の人件費がピークを迎え、経営を苦しめる。2024年に、3人に1人が65歳以上の「超高齢者大国」となる。2025年には、ついに東京都も人口減少になる。

　人口減少と少子高齢化に関わる諸問題が指摘されているが、この二つがダブルで生じることの意味は重要である。人口が大幅に減少する先進国は日本のみであり、日本が先進国の中で初めて経験することになる前例のない試練と言える。また、経済成長を主導する主要因は、人口増加の効果と生産性向上の効果の二つである。日本は経済成長における人口増加の効果が今後は期待できない国となり、後者の重要性が今以上に高まることになる。しかし、残念ながら日本の現状を見ると、生産性は先進国の中では極めて低い。価値創造のための価値設計の重要性は一層高まるものと考えられる。

　さらに、2020年のコロナ禍は、予想が難しい試練をわれわれに課している。上述した河合（2017）では、2025年に東京都の人口減少が指摘されているが、コロナ禍の元で2020年にはすでに東京都からの人口流出が急速に進んでいる。コロナ禍はわれわれに様々な課題を突きつけているが、働き方や生活の仕方などあらゆるところに新たなニーズやウォンツが生まれている。

地方経済の問題も深刻である。枝廣（2018）は、地方経済が抱える問題を
「漏れバケツ」モデルを紹介しながら論じている。地方経済を活性化するア
プローチには大きく二つあり、インプット要素とアウトプット要素に分けて
考えることができる。インプット要素とは、地方へと資金が流入する流れで
あり、観光客の使うお金、政府の補助金・交付金、企業誘致の大きく三つが
ある。一方、アウトプット要素とは、地方から資金が流出する流れであり、
域外から購入するエネルギー代金、住民が域外から購入するモノやサービス
の代金、域外の建設業界への支払い、域外で生産している部品や土産物の代
金の大きく四つがある。

　インプット要素とアウトプット要素の両要素が重要なことは言うまでもな
いが、インプット要素の一つである観光客が使うお金については、コロナ禍
もあってインバウンドの観光客を対象にした活性化への過度の依存には限界
がある。一方、企業の誘致については、東京から地方への本社移転という流
れも生じてきている。アウトプット要素の四つに関しては、地方創生のため
の価値創造の対象として、域外からの購入を押さえる取り組みなど、様々な
社会実装が期待されている領域と言える。

　こうした日本経済や地方経済の現状や将来を考えるにあたって、バック
キャスティングという思考方法が注目されるようになってきている。バック
キャスティングの対になる考え方がフォアキャスティングである。フォア
キャスティングは、現在の取組みをそのままの流れで実現すると、どのよう
な未来の姿が描けるのかを考えるものである。未来の年表で示された将来
は、まさにフォアキャスティングの思考である。一方、バックキャスティン
グは、目標としての未来の到達点を目指すためには、現在何を実行する必要
があるかを考えるものである。こうしたバックキャスティングの思考方法は、
国連が2030年の達成目標として提示した17のSDGs（持続可能な開発目標）
について、日本の未来の姿と現在何をすべきかを考える上でも極めて重要な
視点である。

　本章では、第2節において、価値創造のための価値設計を考える上で重要
な視点として、整合性のある事業戦略の構築、ジョブの理解、エフェクチュ
エーションの考え方の3点を紹介する。また、価値設計においては、ヒト・

モノ・カネに関する各戦略を整合性のあるものにすることが求められること
から、以下では各戦略の構築において重要な点を論じることにする。第3節
において、モノに関する戦略構築について、ビジネスロードテストやアトリ
ビュート分析などの方法を紹介しながら説明する。第4節において、カネに
関する戦略構築について、利益構造図の作成を通じた利益を生み出す構造と
損益分岐点の把握について説明する。第5節において、ヒトに関する戦略構
築について、経営チームの組成とCFO人材の重要性について説明する。第
6節において、価値創造できる人材になるために求められる力について説明
する。最後に、第7節では、整合性のある事業戦略の構築を通じた社会実装
を実践できる力を養うために、V.Schoolで2020年度に提供した価値設計関
連の教育プログラムを紹介して本章を結ぶことにする。

2. 価値創造のための価値設計の視点

2.1　整合性のある事業戦略の構築

　サローナー他（2002）は、テキスト『戦略経営論』の中で、整合性のあ
る事業戦略の構築について四つのプロセスを論じている。第一に、Where
を考え、明確な長期目標としての到達場所を設定することである。第二に、
Whatを考え、その到達場所を目指すに当たってどのような商品を提供する
か、どの市場をねらうかを設計することである。つまり、どの分野の活動を
するかなど、企業の活動範囲（スコープ）の定義である。第三に、How を
考え、競合企業との間にいかに競争優位性を維持するかを設計することであ
る。第四に、Why を考え、企業が自ら選んだ競争環境において、社内のコ
ンテクストがなぜ競争優位性をもたらすかを示すロジックを明確にすること
である。こうした四つのテーマを順に設計し、かつそれらの間に整合性のあ
る事業戦略を設計することが重要である。

　取り組むべき第一のプロセスである到達地点の設定については、ビジョン
の設計とも深く関わるテーマである。ブランチャード、ストーナー（2004）
は、『ザ・ビジョン』と題する著書の中で、ビジョンとは、自分は何者で、何
をめざし、何を基準にして進んでいくのかを理解することであると指摘して
いる。つまり、第一に、どんな目的に奉仕しているかを示す「有意義な目的」

が必要である。第二に、どんな価値観を基準にしているかを示す「明確な価値観」が必要である。第三に、どんな未来をイメージしているかを示す「未来のイメージ」が必要である。これらは、第1節で述べたバックキャスティング思考を行うためのスタート地点でもある。

戦略構築に当たってはヒト・モノ・カネの各戦略の構築が必要であるとしばしば言われる。これらの各戦略はバラバラであっては意味がなく、連関・融合することが必要である。また、事業創造は限定された資源（リソース）を前提とせざるをえず、連関・融合を図る上でも、図3-1に示すように各戦略を構築する順序が重要である。

第一は、モノに関する戦略の構築である。潜在的顧客のどのような課題の解決につながるのか、そのためには提供する製品・サービスにどのような魅力的な特徴を持たせる必要があるのか、潜在的顧客に対してどの程度の範囲（ある特定の地域ベース、それとも全国ベースなど）で製品・サービスを提供するのかなどを設計するものである。

第二は、カネに関する戦略構築である。モノに関する戦略がある

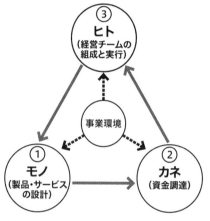

図3-1　ヒト・モノ・カネの戦略の連携・融合の三つのステップ
出所：忽那（2010, 2015）より作成

程度固まってくると、この事業を展開するにはどの程度の資金が必要となるのか、この事業のリスクに応じてどのような性格の資金を準備する必要があるのかが固まってくる。つまり、資金調達の量と質を把握しながらカネの戦略を設計するには、モノの戦略が固まらないと設計しようがない。

第三は、ヒトに関する戦略の構築である。新しい事業を立ち上げるときは企業家1名、もしくは共同創業者と2名でスタートする場合が多い。しかし、立ち上げ時のリスクテイクや機動性を維持するにはこうした少人数でのスタートは有効であるが、事業展開に当たっては経営チームの拡充が不可欠

である。しかし、経営チームの拡充には資金が必要であり、カネの戦略の設計に事業の拡充のみならず経営チームの拡充の計画を落とし込み、資金調達が実現すれば経営チームの拡充に進むことが可能となる。ヒトの戦略の設計は、資金調達の実現なくしては、単なる絵に描いた餅になりかねない。

　資金がないから、人がいないからと言った理由で事業創造に取り組まないのは、戦略構築の順序を意識していないからであり、モノの戦略の構築が魅力的なものになれば、カネの戦略、ヒトの戦略の構築へとステップを踏みながら前に進めることができる。これこそ、既存のリソースに活動が限定されないアントレプレナーシップと言える。

　モノに関する戦略の構築にあたっては、価値設計するイノベーションのタイプについての検討も重要である。持続的イノベーション、破壊的イノベーション（ローエンド型破壊）、破壊的イノベーション（新市場型破壊）、無価値再生イノベーションなど、様々なアプローチが可能である。これらについては、忽那、坂井（2021）で詳しく述べているので参照されたい。

2.2　ジョブを理解する

　セオドア・レビット（ハーバード大学）は、「人は刃の直径が4分の1インチのドリルがほしいのではない。4分の1インチの穴がほしいのだ」と語っている。ピーター・ドラッカー（クレアモント大学）は、「企業が売れると思ったものを顧客が購入することはめったにない」と語っている。企業と顧客の間の深い断絶を表現する大家の言葉である。こうした断絶を生じさせないために、クリステンセン他（2017）は、顧客の真の「片づけるべきジョブ（用事・仕事）」を理解することが重要であると論じている。

　顧客はどんな「ジョブ（用事・仕事）」を片づけたくて、そのプロダクトを「雇用」するのか。顧客は、「なぜ」その選択をしたのか（するのか）。顧客の片づけるべきジョブの文脈を深く理解し、遂行を妨げる障害物を把握することが重要であると指摘している。両者の間の相関関係ではなく、因果関係のメカニズムの解明が重要である。当然のことであるが、「相関関係」と「因果関係」は違う。しかし、「原因」の発見を最重視して取り組むイノベーターの数は多くない。顧客は、どんな「ジョブ（用事・仕事）」（＝原因）を

片づけたくて、そのプロダクトを「雇用」（＝結果）するのかを厳密に分析しなければならない。

　ジョブの定義については、一つは進歩（プログレス）である。ジョブは、ある特定の状況で人が遂げようとする進歩である。顧客がなぜその選択をしたのかを理解することが重要である。また、それは独立したイベントではなく、継続し反復するものである。もう一つは、状況である。ジョブはそれが生じた特定の文脈に関連してのみ定義することができる。有効な解決策も特定の文脈に関連してのみもたらすことができる。

　また、ジョブは機能面、社会面、感情面の複雑さ、特に、社会面や感情面が重要となることが多い。ジョブはニーズとは大きく異なり、はるかに細かい明細化を伴う。ジョブを理解するには、その人がなし遂げようとしている進歩は何か、苦心している状況は何か、進歩をなし遂げるのを阻む障害物は何か、不完全な解決策で我慢し、埋め合わせの行動をとっていないか、その人にとって、よりよい解決策をもたらす品質の定義は何か、その解決策のために引き換えにしてもいいと思うものは何かなど、様々な視点から徹底的にジョブを解明する必要がある。

2.3　エフェクチュエーションという考え方

　27名の熟達起業家の分析によるサラス・サラスバシーの先駆的研究は、アントレプレナーシップにおけるこれまでのアプローチであるコーゼーション（因果論）に対して、エフェクチュエーション（実効論）と呼ばれている。サラスバシーは、これらはアントレプレナーシップにおける「二つの道具箱」であると述べている。コーゼーションは「機会発見」のアプローチであり、過去の情報に基づく予測が有効性を持つ環境で効力を発揮する。「目標主導型」のアプローチでもある。一方、エフェクチュエーションは「機会創造」（機会を紡ぎ出す）のアプローチであり、未来を予測するのに過去は役に立たないという状況下で有効である。こちらは「手段主導型」のアプローチでもある。アラン・ケイは「未来は予測できないが創ることはできる」と語ったとされるが、既存の現実を新しい可能性に変換していくプロセスであり、事業機会それ自体がエフェクチュエーションに基づくプロセスを通じて

生み出される。

　エフェクチュエーションは、五つの原則から構成される。第一は、手中の鳥の法則である。自分で持っているモノで始めようというのがメッセージである。第二は、アフォーダブルロスの原則である。許容できる範囲で小さなリスクをとり、安価な失敗から学んでいこうというメッセージである。第三は、クレイジーキルトの原則である。事業にコミットしてくれる人を重視して、彼らとのパートナーシップを形成しようというメッセージである。第四は、レモネードの原則である。酸っぱいレモン（粗悪品）であれば、レモネードにすれば良いという例えであるが、偶発的なマイナスの出来事もチャンスと考えて、驚きをプラスに利用しようというメッセージである。第五は、機上のパイロットの原則である。未来をコントロールすることは難しいが、自己コントロールの可能性を高めることが大きな力につながるというメッセージである。

　五つの原則すべてを詳細に説明することはしないが、第一の手中の鳥の原則について、コーゼーションに基づくアイデア創発や価値設計のアプローチとは大きく異なる考え方であるので、少し説明を加えることにしよう。アイデア創発のスタート地点として、誰もが利用できる手段として、自分自身（誰であるのか、アイデンティティ：人的資本）、自分の知識（何を知っているのか：知的資本）、自分の知人（誰を知っているのか：社会資本）の三つがある。エフェクチュエーションは目標主導型ではなく手段主導型で考えて、今すぐ使えるこれらの手段を用いてやれることから始める。

　コーゼーションとエフェクチュエーションのアプローチの比較は、次のように例えられている。メニューが与えられ、それに応じた料理を創るシェフと、使える材料からメニューをデザインするシェフ。机の制作を依頼された大工と、単に道具と木を与えられた大工。ある人物の肖像画を描くことを依頼された画家と、単に何も描かれていないキャンバスと絵の具を渡された画家である（それぞれ前者がコーゼーション、後者がエフェクチュエーション）。コーゼーションによるアイデア創発は、他人のための課題解決（他人起点）であり、デザイン思考の要素が強い。一方、エフェクチュエーションによるアイデア創発は、自分のための問題提起（自分起点）であり、内発的

動機によるアート思考の要素が強い。

　したがって、手中の鳥の原則からのメッセージは次のようなものとなる。実行可能な解が見つけられる単純な問題から始め、頑張ってみよう。夢のような好機など追いかけ回してはいけない。手段は金銭のみを指すものではなく、それ以上のものである。手段には自分のものだけではなく、パートナーとなってくれる人の分も含まれる。そして、それらの新規な組み合わせによって、競争優位性が生み出される。エフェクチュエーションに関心があれば、サラスバシー（2015）やリード他（2018）を参照されたい。

3. モノに関する戦略
3.1　ビジネスロードテスト

　ムリンズ（2007）は、ビジネスモデルの設計について、図3-2に示すように「ビジネスロードテスト」という7段階のチェックプロセスを提示している。ビジネスロードテストの興味深い枠組みの一つが、「市場」と「業界」の二つを明確に分けて、ビジネスモデル構築のプロセスを提示していることである。まず、市場は買い手の集まりの概念である。市場は、製品（商品やサービス）を購入する意思を持つ顧客や潜在顧客の集団で成り立っている。市場を構成するのは「買い手」であり、人々や組織とそのニーズであって「製品」ではない。一方、業界は売り手の集まりの概念である。業界は、製品や似通った製品群を提供する「売り手」で構成されている。ビジネスプランニングにおいては、市場と業界に関するテーマを混同して議論することがよく見られるが、両者を明確に分けて検討することで議論の混乱を回避することもできる。

　ビジネスロードテストの興味深い枠組みのもう一つが、検討する順番を明確にして七段階で提示していることである。ビジネスロードテストの第一段階は、市場についてのミクロレベルでの検討であり、具体的には魅力的なターゲットセグメントの分析である。あなたの商品やサービスは、顧客のどの悩みを解決するのか。あなたに代価を支払ってまで買いたい強いインセンティブを、顧客に与えているのか。悩みを抱えている顧客は、厳密にいえば誰で、どこに住んでいて、どのような仕事についているのか。これらを示す

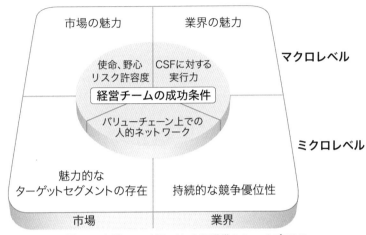

図3-2　ビジネスロードテストによる7段階のチェックプロセス
出所：ムリンズ（2007）より作成

ような最新の情報をつかんでいるのか。あなたの提供する商品やサービスは、他社が提供しないどのようなメリットを、顧客に対してもたらすのか。顧客は、あなたが計画中の商品やサービスを買うのだろうか。その証拠は何か。このような市場（顧客）に関する様々な点をミクロレベルで分析することがスタートとなる。

3.2　アトリビュート分析による製品・サービスの設計

　アトリビュート分析の目的は、製品・サービス設計のポイントを見極めることである。アトリビュート分析を行うにあたっては、まずは顧客セグメント（5W1H）を特定する必要がある。顧客セグメントが明確となっているかを確認するために、誰が（Who）、いつ（When）、どこで（Where）、何を（What）、なぜ（Why）、どうする（How）を文字で埋めながら、それらを文章として繋げたときに、自身が対象として設定する顧客像がイメージできるかが重要である。顧客像がクリアにイメージすることができないようであれば、ターゲットに設定している顧客セグメントが十分に絞れていない可能性が高い。

　潜在顧客像をイメージすることができれば、潜在顧客からエンドユーザー

	基本的特徴	差別化的特徴	決定的特徴
肯定的立場	**あって当たり前** 競合製品と同等レベルの機能を兼ね備えている	**ちょっと違う** 競合製品より重要な部分で優れている点がある	**興奮する** 競合製品より非常に優れている点がある
否定的立場	**我慢できる** 競合製品と少なくとも同等レベルである	**文句を言いたい** 競合製品より部分的に劣悪な点がある	**何だこれは** どんなに経費がかかっても改善しなければいけない
中立的立場	**だから何なの** 購買決定にあまり影響を及ぼさない	**おまけなら欲しい** 少し意味があるかもしれないが、製品・サービスは直接的関係がない	

図3-3　アトリビュート・マトリックスによる製品・サービスの設計
出所：マグレイス、マクミラン（2002）より作成

を1人選んでペルソナとするステージへと移っていく。オーレット（2014）は、ペルソナの設定について詳細に論じているので参照されたい。ペルソナは架空の人物ではなく、実在する人物を設定することが重要であり、その人物について詳細な描写を行う。エンドユーザーの本名を使用してファクトシートを作成する。ペルソナは、市場の主要顧客を代表する個人であり、実在する特定のエンドユーザーを選べば、具体性が生まれる。ペルソナをビジネスプランニングに関わる全員で共有し、継続的に参照できるようにする。

　アトリビュート・マトリックスは、上で検討したターゲットとする顧客セグメントやペルソナを想定して、どのような特徴を持った製品・サービスを提供するかを設計する考え方である。図3-3に示すように、縦軸に肯定的立場、否定的立場、中立的立場と分かれているが、これは製品・サービスが持つ、良い特徴、悪い特徴、どちらとも言えない特徴を意味する。横軸の基本的特徴、差別化的特徴、決定的特徴は縦軸の特徴の強度であり、右に進むに伴い順に強度が高まることを意味している。つまり、肯定的立場（製品・サービスの良い特徴）で決定的特徴（非常に強い特徴）と言える、ターゲット顧客にとって「興奮する」特徴は何か、すなわち競合製品より「非常に優れて

いる」点は何かを問いかけながら設計するアプローチである。

　「良さそうだと関心を持ってくれる」と「製品・サービスにお金を払ってくれる」の間には極めて大きなギャップがある。「ちょっと違う」では、関心を持ってくれるに留まる可能性が高い。ターゲット顧客は本当に製品・サービスにお金を払ってくれるのかを冷徹に評価する必要がある。「興奮する」特徴が描けない場合は、ターゲット顧客の見直しか、製品・サービスの設計の見直しが必要である。

4. カネに関する戦略
4.1　利益構造図の作成
　カネの戦略の設計に当たっては、図3-4 に示すように、利益構造図を描く必要がある。「売上」と「費用」の二つを細かく構成要素に分解し、想定している売上構成や費用構成で本当に利益があがるのかどうかをチェックする。利益構造図は、儲ける仕組み（ビジネスモデル）の見える化とも言える。

　皆さんもよく知っている損益計算書は、売上 − 費用 ＝ 利益という構成になっている。いくらの売上に対していくらの費用がかかり、結果として利益はいくらとなりましたという流れの構成である。一方、利益構造図は「逆」損益計算書とも呼ばれ、利益 ＝ 売上 − 費用という逆の構成になっている。「目標とする利益」を達成するには、売上をいくら上げる必要があり、そのためにかけることができる費用はいくらであるという発想である。

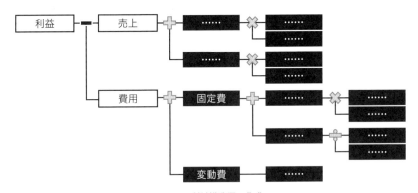

図3-4　利益構造図の作成
出所：大江、北原（2002）より作成

売上と費用の分解の注意点は二つある。一つは自社のビジネスモデルや戦略が検証できるように分解していくことである。売上の分解は基本的には二つある。一つは客単価と顧客数を掛けて、ある商品の売上を予測する方法である。もう一つは、市場規模とシェアを掛けて、ある商品の売上を予測する方法である。価格戦略をベースにした事業であれば前者の分解の必要があるが、シェア獲得戦略をベースにした事業であれば後者の分解の必要があることは言うまでもない。こうした分解があって始めて、戦略が有効に機能しているかの評価が可能となるからである。費用についても同様である。固定費は、売上（販売数量）に関係なく一定してかかる費用（例えば、家賃）である。変動費は、売上（販売数量）に応じて発生する費用（例えば、仕入れ原価）である。固定費と変動費の分解には、どのような費用をかける事業として戦略を設計するかが反映されていなければならない。

　もう一つは、仮説の数値が設定しやすいレベルにまで分解することである。数字の連動性を考慮し、一番下位の項目がデータ（仮説としての数値）を与える必要のある項目となる。それら以外の項目は計算式によって算出される項目となる。したがって、様々な情報源にあたる必要はあるが、一番下位の項目が仮説としての数値を設定することが極めて難しいレベルで分解が終わっていると、信頼性の低い数値（仮説）を元に計算上予測される利益の信頼性も低くなることは言うまでもない。

4.2　損益分岐点の把握

　本業で利益を生み出すことができるようになること、すなわち損益分岐点に達することは、事業を立ち上げる上での一つの大きな目標である。図3-5は、総売上高と、変動費と固定費を合わせた費用総額の構成を概念的に図示したものである。総売上高の直線の傾きaは商品単価を意味する。事業によって商品単価はまちまちであるので、傾きaが大きい商品単価が高い事業もあれば、傾きが小さい商品単価が低い事業もある。一方、費用についての変動費の傾きbは変動費単価を意味する。こちらも行う事業によって大きく異なる。また、固定費の大きさや、変動費と固定費の構成も事業によって大きく異なる。

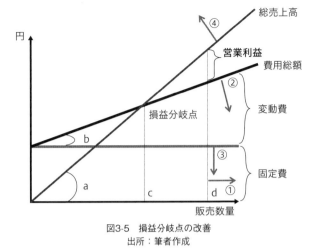

図3-5　損益分岐点の改善
出所：筆者作成

損益分岐点であるc点に達した後は、例えば販売数量dでは総売上高と費用総額の差額が営業利益となる。損益分岐点を改善し、大きな営業利益を生み出すための改善策には、図3-5に示すように四つのアプローチがある。売上に関するところでは、一つは販売数量dを増やすこと（①）、もう一つは商品単価aを上げること（④）である。費用に関するところでは、一つは変動費単価bを下げること（②）、もう一つは固定費を下げること（③）である。これら四つの視点からビジネスの改善策をリストアップし、修正を図ることが重要である。

5. ヒトに関する戦略

5.1　経営チームの力

　ひとりの企業家の強い思いで事業をスタートすることもあるが、共同創業者と事業をスタートし、成功に導いてきた企業は多い。日本のこれまでの偉大な成功企業を見ても、SONY の共同創業者は井深大と盛田昭夫である。本田技研工業（Honda）の共同創業者は本田宗一郎と藤沢武夫である。井深大と本田宗一郎は優れた技術者であるが、彼らを経営面で支えたのが盛田昭夫と藤沢武夫である。共同創業者による事業のスタートは海外の成功企業においても多く見られる。Microsoft の共同創業者はビル・ゲイツとポール・アレンである。Apple の共同創業者はスティーブ・ジョブズとスティーブ・ウォズニアックである。

　最近では、専門経営者とベンチャーキャピタリストが創業のかなり早い段

階から経営チームに加わるケースも多く見られるようになっている。Google
の共同創業者はラリー・ペイジとセルゲイ・ブリンであるが、起業からまもな
く Google の CEO 兼会長として、専門経営者であるエリック・シュミットが
経営チームに加わっている。さらに、Google の取締役として、ベンチャー・
キャピタリストのジョン・ドーアが加わっている。

さらに、エリック・シュミット、ラリー・ペイジのコーチとしてビル・キャ
ンベルが重要な役割を果たしている。ジョン・ドーアはドーア（2018）の中
で、コーチとして重要な役割を担ったビル・キャンベルの以下のような言
葉を紹介している。「私は常に問題解決に参画したいと思ってきた。（中略）
我々にとって一番大切なのは人だ。彼らが成長できるように、手をつくさな
ければならない」。人の成長、経営チームとしての成長がスタートップの成
長にとって重要な意味を持っていることをキャンベルは指摘している。

5.2　CFO人材

経営チームの重要性について述べたが、不確実性下で必要となる人材とし
て CFO（Chief Financial Officer：最高財務責任者）がある。運転に例えるな
らば、環境に応じたアクセル、ブレーキ、クラッチの使い分けであり、高度
成長期の経営はバイクにひとり乗って、舗装された道路をアクセル全開で目
的地に向かって進むというような状況に例えることができるかもしれない。
一方、不確実性下の経営は、決まったルートのない悪路を状況を見ながら経
路も変更しながら進む自動車ラリーに例えることができるかもしれない。こ
こでは、単独での走行はリスクが高く、ドライバーとナビゲーターがチーム
を組んで進むことが不可欠である。まさに、このナビゲーターが、様々な情
報を収集し、判断材料をドライバーである CEO（Chief Executive Officer：
最高経営責任者）に提示する重要な役割を果たす CFO と言えよう。

日置（2009）は、CFO は二つの異なる顔を併せ持つ必要があると指摘し
ている。一つは攻めの顔であり、ストラテジストとして戦略立案への参画す
る役割と、カタリストとして戦略実行の推進の役割である。もう一つの顔は
守りの顔であり、オペレーターとして取引処理の実行の役割と、スチュワー
ドとして統制環境の整備の役割である。

藤沢（1998）の中で紹介されている、本田宗一郎と藤沢武夫のやりとりは CFO の役割をうまく表現しているので紹介しよう。

　　本田宗一郎「金のことは任せる。交通手段というものは、形はどう変わろうと、永久になくならないものだ。けれども、何を創り出すかということについては一切掣肘（せいちゅう）を受けたくない、おれは技術屋なんだから。」

　　藤沢武夫「それじゃお金のほうは私が引き受けよう。ただ、今期いくら儲かる、来期いくら儲かるというような計算はいまたたない。基礎になる方向が定まれば、　何年か先に利益になるかもしれないけれど、これはわからない。機械が欲しいとか何がしたいということについては、いちばん仕事のしやすい方法を私が講じましょう。あなたは社長なんですから、私はあなたのいうことは守ります。ただし、近視的にものを見ないようにしましょう。」

　CEO、CFO、COO の三つの役割についてしっかりと理解をしておくことも経営チームの組成においては重要である。CEO は戦略の立案と戦略意思決定を行うことが役割である。CFO は資金調達と投資の意思決定を行うことが役割である。COO（Chief Operating Officer：最高執行責任者）は決定事項の執行が役割である。日本企業の組織でよく使われる役職として、CEO は社長、CFO は経理部長や財務部長、COO は営業本部長ではないことも押さえておく必要がある。CEO、CFO、COO の三つは役割の違いであり、上下関係はないことにも注意が必要である。
　しかし、CFO 人材の社内での育成には時間がかかるかもしれない。もしくは外部からの登用を考えても、雇用することができる資金的な条件が整わず、断念するケースも多いであろう。そうした場合は、外部のプロフェッショナル人材、例えば税理士、会計士、中小企業診断士、コンサルタント、M&A アドバイザーなどの活用についても検討する余地はあろう。

5.3 ビジネスロードテストによる経営チームの分析

　第3節で紹介したムリンズの7段階のビジネスロードテストの最後の三つの段階は、図3-2に示すように、円柱部分に該当する経営チームの組成の成功条件に関わるテーマである。第5段階は使命、野心、リスク許容度のテスト、第6段階は実行力テスト、第7段階は関係性のテストとなっている。

　第5段階のロードテストについて、アントレプレナーとしての使命（ミッション）は何か、特定の市場にサービスを提供することか、特定の業界を変えることか、特定の製品を売り出すことか、そのことに本当に情熱（パッション）を持っているのかを問う。また、アントレプレナーとしての夢に対してどれほどの野心（アンビション）を持っているのか。自分の裁量で自分のために働くことか、小さな事業の成功か、あるいは大きな事業の成功なのか。現場で活動することか、マネジメントとして活動することか、それともリーダーになることか。リスク許容度についても、どのようなリスクを負いたいのか、あるいは負いたくないのか。給与の保証や今の仕事で得ているものを失ってもいいのか。それはどれくらいの期間か。家族との時間を失ってもいいのか。家族はあなたが負おうとするリスクを受け入れてくれるのか。このような様々なことを判断して経営チームを組成する必要がある。

　第6段階のロードテストは、業界のCSF（Critical Success Factors：主要成功要因）をしっかりと理解しているかどうかである。CSFを正確に特定していることを示すために、どのような証拠を提示できるのか。これらのCSFのそれぞれを実行できることを、言葉ではなく、過去の行動で証明できるのか。CSFのうち検討している経営チームでは十分に実現できない要因があるとすれば、経営チームを増強しなくてはならない視点も明確にすることができる。

　第7段階のロードテストは、バリューチェーンの上流に当たる企業（サプライヤー）と関係を持っているか、バリューチェーンの下流に当たる流通業者や顧客と関係を持っているか、バリューチェーンの横方向に当たる企業と関係を持っているかを問うものである。言葉を換えるならばネットワークの広さ、業界で一目置かれている人物かどうかを確認する作業とも言える。

　最後に、人の重要性を指摘した、ジョージ・ドリオの以下の言葉を紹介す

ることにしよう。

　「いつもＢ評価のアイデアを持ったＡ評価の人に投資するようにしている。Ａ評価のアイデアを持っていてもＢ評価の人には決して投資することはない。」

　バイグレイブ、ザカラキス（2009）によれば、ドリオは、ハーバード大学でMBA を取得し、投資銀行などで勤務の後、ハーバード大学教授に就任した。1946 年にアメリカ最初のベンチャーキャピタルとされる ARD（American Research and Development）を設立し、ベンチャー企業約 150 社に投資してきた実績から、アメリカのベンチャーキャピタル業界の父と言われている。

6. 価値創造できる人材になるために求められる力

　クリステンセン（2011）は、イノベーションの創出に取り組む様々な人たち、具体的には、イノベーティブな企業の創設者兼 CEO、一般的な企業の創設者ではないCEO、事業部門の責任者、部署の責任者の四つのグループの特徴を分析した。そして、図 3-6 に示すように、破壊的イノベーターと言えるイノベーティブな企業の創設者兼 CEO が持つ五つのスキルを明らかにした。

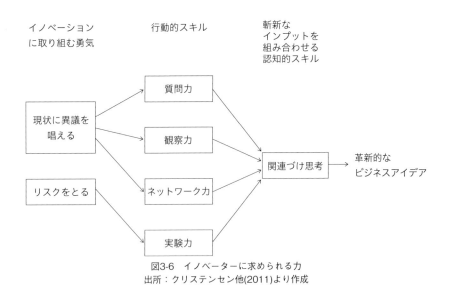

図3-6　イノベーターに求められる力
出所：クリステンセン他(2011)より作成

現状肯定的ではなく現状に異議を唱えたり、リスクをとるといったイノベーションに取り組む勇気が前提ではあるが、破壊的イノベーターは「人と違う行動」をとっており、そうした行動を通じて四つの力を身につけていることが明らかにされている。彼らが保有する行動的スキルは、第一に、現状に異議を唱える挑発的な質問をすることを通じた「質問力」である。第二に、世界を観察し、驚くべき洞察を得る「観察力」である。第三に、様々な背景や経験を持つ人たちとのネットワークを通して新鮮なアイデアを触発する「ネットワーク力」である。第四に、実験を何度も繰り返し、有効な解決策を編み出す「実験力」である。

そして、前記のような「人と違う行動」を通して四つの行動的スキルを磨き、「人と違う考え方」をするようになる。認知的スキルとして、つながっていないものをつなげることで、例外的な状況を克服するための型破りな解決策を生み出し、まったく異なるアイデアや経験を関連づけて、驚くような解決策に仕立て上げる「関連づけ思考」を身につけていると指摘している。

7. おわりに―V.Schoolの価値設計教育

最後に、整合性のある事業戦略の構築を通じた社会実装を実践するための力を養うために、V.Schoolで2020年度に提供した価値設計関連の教育プログラムとして、「価値創造と設計」、「価値設計の実践」、「価値設計PBL」の三つの講義の概要を紹介して本章を結ぶことにしよう。

まず、「価値創造と設計」（忽那憲治担当）では、イノベーション創出や価値創造のために求められるアントレプレナーシップ（企業家精神や企業家活動）に関する基礎理論を学習する。単なる座学としての知識の修得にとどまらず、国連が定めるSDGs（持続可能な開発目標）の17のゴールの実現を視野に入れ、事業プラン作成の取り組みを通じて、知識や技術を社会実装するために何が必要となるかの基礎知識を修得する。イノベーション創出や価値創造のためのアントレプレナーシップの理論を踏まえて、事業戦略への落とし込みのために必要となるヒト・モノ・カネの設計ができる力を修得する。本講義は2コマ4回（合計8コマ）の授業で構成され、各回で取り上げるテーマは、イノベーション創出や価値創造のためのアントレプレナーシップ概

論（第1回）、「モノ」の戦略の設計（第2回）、「カネ」の戦略の設計（第3回）、「ヒト」の戦略の設計と、最終プレゼンテーションと討論（第4回）となっている。本章で説明した内容が本講義の概要となる。

　続く「価値設計の実践」（坂井貴行、忽那憲治、熊野正樹、佐藤正和、安川幸男担当）の講義では、四つの対象領域（大企業、中小企業、ベンチャー企業、NPO・自治体）から各一つ、合計4名の企業経営者・企業家をゲスト講師として招聘し、価値設計に関するオムニバス講義を通じて、価値設計の実践について学習する。大企業、中小企業、ベンチャー企業、NPO・自治体が、経済的・社会的課題の解決に向けた価値設計にどのように取り組み、どのような課題に直面しているかを学習する。また、それらの課題に対して、学生がグループワークを通じて課題を乗り越えるための解決方法を議論し、提案する。2020年度は、大企業についてはゴール15の「陸の豊かさも守ろう」を対象に農林中央金庫・全農、中小企業についてはゴール12の「つくる責任、つかう責任」を対象に木村石鹸工業、ベンチャー企業についてはゴール3の「すべての人に健康と福祉を」を対象にスリープウェル、NPO・自治体についてはゴール11の「住み続けられるまちづくりを」対象に岡山県西粟倉村の各取り組みを取り上げた。

　「価値設計PBL」（坂井貴行、忽那憲治、熊野正樹、佐藤正和、安川幸男担当）では、価値設計の実践で取り上げた四つのテーマを対象にしてより踏み込んだ議論を行い、価値設計の実践のための具体的なプランの提示までを行う。価値創発や価値設計に関して学習した知識と多様な受講生の専門性を結集し、大企業、中小企業、ベンチャー企業、NPO・自治体の担当者に対して、設定した課題に対する具体的提案のプレゼンテーションを行う。グループでの実践的な課題への取り組みと担当者との意見交換を通じて、社会実装の可能性の高いプランとは何かを修得する。

　上記の三つの講義以外にも、フィールドでアイデアを試作して社会実装の可能性を検証する様々なプロジェクト、例えばV.Schoolでは、神戸市課題解決プロジェクト（第7章）、日常生活における心の豊かさプロジェクト（第8章）、中小企業価値創造支援コンソーシアム（One Hyogo）プロジェクト（第10章）等を提供している。第6節で紹介した四つの行動的スキルを

磨き、関連づけ思考としての認知スキルの向上を図るために、V.School の
価値設計関連の教育プログラムが寄与できるものと考えている。

参考文献

枝廣淳子（2018）『地元経済を創りなおす』岩波新書。

大江建、北原康富（2002）『儲けの戦略』東洋経済新報社。

ビル・オーレット（2014）『ビジネスクリエーション！』ダイヤモンド社。

河合雅司（2017）『未来の年表』講談社現代新書。

忽那憲治（2010）『中小企業が再生できる 8 つのノウハウ』朝日新聞出版。

忽那憲治（2015）「再考 中小企業政策（下）事業戦略に磨きをかけよ」日本経済新聞、経
　　済教室、7 月 3 日。

忽那憲治、坂井貴行（2021）「拓く―価値の創造と再生を導くイノベーション」國部克彦、
　　玉置久、菊池誠編『価値創造の考え方―期待を満足につなぐために』日本評論社所収、
　　pp. 166-193。

クレイトン・クリステンセン、ジェフリー・ダイアー、ハル・グレガーセン（2011）『イノ
　　ベーションの DNA：破壊的イノベータの 5 つのスキル』翔泳社。

クレイトン・クリステンセン、タディ・ホール、カレン・ディロン、デイビッド・S・ダ
　　ンカン（2017）『ジョブ理論―イノベーションを予測可能にする消費のメカニズム』ハー
　　パーコリンズ・ジャパン。

サラス・サラスバシー（2015）『エフェクチュエーション』碩学舎／中央経済社。

ガース・サローナー、アンドレア・シェパード、ジョエル・ポドルニー（2002）『戦略経営
　　論』東洋経済新報社。

ジョン・ドーア（2018）『Measure What Matters』日本経済新聞社。

ウィリアム・バイグレイブ、アンドリュー・ザカラキス（2009）『アントレプレナーシップ』
　　日経 BP 社。

日置圭介（2009）『ファイナンス組織の新戦略』日本経済新聞社。

藤沢武夫（1998）『経営に終わりはない』文春文庫。

ケン・ブランチャード、ジェシー・ストーナー（2004）『ザ・ビジョン』ダイヤモンド社。

リタ・マグレイス、イアン・マクミラン（2002）『アントレプレナーの戦略思考技術』ダイ
　　ヤモンド社。

ジョン・W・ムリンズ（2007）『ビジネスロードテスト』英治出版。

スチュアート・リード、サラス・サラスバシー、ニック・デュー、ロバート・ウィルトバ
　　ンク、アンヴァレリー・オールソン（2018）『エフェクチュアル・アントレプレナーシッ
　　プ』ナカニシヤ出版。

第4章
価値創造力を引き出す教育
—— 國部 克彦 ——

1. はじめに

　V.School では、神戸大学の各学部や研究科に所属する学生が自主的に入校し、原則として卒業単位とは関係のない価値創造教育を学んでいる。したがって、「卒業」という概念はないが、V.School で一定の科目を履修し、価値創造力が認められた学生には V.Diploma という名称の称号（修了証）を出す。さらに、価値創造に関して卓越した成果を残した学生には、V.Diploma Honours（神戸大学 Value Creator）という称号も用意している。

　V.School の授業科目は、受講生の価値創造力を高めるように設計されているが、その能力を V.Diploma という形式で保証するために、学生を個別に指導する教育が必要となる。V.School では、そのために「V.School セミナー」[1]（以下、セミナー）として提供している。セミナーは、前期と後期に行うことを原則としているが、2020 年度は、創設 1 年目ということと、開校した2020 年 4 月はコロナ禍の真っ最中であったことから、通年での開講ではなく、2月に 3 回開講するという形式で行った。

　本章では、2020 年度のセミナーの内容を振り返りながら、価値創造力を引き出す教育のあり方について検討したい。

2. V.Diplomaの要件とセミナーの進め方

　V.School は、特定の価値について教える場ではなく、学生の価値創造力を育成する場である。その意味で、価値は、学生の創造力を伸ばすための方向性を示すラベルであって、その内容はどのようなものでもかまわない。学生が、それぞれの学部や研究科で学んだ価値でも構わないし、社会的課題の解決でもよいし、自分がどうしても実現したい夢のようなものでも問題はない。価値創造教育にとって、重要なことは、そのような目標（価値）に向

かって、一歩踏み出すにはどうすればよいかを自ら考えることである。そこには、そのような目標をどのように設定するのかという点も含まれる。

V.Diploma は、学生の価値創造力を評価する称号であるから、価値創造について何を学び、それを今後の人生でどのように活かせるかが、評価の基準になる。もちろん、V.Diploma 取得の条件として、一定の授業科目の履修を課しているが[2]、V.School にとって授業科目の履修が重要なのではなくて、授業科目の履修から学生が何を学び取り、それをどのように将来に活かす力を身につけたかが重要である。セミナーは、この点を重視して設計されている。

なお、学生が身につけるべき価値創造力については一様ではなく、さまざまな段階がある。すべての学生に、常に新しい価値創造に挑戦する積極的な価値創造者になることを期待しているわけではない。もちろん、そのような潜在能力を持つ学生がV.School でその能力を開花できれば素晴らしいことであるが、機会があれば価値創造できる能力を持つ人間や、自分は価値創造に直接は携わらなくても他者の価値創造をサポートできる人間も、立派な価値創造者である。つまり、学生は自分がもともと持っている能力に応じて、価値創造を行えばよいのである。この点は、イノベーションや新規事業の開発能力についても全く同じである。すべての人間がイノベーターや起業家になる必要はなく、それぞれの能力に応じてイノベーションを促進するように社会に関わることができるようになれば、それは十分にイノベーティブな社会である[3]。

セミナーでは、このような方針に基づいて、最終的な自己評価書（修了レポート）を完成させることを目的としている。2020 年度の自己評価書のテーマは「価値創造に挑戦する―V.School で学んだことを活かして」とし、V.School の講義や PBL/FBL の成果を振り返りながら、学生が自分自身の価値創造能力に気づき、それを展開できるように指導した。

2020 年度のセミナーは1週間ごとに3回実施した。各回のテーマは次の通りである。

第1回　価値創造の見方

第2回　価値創造のプロセス

第3回　価値創造の効果

　最初の2回は、講師（國部）の講義を中心に、学生のディスカッションを交える形式で進め、最終回は、自己評価書作成のための準備として学生の発表を中心に実施した。受講生には、事前課題として「あなたは価値創造について何を学び、そのことによって何が変わりましたか？」という課題を与え、1000字程度のレポートを提出させたうえで、授業に臨ませた。なお、V.Dioploma の授与は最終学年になるが、履修は誰でも可能とした。2020年度は最終的に6名[4]の学生が自己評価書を提出し、卒業時にV.Diploma 取得した。

　以下では、各回のセミナーのポイントを解説していきたい。

3. 価値創造の見方

　V.School は、特定の価値について教える場ではないが、価値創造を考えるにあたっては、価値創造についての見方が定まっていなければならない。V.School の講義科目は、この点について多様な視点から議論しているが、その重要なポイントを再確認する意味で、第1回目のセミナーを実施した。

　価値とは誰でも日常的に経験している現象であるが、改めて考えようとすると、非常に捉えがたい概念でもある。このことが価値創造を考える起点を困難にしている。V.School は価値に関する研究機関ではなく、価値創造に関する教育機関であるから、価値についての厳密な理論展開は必要ではなく、経験的な理解を優先している。価値を経験的に捉える際に、重要なことは、価値を構成する主観的側面と客観的側面である。第1回目のセミナーでは、この点を経験してもらうことに力点をおいた。

　最初に見せたのは、V.School のパンフレットにも使用されている。「V.ALUE is □」の図4-1である。まず、この□の内側に価値があることをイメージしてもらう。そして、今度は□のない白紙だけのスライド見せると、今まで思考可能であった価値が消えているように見える。しかし、実は消えているのはその枠の線だけで、価値の中身である白紙部分はそこにあること

を指摘する。

　このように説明すると、学生は何となく分かったような、分からないような顔をする場合が多い。そこで、「価値というのは、この外枠がないと思考しにくいけれど、外枠がなくなっても価値がなくなったわけではない」と説明すると、少しは納得する学生もいるようだ。そして、この外枠は誰が見ても同じだから客観で、内側の白紙は人によって違うから主観である。価値は、このように主観と客

図4-1　V.Schoolのパンフレット

観が表裏一体になっている現象であると説明すると、主観と客観という概念がイメージとして伝わりやすくなる。

　この点は、紙幣を使って説明することもできる。1万円札は、客観的な形状としては紙に過ぎないが、1万円分の価値はその紙の中に存在しているのではない。もし、その紙をその場で燃やしてしまえば、その所有者にとっての1万円の価値は失われるかもしれないが、その1万円が発行されたという事実までは消すことはできず、紙を燃やすだけで価値を消滅させることはできないのである。これは、1万円借りてきて、そのお札を燃やしても、貸し借りの関係は消滅しないことを考えればわかりやすいであろう。

　価値という現象における主観と客観の関係は非常に重要で、この両者の関係を経験的に理解することが、価値創造力の育成には不可欠である。セミナーでは、経験ベースで学生に理解してもらうことを試みた。「りんご」という言葉を使わずに、その対象をイメージすると何が心に浮かんでくるかを考える現象学的還元の簡単なトライや、図4-2のルネ・マグリットの絵などを見せながら、主観を体験してもらった。ちなみに、図4-2のマグリットの

絵（傑作もしくは水平線の神秘）は、それぞれの人間が見る「☽」はそれぞれ違うのに、なぜ、みな同じように「月」として認識できるのかという、間主観性の世界を絵で表現したものとされている。

図4-2　傑作もしくは水平線の神秘（マグリット）

　しかし、主観とは読んで字のごとく、自分自身の観方であり、経験そのものであるから、それを経験するとは、考えてみればおかしな話である。しかし、考えるという行為が、もし言語を使ってなされているとすれば、それは言語という客観の世界で行われているわけで、すでに主観の世界からはみ出ているのである。このように説明していくと、主観と客観の境目が、何となくかもしれないが、経験ベースで知覚できるようになってくる。

　ここまでは準備段階で、価値創造教育では次の理解が重要である。つまり、①価値の原点は客観ではなく主観にあること、しかし、②主観のままでは価値を思考することはできずそのためには客観的な形式が必要なこと、さらに、③価値が客観化されてしまうと今度は主観が客観に影響を受けやすくなること、の三点である。

　①は比較的わかりやすい。価値を感じるときは、うれしいとか、楽しいとか、美しいとか、おいしいとか、そのような感情であるから、そこに価値の源泉があることは、誰でも納得できる。もちろん、負の感情もマイナスの価値ということで同じ現象である。しかし、うれしいとか、楽しいとか、美しいとか、おいしいという感情を、他者と共有しようとすると、それを言語で表現しなければ通じない。つまり②の客観的な形式が必要になるのである。ここまでは比較的スムーズに思考できるであろう。

　問題は③の側面を理解することである。ここで、「1万円のワインと千円

のワインでは、どちらがより価値があると思うか？」という質問を学生にしてみよう。素直な学生なら「1万円のワイン」と答えてくれるであろう。しかし、「飲んだこともないのにどうしてわかる？」と聞けば、主観的な価値が客観的な評価値に影響されていることに気づくことになる。

　ここまで来れば、客観的な形式が、主観的な価値に影響する事例が次々出てくるであろう。学歴、試験の点数、年収額、組織の地位などの客観的形式があなたの価値観に影響していないであろうか。高額なものやランキングの高いものを、そのことだけで価値が高いと考えることはないだろうか。ヒット作やヒット曲と聞くだけで、読んでみたくなったり、聴いてみたりしたくならないだろうか。このようなことを考えるだけで、私たちの主観的な価値は、外部の客観的な形式や評価や事実に、きわめて大きな影響を受けていることが分かる。

　ただし、客観的な評価を利用することには意味もある。多くの場合は、それで大きな間違いが起きない可能性が高いからである。英語の点の高い人の方が英語力が優れていることが多いし、ランキングの高いレストランの方が美味しいことが多い。品物の金額が高ければ質も高くなるのが普通である。実際、このような感覚で日常を過ごしていても、たまにはずれがある程度で、ほとんど問題がないであろう。しかし、これらの客観化された「価値」は、価格が価値と同じではないように、本当の価値ではない。価値を創造するには、客観的な形式に縛られることなく、常に自分自身の主観を原点にして考える必要がある。第1回目のセミナーのポイントはここにある。

　そして、「客観的な評価値が、主観的な価値を制約するのはどのようなときか。経験をもとにして、その対策を考えてみよう。」という課題を出して、第1回は終了した。なお、最終レポートの提出を目指して、「価値創造のために自分の持っている手段をリストアップする（知識、技術、人脈、その他）」という課題も同時に示しておいた。

4. 価値創造のプロセス

　第1回の講義はやや抽象的な議論が多かったので、第2回は具体的に価値創造をしていくためのプロセスについて講義した。

最初のポイントは、第1章で紹介したV.Schoolが開発した価値創造スクエア（図1-1）に基づいて、実際の価値創造を主観と客観のプロセス、すなわち「期待」、「課題」、「結果」、「満足」から考えることの意義について検討した。価値創造スクエアの意義の一つは、価値創造を客観の側面だけから見ると、形式の連鎖になってしまって、価値創造が形骸化してしまうことを防ぐことである。

　たとえば、主観の側面を忘れて、客観的な「課題」と「結果」だけを往復してしまうと、なぜそのような「課題」を設定したのかという理由が後景に退き、「課題」を達成することだけが目的になってしまいやすい。それに対して、常に、「期待」や「満足」という主観の側面を位置づけることに価値創造スクエアの重要な意義がある。実際、価値創造にあたっては、主観が客観によって影響を受けないよう、維持することが非常に重要になる。この点を応用すれば、國部、玉置、菊池（2021）で論じたように、価値創造スクエアは、図4-3に示すようにPDCAサイクルなどと併用すると、PDCAサイクルの形骸化を防止する効果が期待できる。

　しかし、価値創造スクエアの最も重要な特徴は、図1-2で示したように、いったん生まれた「満足」が、もとの「期待」ではなく、新たな次元の「期待」を生み出すことである。これは、価値創発の側面である。一方、「課題」から「結果」、「満足」に至るプロセスは価値設計に相当するから、価値創造スクエアは、V.Schoolが考える価値創造の二側面である価値創発と価値設計をつなぐモデルでもある。この点についても、第1章で説明したとおりである。

このように価値創造スクエアは、PDCAサイクルや他の類似のモデルと違って、サイクルのように「回る」のではなく、次の新しい「プロセス」につながるものであり、つな

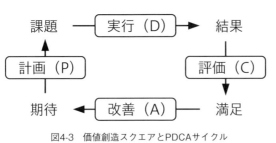

図4-3　価値創造スクエアとPDCAサイクル
出所：國部、玉置、菊池（2021）

がりのなかで新しい価値が創造されるのである。そのトリガーは「期待」や「満足」という主観にあり、この側面を看過すると価値創造はすぐに形骸化してしまう。

　さて、価値創造スクエアを実際にいろいろな経験に適用して考えてみると、価値創造には主観が非常に大きな役割を担っていることが分かる。しかし、学生が実際に価値創造しようと思うと、彼らの多くは困ってしまう。なぜなら、創造すべき価値の対象が明確ではないからだ。これまでの学校教育では、目標を定めてそれを達成する方法で学習してきた学生がほとんどである。したがって、価値創造についてもまず目標から考えてしまいやすい。

　しかし、新しい価値創造においては、ここに大きな落とし穴がある。なぜなら、「新しい価値」はまだ存在していないから「新しい」わけで、それを明確な目標に落とし込むことはできないからである。もしできたとしたら、それは過去の目標の焼き直しか、実現性の極めて疑わしい空想的なものである場合が多いことであろう。

　したがって、学生は明確な目標がなくても価値創造に挑戦できる手段を学ぶ必要がある。そのときに効果的な考え方がエフェクチュエーションである。エフェクチュエーションは、第1章および第3章で説明したように、サラス・サラスバシーが起業家の行動を分析して提唱した理論である。エフェクチュエーションとは、手元にある手段を実効化するという意味で、名詞のeffectに動作を表す語尾ationを付けたものである。手段から始めていくうちに、目標が生まれてくるし、洗練されてくる。エフェクチュエーションはそのプロセスそのものである。

　セミナーでは、最初に学生に自分の持っている手段をリスト化させているが、それはこのためのものである。手段がリスト化できれば、何かをやってみればよい。そのときには、V.Schoolの他の科目で学んできたアート思考やデザイン思考、あるいは、システム思考などを使うことができる。エフェクチュエーションの行動原則に、V.Schoolの授業で学んできた思考方法を融合すれば、何らかの価値が創造できるはずだし、少なくともそのような気持ちになれるはずである。ここまでくれば、学生たちは、自分自身の潜在的な価値創造力に気づくようになる。

5. 価値創造の効果

　最後のセミナーは、学生の発表を中心に構成した。最終レポートを作成するための準備段階として、自分自身が、V.Schoolで何を学び、それを活かして価値創造するために、自分がどのような手段を持っているかを考えてもらい、それを実効化して（エフェクチュエーション）して何ができるかを議論した。

　具体的な内容は割愛するが、学生は若いので、多くの手段や人脈を持っているわけではない。しかし、総じて自分の持っている手段を認識する範囲が狭いような印象を受けた。特に、せっかく大学で学んでいるのに、大学というリソースを活かして、何ができるのかという視点が希薄であったのが、大学で教える身としては残念であったが、一方でそこに可能性も感じられた。自分自身のアルバイトや社会活動での経験をもとに議論を展開した学生もいたが、自分の経験に基づくだけあってそこには説得力が感じられた。

　最後に行動起こすためのステップとして、レベッカ・ヘンダーソンの『資本主義の再構築』から以下の六つのステップを示した。

① 自分自身の目的・存在意義（パーパス）を発見する
② 今、何かやる
③ 仕事に自分の価値観を持ち込む
④ 政府で働く
⑤ 政治を動かす
⑥ 自分自身を大切にして、喜びを見つける

　ヘンダーソンは、現在の地球がおかれている危機的状況に対して、すぐに行動を起こすべきと提唱しているが、その起点にある「パーパス」は、具体的な目的ではなく、自分自身がこうありたいと願う価値観である。その価値観から、行動しなさいというのが彼女の主張である。

　しかし、いきなり行動を起こすことには誰でも逡巡するであろう。そこにエフェクチュエーションという行動原理や、アート思考やデザイン思考という方法が生きてくるのである。V.Schoolでは、このような手法を授業で教えるとともに、それを実践している多くのバリュークリエーターに講演してもらっているので、その経験を融合させることで、学生の価値創造力が高ま

ることが期待される。

6. おわりに

　価値創造教育は、学生に価値創造の方法を教えることではない。そのような方法はこの世に存在しないので、教えることはできない。できることは、学生がすでに持っている価値創造力を引き出すことだけである。価値が、私たちの主観に根差す現象である以上、私たちはみな、価値を創造できる能力を持っている。しかし、その能力は経験を通じてでないと発揮できない。

　学校は知識を提供する機関としては長じているが、学生に自らの経験を通じて知識を身につけさせる面では十分ではない。この点は、ジョン・デューイが100年以上前に指摘したことであるが、現在も十分に改善されているわけではない。しかし、価値創造力は、経験を通じてしか育てることはできず、いくら講義で思考方法を学んでも使用しなければ何の意味もない。V.Schoolでは、この側面に対して演習型の教育で対応している。

　実際に経験するためには、勇気も必要である。したがって、学生の背中をそっと押してやること、これが、価値創造教育には求められる。V.Schoolでの学習が、学生にとってそのような経験となっていることを切に願っている。

注
1　2020年度は「特別セミナー」という名称で実施したが、2021年度より「V.Schoolセミナー」と改称したため、本章ではこの名称で統一する。
2　2020年度は原則として「価値創造サロン」2テーマ、講義科目2科目、PBL2科目を要件として課したが、2021年度以降は、講義1科目以上、PBLまたはFBL1科目以上、V.Schoolセミナー/サロン1科目以上の、合計4科目以上を履修することを要件とすることに変更した。
3　イノベーション教育や起業家教育においても、個人の能力に応じて進めるべきという考えについては、バブソン大学の山川恭弘氏との対談から示唆を受けた。
4　最終学年ではない学生も受講してレポートを提出しているが、その数は含めていない。

参考文献

國部克彦、玉置久、菊池誠（2021）『価値創造の考え方―期待を満足につなぐために』日本
　評論社。

サラス・サラスバシー（2015）『エフェクチュエーション―市場創造の実効理論』碩学舎／
　中央経済社。

ジョン・デューイ（2004）『経験と教育』講談社学術文庫。

レベッカ・ヘンダーソン（2020）『資本主義の再構築―公正で持続可能な世界をどう実現す
　るか』日本経済新聞出版。

第 **2** 部

アイデアの創出・試作・検証を通じた教育
Project-Based Learningと
Field-Based Learning

第5章
未来起点で考えるPBL

―― 藤井 信忠 ――――――――――――――――

1. はじめに

　教員が生徒の前に立ち知識を伝達する、いわゆる座学による講義だけでなく、課題解決型学習、プロジェクトベース学習（Project-Based Learning, PBL）の活用が教育に必要といわれるようになって久しい。遡れば江戸期〜幕末における藩校・私塾・寺子屋、そして明治維新後に学校制度が導入されて以来、教壇に立つ者が知識・経験において生徒より常に優越し、読み書きそろばん、海外から輸入された最新の学問を教授する。現代においても、教員は生徒よりも偉い立場にあり、また、学習指導要領が定められ、平等の名の下に日本全国で等しい教育が施されてきている。教員レベルと教育レベルの底上げには一定の効果があり、中程度に優秀な人材を大量に輩出する機能を果たしてきており、そのような人材が高度経済成長期に代表される日本の発展を支えてきたことには論を俟たない。

　このような学校教育が150年以上も継続してきたのである。その間にも、世界は工業社会（Society 3.0）から情報社会（Society 4.0）へと移行し、工業社会ではヴォーゲルにより "Japan as Number One" と言わしめた日本もその発展は停滞し、空白の30年などといわれるようになった。世界は変革の真只中にあるにも関わらず、日本の教育はいまだ旧態依然としており、昨今のコロナ禍を機会に教育現場のデジタル化がようやく実現しつつあるが、デジタル機材とそれに依拠する教材を使いこなす教員が足りず、また、プログラミング教育もいよいよスタートしたがプログラミングスキルを有する教員に至っては十分というにはほど遠い。今後訪れるとされる超スマート社会（Society 5.0）に相応しい教育とはどのようなものであろうか。

2. 高等教育におけるこれまでの取り組み

　このような状況はなにも初等・中等教育にだけ当てはまる問題ではない。筆者の大学および大学院での講義でも同様の問題を抱えていた。学部2〜3年生向けの講義では100人以上が教室に詰め込まれ、後ろの席からは板書の文字も判読しづらく教員の目も行き届かない。教室内を歩き回り、簡単な質問を投げかけ、緊張感を切らさないように試みるもののそれを維持するのは難しい。学部生は単位取得が大学に通う主目的であるため、それでもマシである。いわゆる工学系の大学院生は、4年生の研究室配属以来、大学での教育はもっぱら研究活動によるOJT（On the Job Training）となっている現状がある。それが学部と同様の講義形式の授業を受けなければならないとすると、何をかいわんや、である。もちろん、学部生には毎回演習問題を課し、継続的に復習をしてもらえるように配慮し、時には雑談も設け、教員がある種のエンターテイナーと化すことにも労を厭わなかった。大学院生には、最新のトピックスについて紹介するとともに、関連する理論や分野の拡がりについて話をするように努力してきた。しかしそれでは不十分であり、ある種のフラストレーションを筆者は抱えていた。

　ちょうど2010年前後のことである。大学生活が若者にとってのモラトリアム期間といわれた時期であり、あるファストファッション社長に言わせると、大学は入学時の選抜機能・ランク付けで十分であり、その後の教育効果には期待していない。つまり学部1年生、2年生の学生を対象に就職内定を出すというのである。高等教育に従事する者のひとりとして、暗澹たる気持ちとなったのを覚えている。マスコミによって繰り返される経済の停滞・若者のゆとり世代化などのプロパガンダの影響もあったであろう。学部生でいうと18歳〜22歳、大学院（修士）に進学するとして24歳ごろまでの若者。本来であれば最も好奇心が強く、学習意欲も高く、社会に向かって羽ばたく一歩手前の希望に満ちあふれた人々。これらの学生が求めている教育と、私たちが提供している教育との間にミスマッチングが起こっていることは明白であった。

　そのようなタイミングで出会ったのが、当時IT関連企業で流行していたデザイン思考に立脚したアイデアソン・ハッカソンである。学外者の力を借

り、ワークショップ形式の授業を2015年から大学院生向けに導入した。結果としては、成功であったと認識している。課題が何であるかを自ら発見し、その課題を解決するための方法を選定し、プロトタイピングの過程を通じてアイデアを検証・評価してさらにブラッシュアップを重ねる。いわゆるアジャイル開発のプロセスを自らの専門性とは異なる、むしろ社会的課題を対象に実践するのである。そこで学ぶべきは、社会的課題に関連する知識だけではない。課題発見、解決方法の提案、プロトタイピングによる検証・評価というプロセスを実践する、いわばプロセス知である。

　大学院生ともなれば、研究室に配属されてそれなりの専門性が身につき始めており、研究はその専門分野を深掘りしていくものであろう。一方、授業はそれ以外の分野も含めて、より広い社会的課題解決に挑戦する。その結果として専門性と多様性という、ともすれば相反する能力を身につけた人材に育っていく。社会的課題を広い視野で（いわばシステム思考的に）捉え直すという過程は、専門性による局所解から脱するためのヒントを与えるかもしれない。また、アイデアソンに不可欠なのは、参加者の多様性である。同じような専門性を有する参加者からは画一的なアイデアしか出ない傾向にあるため、企業や行政で働く社会人、地域で活躍する人々、他学部の学生、近隣のIT系専門学校や時には高校生など、あらゆる分野から人を集めることに注力した。それにより、同じ学部・大学院に通う学生とは異なった視点からのインプットが大量にあり、また、デザイン系の学生などがいるとアウトプットしていく多様な手段を学ぶことになる。このようなプロセスが実現すると、教員はもはや教える主体ではなく、学生も教わる主体でもない。新たな課題にチャレンジするパートナーとなり、そこに外部の人々が積極的に関与し新たなネットワークができあがる。授業を契機として、世代を越え、専門性を越え、場所を越えて、今も繋がっている人々は大勢いる。

　筆者にとってさらに幸運であったのは、アイデアソンを通じて、神戸地域でITを基軸としたまちおこしイベントである「神戸ITフェスティバル」と出会ったことである。大学院の授業で生まれたアイデアのうち、3チームが神戸ITフェスティバルでアイデアを披露する機会を得たのである。さらにそこで、学生のアイデアと参加者が有する技術とのマッチングが起こり、

新たなプロジェクトに発展、その試作品を翌年2016年3月のアメリカ・テキサス・オースティンで開催されている世界最大規模の複合型フェスティバルSXSW（South by SouthWest）へと学生共々出展することになった。学生のアイデアに対して、世界を舞台に活躍している技術者、ベンチャーキャピタリストが耳を傾け、質問攻めにされたり、時にはこうやったらマネタイズできるのではないかとアドバイスしてくれたりする。これ以上の教育効果はないのではないか。授業から地域、そして世界へと拡がりをみせたのである。授業での取り組みで、世界へと打って出る。もちろん学生諸君と手探りで様々なイベントにチャレンジしていくことは容易なプロセスではなかったし、費用もそれなりに掛かったが、これこそが教育なのではないか、そのような手応えを掴んだ瞬間でもあった。その後も大学院の授業ではアイデアソンを活用しその成果を、SXSWに倣って神戸で始まった超領域都市型フェスティバル「078KOBE」や、バルセロナ市と神戸市のオープンデータの国際可視化コンテストWDVC（World Data Viz Challenge）へと出展することで地域や世界へと発信を心がけている。

3. 未来起点で考えることの難しさ

さて、これまでのアイデアソンでは、「共感・課題設定・創造・プロトタイプ・テスト」という過程からなるデザイン思考をベースに、議論の発散と収束を繰り返しながらアイデア創出を試みてきた。それを実現するための手法は他書に詳しいので詳述は避けるが、多くの手法が提案されてきており、それらを組み合わせることによりワークショップ自体の設計は可能となる。しかし、ひとつ課題を挙げるとすれば、課題設定の部分であろう。ペルソナを設定したり、フィールドワークでヒアリングをしたりすることで、市民が困っていることが何かを想像し、共感する。このようにして見出された課題は、いわば現在の困りごとである。現在の困りごとを解消し、生活の質を向上するということも有用なことではあるが、それが10年〜20年先の未来も同じように課題として認識されているであろうか。例えば、長蛇の列に並びバスを待つ人の退屈さに気づいたとする。それを解消するための情報提示デバイスなどを作ったとしても、10年後にはオンデマンドバスが当たり前に

なっており、そもそもバス停に人が集うということが無くなっているかもしれない。

　このように、現在起点で問題解決するアプローチをフォアキャスティング（Forecasting）といい、現在の延長線上に想定される未来における価値を考える。それに対して近年重要視されているのが、バックキャスティング（Backcasting）というアプローチであり、望ましい未来像を先に描き、未来起点で現在まで遡り何をすべきか考えるというものである。このバックキャスティングの考え方は様々なところで有効性が指摘されてきているが、そこでのポイントは、未来をどのように予測するかということである。文部科学省の令和2年版 科学技術白書でもバックキャスティングに資する未来予測について大きく取り上げられている。

　では、そもそも未来予測は可能なのであろうか。以下にVoros（2017）によるFutures Cone と呼ばれる図を示す（図5-1）。この図の左端が現在、右に進むにつれて時間が進むことを表している。縦方向はポテンシャルであり、現在を越える度合い、あるいは現在との違いを表わし、三角錐の裾野が広がっている方がより不確実な未来ということになる。この図では、未来を以下の五段階に分類している。

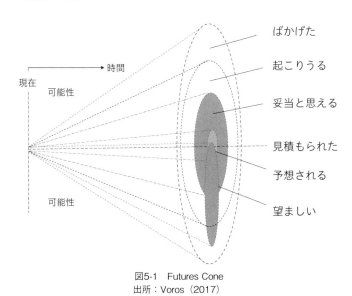

図5-1　Futures Cone
出所：Voros（2017）

- Projected（見積もられた）：現在の延長線上に外挿される未来
- Probable（予想される）：起こりそうな未来
- Plausible（妥当と思える）：現状の知識から起こるに違いない未来
- Possible（起こりうる）：起こるかもしれない未来
- Preposterous（ばかげた）：不可能、起こりそうもない未来

　さて、この中で望ましい未来とはどこに付置するだろうか。今の延長線上にある誰もが容易に想像できる未来であろうか。むしろ現状からは起こりそうにもない未来として位置づけられる未来であろうか。図中ではPreferable（望ましい）として表現されている。30年前に携帯電話がこれほどまでに普及するとは誰も思っていなかったように、そしてさらに15年前に携帯電話がスマートフォンに置き換わり普及するとは誰も考えていなかったように、技術の進歩は不連続で起こるため、技術に立脚して未来を予測するのは大変困難な作業となる。つまり未来予測の難しさ、潜在的な未来を見出すことは困難を伴う。VUCA（Volatility（変動）、Uncertainty（不確実性）、Complexity（複雑性）、Ambiguity（曖昧性））の時代といわれる現在、技術の進歩の不連続性だけでなく、あらゆる社会システムが複雑さを内包し、未来を予測することがますます難しくなることだけは容易に予想できる。

4. 未来予測と未来洞察

　未来予測（英語ではForecast）は、過去から現在へのトレンドをもとに未来を外挿し、予測するアプローチである。データサイエンスや機械学習法の発展により、気象予測などの自然現象を対象にしたものだけでなく、販売店舗の需要予測などの人の行動を集約した情報の予測までもが限定された条件ではあるが可能となってきている。すなわち、現状利用可能な情報から未来を予測し（インサイドアウト）、演繹的に確定要素（あるいはその周辺）をもとに未来を外挿する。このような場合は、未来予測の精度が重要視される。

　一方、未来予測に対し、未来洞察（英語ではForesight）という手法があり注目されてきている。これは、データを元にするがそこから定量的に外挿するのではなく、人を介して定性的かつ直感的に未来を描いていくというものである。現在手にできる情報だけでなく、他の人が有している情報を組み

合わせ（アウトサイドイン）、帰納的に未来の不確定要素に着目しながら不連続な未来を描いていく。ここでのポイントは、未来の正確さでなく、未来シナリオのバリエーションである（解が複数存在する）。日本総合研究所未来デザイン・ラボ（2016）を参考に、これらの特徴をまとめると以下の通りとなる。

- 未来予測（Forecast）
  - 統計手法や機械学習アプローチ
  - インサイドアウト
  - 現在の傾向から外挿（確定要素で考える）
  - 確からしさが重要（解はひとつ）
- 未来洞察（Foresight）
  - 論理＋直感型アプローチ
  - アウトサイドイン
  - 不連続な未来（不確定要素に着目）
  - バリエーションが重要（解は複数）

　VUCA時代においてはこれまでの未来予測ではなく、未来洞察によって、時には起こりそうもない未来を含む複数の未来を描く方が有効であろうことは直感的にも理解できる。つまり、複数の人々のインサイトにもとづき、それらを組み合わせることで望ましい未来（時には望ましくない未来）を創発する。この未来創発の過程こそが、未来洞察の本質であろう。

　未来洞察の過程は別の観点から、集合知（Collective Intelligence）の過程としても理解可能である。集合知は西垣（2013）の分類によると以下の二つに分類可能である。

- 広義の集合知:生物の群れの中に宿る知
  - 群知能、Swarm Intelligence
  - 低レベルの知能の集合で高レベルの知性を実現
  - アリの群れ、鳥の群れ、粘菌

- 狭義の集合知：インターネットを活用した衆知
  - ➤ 群衆の叡智（Wisdom of Crowds）
  - ➤ 市井に散らばった叡智を統合する
  - ➤ Wikipedia、オープンソース、予測市場

　広義の集合知は、アメリカのサンタフェ研究所が1984年に設立されて以来、世界をリードした複雑システム研究の一環として研究されてきたもので、生物の群れの中に宿る知を指す。群知能ともいわれ、一つの個体の行動を見るとそれほど知的とはいえないが、個体が複数集まると知的なふるまいを示すことがある。アリの群れや鳥の群れ、あるいは粘菌の環境変動への適応能力などである。アリはフェロンモンを用いたコミュニケーションによって巣と餌場の間の地図を動的に生成する。鳥の群れは集団として非常に複雑な飛び方をしているように見えるが、個体レベルで見ると少数のルールだけで同様の振る舞いを創発できる。粘菌も分裂と集合を繰り返し、迷路を解くことができることも報告されている。

　一方、狭義の集合知は、インターネットの発達により市井に散らばった人々の叡智を統合することで、その道のプロよりも正確にスポーツの試合結果や選挙結果を予測できたりする場合があることが報告されている。例えば、Wikipediaのようなオープンソースの百科事典や、Linuxオペレーティングシステムや GitHub などのオープンソースプロジェクトなどである。また、予測市場において、先物市場の取引メカニズムを導入することで、競馬の予想をブックメーカの予想よりも正確に当てたり、選挙結果を予測したりすることが可能であることも示されている。市井に散らばった素人の知を結集した方が、専門家よりも正確な予測ができるということで注目されたが、個人の知をいかに集合するかという市場メカニズムをどのようにデザインするかについてはまだまだ課題がある。

　さて、未来洞察はどちらに位置づけられるであろうか。参加者の未来に対するインサイトを集約し、未来を予測しているので狭義の集合知となりそうではあるが、その目的は未来シナリオのバリエーションを拡げることにあり、正確な予測ではない。一方、広義の集合知は、環境への適応過程を経て生物

が進化的に獲得した知的ふるまいを分析したり、再現したりするところにポイントがある。未来シナリオのバリエーションを数多く生成するという点では広義の集合知と捉えられそうである。すなわち、個別に収集したインサイトを集合するというメカニズムは狭義の集合知的であるが、その結果として表れる未来シナリオは広義の集合知のように創発に着目することに意義があるといえそうである。

5. 未来洞察ワークショップ

　未来洞察は、多様な個人からなる集団でワークショップ形式で行う。未来洞察だけで終わっては不十分で、洞察した未来を起点にアイデア創出ワークショップとセットで実施する場合が多い。さらに、創出したアイデアが価値のあるものかどうかを見極めるため、外部イベントなどにも積極的に参加し、アイデアを社会に投げかけることも重要である。

- 未来洞察ワークショップ
  - ➢ 技術・社会の両観点から10〜30年後の未来を洞察
  - ➢ ドライバを収集し、それらを組み合わせてシナリオ作成
- アイデア創出ワークショップ
  - ➢ 未来課題の策定
  - ➢ 未来課題を解決するアイデア作成（グループワーク）
- 外部イベントへの挑戦
  - ➢ 078KOBE、World Data Viz Challenge など
  - ➢ 出展・ピッチイベントへの出場

　本章ではV.Schoolの「価値創発PBL」の授業として実施した未来洞察ワークショップを題材に、以下で未来洞察ワークショップの手順を紹介する。なお、これらの手順はあくまでも一手法であって、この手順を踏まなければならないということを意味するものではないことを強調しておきたい。

5.1. ワークショップテーマ・対象領域

　まずは、ワークショップ全体のテーマを考える。本章では V.School における学びを対象とした「Society 5.0 時代における学びのありかたを模索する」を例として挙げる。ワークショップの中心領域を学びとし、学びだけでなくそれらに関係する多様な分野・業界を周辺領域としてその役割、構造を把握する。中心領域と周辺領域は図 5-2 の通りとした。

　これらの領域における 10 ～ 30 年後の未来像、社会動向、最新技術動向を想定する。そして、未来像をもとにした課題抽出、解決のアイデアをプロトタイプすることを目的とした。一見すると、学びとは縁遠い領域があると感じられるかもしれない。しかしながら、どのような未来が洞察されるか不明のため、学びの領域だけに偏らず、あらかじめできるだけ広い領域を対象としておくことが肝要である。

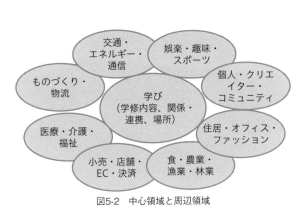

図5-2　中心領域と周辺領域

5.2　ドライバリスト

　次に、未来洞察の構成要素となるドライバリストを作成する。領域毎に、PEST 分析（政治（Politics）、経済（Economics）、社会（Social）、技術（Technology））の観点、あるいはさらに環境（Environment）を追加した SEPTEmber 分析の観点から、まずは未来に関する情報を収集する。Web 上にある未来を予測した情報や、専門書、業界紙など様々な媒体を情報源にして、現在までの事実に基づいた予測の断片情報を表の左側に記入する。そして、その事実に基づく予測の断片が実現したとしたらどのような変化が発生するか、その洞察を右側に記入していくというものである。右側の洞察結果を未来を形づくるドライバと呼んでいる。

　本来はワークショップ参加者自らが情報とドライバの両方を収集し、リス

トを作成することが望ましいが、V.School の授業内では時間が限られていることもあり、先んじて実施した大学院の授業で作成したドライバリストを用いた。全部で約 570 のエントリがあるドライバリストである。使用したドライバリストの一部を以下に示す。

　例えば、理科系学生中心のワークショップで自由にドライバを選ぶとするとどうしてもドライバも技術に偏りがちである。そのため、SEPTEmber 分析の通り、各観点で収集する情報とドライバの数を指定し、できるだけ偏る

	通し番号	情報（事実に基づいたトレンド）	ドライバ（情報から得られるインサイト）
T（技術領域）	169	2030 年ごろには VR、AR が実空間と融合する by 第四次産業革命 3 -2030 年までに予想される技術進歩-	どこにいても、教室にいるような空間を作り出すことができ、教室が必要なくなる可能性がある
	175	今後 10 年～ 20 年程度で、半数近くの仕事が自動化される可能性が高い by 文部科学省 2030 年の社会と子供たちの未来	需要のある学部学科が変わっていき、必要なくなって消えてしまう学部や、新たに必要となってくる学部がでてくる
	183	ビッグデータを活用した教育の効率化 by 新時代の学びを支える先端技術活用推進方策（最終まとめ）	学びが効率化され、現在の義務教育で習う内容の習得率があがる
	198	メガネ型ウェアラブルデバイス「JINS MEME」内蔵のセンサー（目と体の動きを捉える）による人の 姿勢や集中度を計測したり、眠気の可能性を検知する技術	集中力の管理アプリケーション、また集中度合いからの勉強への向き不向きの測定
	202	小中学校の早い時期において、ロボットやドローン、3D プリンター、VR などの最先端テクノロジーを学習する by Hugkum（https://hugkum.sho.jp/24543）	問題解決のサイクルを回す習慣づけられ，困難な問題に直面した時に理想を描けるようになる人物が増える

表5-1ドライバリスト（中心領域、T（技術領域））の例

ことのないドライバリストとすることを心がけることが、多様な未来シナリオを生成するためにも重要となる。

5.3　ドライバネットワーク

　次に、各参加者がドライバリストを確認し、気になるもの、あるいは面白いと思ったものを抽出する。抽出されたドライバを付箋に書き込み、なぜ気になったか、どうして抽出したのかについて、他の参加者に発表・共有しながら模造紙に貼り付けていく。ある程度の枚数の付箋が貼られた時点で、ドライバ同士に関連のありそうなものを探しだし、ドライバ同士を線で繋ぎ、どのような関係性かをさらに付箋に書き貼り付けていく。以上のような過程を繰り返していくと、ドライバ間の複雑なネットワーク構造があらわになる。そして、そのドライバネットワークの中に、ストーリーを見出すのである。これが未来シナリオの原型となる。図5-3にV.SchoolのPBLで作成されたドライバネットワークを示す。個人・家族といったキーワードをもとにドライバを選定していき、結果として「海上都市物語」と「そして、誰もいなくなった」という二つのシナリオが見出された例である。

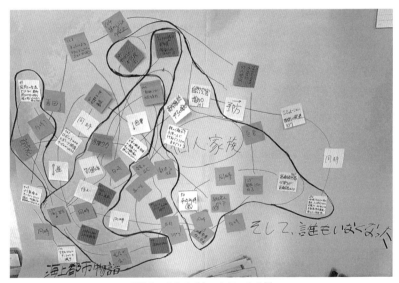

図5-3　ドライバネットワークの例

参加者個人が選んだドライバには何らかの共通点や関係性があり、それらを繋げていくことでストーリーが生じる。まさに未来シナリオ創発の過程、あるいは集合知の過程であると捉えることができよう。

5.4　未来ポスター

　見出された未来シナリオはキーワードの羅列、あるいはネットワーク構造であり、シナリオとしては不十分であるため、それらを発展させて複数人で未来シナリオを完成させてポスターとしてまとめる。ポイントは、何年先の未来シナリオか、シナリオを適切に表現する図を入れること、書き手が未来時点にいるかのごとくシナリオを構成していくこと、などである。未来時点に至るまでの世界的な動向や、技術的発展などがまとめられることになる。図5-4に先ほど紹介した未来シナリオ〝そして、誰もいなくなった〟に基づく未来ポスターの例を紹介する。

ここ二十年の急激な環境問題の悪化と、2000年代に入ってからなお続く少子高齢化により日本の人口は驚くほど減少した。

1:人口減少

　日本では、かねてより少子高齢化が問題となっていた。政府は様々な対策を考えたが、根本的な解決には至らなかった。日本の生産労働人口は減少し続け、日本経済はどんどん衰退していくこととなった。

　加えて、原子力発電所の事故や自然災害といった大きな被害が重なり、ここにきて日本の人口は大きくその数を減らし、3000万人ほどになってしまう。

2:人と人のコミュニケーションがなくなる。

　先の災害や、放射能汚染で大きく被害を受けた都心部からは人がいなくなり、残った人々は地方各地に住むこととなった。生産年齢人口の減少が深刻であり経済の衰退により都市が発展することもなく、それぞれが自分の家で野菜や家畜を育て自給自足のような生活を余儀なくされた。その日暮らしが精いっぱいであるため人々の交流も途絶え、その生活圏はかなりの縮小を見せることとなった。

2020年にみられた新型コロナウイルスの影響で人々の外出自粛が求められた際でも、社会は稼働し、インターネット環境を利用することで困難を乗り越えていたが、全体の人口そのものが減少し産業政治経済すべてが衰えた状況にあっては、それまでのような仕事は機能しておらず人と人のコミュニケーションが減るのはずもなく、物理的なつながりは史上最も希薄なものとなった。

　通貨の価値も下がり、モノを奪い合うような時代になっており、お互いにどこに人がいるかもわからない状態から町に人があふれることもなく、この状況をさして昔の小説になぞらえて「そして誰もいなくなった」と評されるようになった。

3:小さなコミュニティの発生

　世界的な影響力を失った日本は、他の国から大きく影響を受けることとなる。外国人の流入、日本の未来に希望の持てない若年層の流出もあり数十年の間に新しい価値観に基づいた様々な文化が台頭し、それは従来のコミュニティのものとは異なる様相を見せるものとなった。

　新しい文化の発展とも呼べるのは、ある意味国とも違う、新しいコミュニティの成長でった。コ

ミュニティごとに徐々にではあるが交流を持ち始め、モノや技術、文化の交配が行われるようになった。混沌とした状況で過ごしてきた人々は、新たな概念を理解しようと努めた。その一方で、日本の風習を大切にしたい人たちも現れ、考えの違う人たちがお互いの意見を戦わせるような事態も発生した。

4:新たな土壌の誕生

　一度既存の文化や社会が失われた日本で、それでも奮闘してきた人々は新しい考えや概念をどうにか受け入れ、新たな価値を作り出すことにたけていた。

　新しい行動を起こすことに障壁は少なく、失敗しても失うものは少なかった。そこにある一定の既存文化を大切にしたい人たちが存在することで、人口が減少し、社会が崩壊した日本は、図らずも新たな文化、考え方が生まれやすい混沌とした新たな土壌へと変貌していったのである。

　こうして日本はかつての戦後のように、誰しもが新しいことをしうる環境が生まれたのであった。

図5-4　未来ポスターの例

6. アイデア創出・プロトタイピング

　各参加者が選択したドライバを組み合わせることで生成された未来ポスターを用いて、アイデア創出のフェーズに移る。アイデア創出のためのワークショップについては、本書の第2部で様々な事例を用いて説明されており、また本章の主題でもないため詳細の説明は割愛し、本節で過去に実施したワークショップでの写真を用いながら概要を述べるに留める。

　まずは未来シナリオのポスターを用いて未来シナリオの説明・共有を行う。各ポスターごとに、例えば欠点列挙法・希望点列挙法を用いて、未来シナリオに描かれている未来の悪い点・良い点を列挙していき、悪い点であればそれを解決するアイデアを、良い点であればそれを実現するためのアイデアを考える。また、アイデア創出のためには「自分ごととして考える」ことが重要であるといわれる。自分とは関係のない遠い未来の話ではなく、それを自分ごととして考えるために、例えば強制発想法のような手法を使いながら、自身の日常の興味と未来シナリオの中にあるキーワードの掛け合わせでアイデアを発想する（図5-5）。

図5-5　未来ポスターを用いたアイデア創出

図5-6　スピードストーミング

　ここまでで重要なのは、アイデアをいかに発散させることができるかである。議論を発散させ、自由な視点からアイデアを発想するために、二人一組になってブレインストーミングを行う（スピードストーミングと呼ばれる）こともある（図5-6に示す）。このように、アイデアの発散

（そして以降のグループワークでは収束も重要となる）を実現しながら新しいアイデアを発想する手法については、例えば、須藤、原（2016）にも様々な手法が紹介されているので参考されたい。

　では、様々なワークをこなし浮かんだアイデアをどのように形にしていくのであろうか。アイデアをまずは目に見える形にすることが大切であり、よく用いるのはアイデアスケッチと呼ばれる、アイデアを図と説明文で表すことで、アイデアをメモし、具体化し、纏めていく方法である。ワークショップの参加者の数にもよるが、結果として数百枚程度のアイデアスケッチが作成されることも多い。重要なポイントは、アイデアは質より量と割り切ることである。自身で考え抜いたアイデアよりも、ちょっとした思いつきで書いたアイデアが他の参加者からより多くの共感を得る場合も多い。

　次に、数百枚のアイデアから、参加者からより共感の得られるアイデアをハイライト法などを用いて選抜する。数百枚のアイデアスケッチをすべて会場に並べ、参加者全員で見て回り、共感できるアイデアに印をつけて回る。印の多いものから順にアイデアを選抜していくのが通常であるが、続くグループワークで思わぬアイデアに成長することがあるので、印は少ないが提案者の思いの強いもの、あるいは時としてメンターとして参加している人から推薦されたアイデアを混ぜておくことも重要である。

　選抜したアイデアをタネ・アイデアとしてグループを形成していく。グループ形成には、参加者の希望が重なりあい、時として調整に時間を要する場合もあるが、基本的に共感を得たアイデアをもとにしているので、調整に問題がある場合はまれである。タネ・アイデアをもとに、各グループ3〜4人でグループワークを行い、アイデアの発散と収束を繰り返しながらアイデアを成長させる。筆者らは、グループワークにおける参加者の発話内容を分析し、アイデアの発散と収束を繰り返すことの重要性を確認した研究なども行っている。

　最終的には、アイデアをなんらかの目に見える形にして表現することが重要である。綺麗に作り込まれた発表スライドよりも、大きな画用紙などに手書きでアイデアを書いてパラパラとめくりながら説明した方が訴求する場合もあるし、寸劇（スキット）によってアイデアを表現した方がアイデアが想

(a) プロトタイピングによるユーザ体験　　　(b) スキットによる発表

図5-7　成果発表会の模様

定しているコンテクストが共有されて共感がえられる場合もある。段ボールや発泡スチロールをもちいて簡単なプロトタイプを作成し、評価者にアイデアを体験してもらうことでアイデアの面白さを身をもって感じてもらうことも重要である。

　通常のPBLとして位置づけられるワークショップは、発表会を開催し、アイデアに順位づけをして終了する場合が多い（図5-7）。少し乱暴な表現にはなるが、たかだか数日のワークショップで生まれたアイデアがすぐに社会実装にまで結びつく場合は少ないからである。うまれたアイデアはそのままではいわゆるアイデアレベルに留まる場合が多く、そのアイデアの中に眠る本質的な良さに気づき、それらを育てて行く。いわゆるPoC（Proof of Concept）と呼ばれる継続的なワークショップにおいて、実フィールドで評価を繰り返してアイデアを練り込み、具体的な形にしていく（これをV.Shcoolでは PBL に対して、FBL（Field-Based Learning）と呼んでいる）ことが重要である。筆者らはアイデア発表の場、社会からのフィードバックを得る場として、超領域都市型フェスティバルである「078KOBE」やバルセロナ市・神戸市によるオープンデータの国際可視化コンテスト「WDVC」を活用しているのは先述した通りである。

7. おわりに

　本章では、未来起点でアイデアを創出していくことの重要性を述べた。VUCA の時代とよばれる超スマート社会でこそ必要となるアイデアは、現状の延長線上にある未来をフォアキャスティングで考えるのではなく、むし

ろ現状ではありそうもない未来からバックキャスティングで考えていくというものであった。

　しかし、これまでの取り組みも十分ではない。まず、未来から現在へのバックキャスティング過程をデザインするのが難しい点が挙げられる。未来像から現在できることに自分ごととしてどのようにアイデアに結びつけていくかという点にまだまだ工夫が必要である。また、未来シナリオが集合知の過程を経て創発すると述べたが、未来シナリオの構成部品となるドライバが、起こりうるすべての未来を網羅できている訳ではない点にも注意する必要がある。今現在、なんの予兆もない未来が実現する可能性も十分に有り得るし、時間軸上で遠くになればなるほどその可能性は増大する。

　2020年初めごろから世界的なパンデミックとなった新型コロナウイルスの影響は、未来洞察ワークショップやアイデア創出ワークショップにも重大な影響を及ぼした。コロナ禍のように参加者全員に大きな影響を及ぼすイベントが発生すると、創出する未来もその影響を強く受ける可能性があることも経験上明らかになっていることである。それらの影響をいかに小さくしながら、未来シナリオやアイデア創出過程を発散させることができるか、も留意すべきポイントである。

　本章で述べたワークショップは、現在のICT環境下ではオンライン上でも実行可能であった。オンライン会議システムであるZoomのブレイクアウトルームを活用したり、ユーザが自由にワークショップ会場を移動できるRemoやAirmeet、付箋を貼り付けたりしながらワークが可能となるGoogle JamboardやMiroなど。その他にも日々新しいツールが開発され、利用可能となってきている。それによって、空間的な制約を受けていたワークショップがその制約から解き放たれ、主催者は大学にいながら参加者となる学生は各自自宅から参加可能となったり、主催者が神戸にいながら日本全国、場合によっては世界中から参加者を募ることも可能となってきている。ただし、これらの手法は、既存のオフラインでのワークショップを、いわばそのままオンラインに持ち込んだだけであり、オンラインでのワークショップ独自の価値を生みだしているとまではいえない。特に、グループワークにおけるアイデアの成長には、やはり参加者が物理的な空間を共有し直接的なコ

ミュニケーションをとりながら議論を進めて行く方が優れているように感じる場合もある。コミュニケーションの媒体がオンライン・オフラインのどちらであるかに関わらず、ワークショップそのものが持つ価値について再検討し、追究していく必要があると考えている。これらの未来洞察ワークショップの限界にも留意しながら、有効な活用法を読者諸氏にもぜひ考えてもらいたい。

　なお、本章で紹介した未来洞察ワークショップやアイデア創出ワークショップは、筆者によるオリジナルなものではない。外部の先駆者達に教えを請いながら、共に実践し、身につけてきたものである。2015年にアイデアソン開催の機会を頂いたのは富士通株式会社の柴崎辰彦氏であり、実際にアイデアソン開催に尽力頂いたのは富士通株式会社の浜田順子氏、富士通総研株式会社の佐々木哲也氏、黒木昭博氏らの富士通グループ各位である。特に佐々木氏には企業向けとして開発・実践されてきた未来洞察ワークショップを学生・教育向けに改変し、共同研究として実施させて頂いた。特定非営利活動法人ミラックの西村勇哉氏からも未来デザインについて多くを学ぶとともに、一般社団法人 FutureEdu の竹村詠美氏には非認知能力を育む教育手法について多くの示唆を頂いた。また、2015年の大学院の授業で開催したアイデアソンにゲストスピーカとして参加し、アイデアを社会に投げかける重要性に気づかせてくれたのが神戸 IT フェスティバルのファウンダーである舟橋健雄氏であり、その後の SXSW への展開や 078KOBE への参画が実現することとなった。その神戸 IT フェスティバルで学生が発表しているアイデアに共感し、共に SXSW へと出展することになる機会を与えてくれたのが富士通株式会社の鈴木規之氏である。以上は筆者が関係した方々の一部であり、すべての方の名前を明記するすることは不可能であるが、関係諸氏に改めて謝意を表したい。

参考文献

須藤順，原亮（2016）『アイデアソン！ アイデアを実現する最強の方法』徳間書店。

西垣通（2013）『集合知とは何か―ネット時代の「知」のゆくえ』中央公論新社。

日本総合研究所 未来デザイン・ラボ（2016）『新たな事業機会を見つける「未来洞察」の教

科書』KADOKAWA。

Voros J.(2017), "Big History and Anticipation," In: Poli R.(ed.)*Handbook of Anticipation*, Springer, https://doi.org/10.1007/978-3-319-31737-3_95-1.

アイデアを形にするための PBL

―― 祇園 景子・鶴田 宏樹 ――――――――――――――――

1. はじめに

　V.School は価値創造の場を実現すべく、教育現場における三つの在り様「教わるのではなく考え抜く場」「情報ではなく気づきを得る場」「プランではなくプロトタイプの場」をビジョンとして唱えている。価値は人によって認識が異なる。各々の価値を見つけるために、V.School に集う人たちが共に問いを立てて考え抜くことを目指している。また、近年では教科書や論文、最新ニュースなどの情報は、ネットを探せば手に入る。だから、情報を提供するだけでなく、物事を捉える視点を提案し、価値創造につながる気づきが生まれる教育でありたいと考えている。さらに、考えたアイデアやコンセプトを具体的にしていくことはとても勇気のいることである。立案にとどまらず、小さくてもよいので実際に実行に移す一歩を踏むことを大切にしている。これら三つの考え方・心持ちは、複雑な問題を解決しようとするときの必要条件で、問題解決のプロセスに必要な思考として注目されているデザイン思考にも同様の要素が含まれている。

　大学の授業は、大きく分けて三つの目標（知識・技能・態度）を達成するために、講義、演習、実験、実習もしくは実技のいずれか、またはこれらを併用して行う（文部科学省「大学設置基準」）（表 6-1、6-2）。近年、文部科学省が効果的な学習方法としてアクティブ・ラーニングを推奨している。教員

認知的領域	精神運動的領域	情意的領域
知識に関する目標で、知識の獲得と活用に関する目標が含まれます。	技能に関する目標で、技能の獲得と熟達化に関する目標が含まれます。	態度に関する目標で、態度の受け入れと内面化に関する目標が含まれます。

表6-1　大学の授業における達成目標の大別
出所：文部科学省「大学設置基準」

講義：学習者の知識定着を目的として、教育者が必要に応じて視聴覚メディアを使いながら口頭で知識を伝達する教育方法（中島、2016）

演習：学習内容を模擬的かつ総合的に学習者に体験させる教育方法（森、1991）

実験：ある作業仮説に基づいて予測された事象が生起するかどうかを確かめること（細谷、1978）

実習：技術の教育において知識を応用実践するために実際に物に働きかける教育方法（細谷、1978）

実技：実際に技術・演技を行うこと

表6-2　大学の授業形式
出所：文部科学省「大学設置基準」

による一方向の講義形式の教育とは異なり、学習者の能動的な学習への参加を取り入れた教授・学習法である。学習者が能動的に学習することによって、認知的、倫理的、社会的能力、教養、知識、経験を含めた汎用的能力の育成を図る（文部科学省中央教育審議会、2012）。アクティブ・ラーニングの一種である課題解決型学習（Project-based Learning: PBL）は、学習者が自ら問題を見つけ、その問題を試行錯誤しながら解決していく中で知識・技術・態度について学んでいくと同時に、問題解決のプロセスそのものも学びとなる。例えば、「新しい大学」というテーマを与えられた場合、個々の学習者が大学について疑問に思っていることや期待していることなどを他の学習者らと共有して「新しい大学」に関する仮説を立て、その仮説が妥当かどうかを情報収集や実験を通じて検証し、「新しい大学」に対する一つの解を導いてゆく。PBLでは、講義、演習、実験、実習、技能のすべての授業形式を組み合わせることができ、知識・技能・態度の三つの目標を効果的に達成する授業を設計することができる。

2. スパイラルアップPBLの目的

　V.Schoolで実施しているスパイラルアップPBLは、複雑な問題の解決に取り組む際に必要となる考え方・心持ちを身につけることを目的としている。心持ちを別の言葉を使うと、態度、姿勢、マインドセットともいえる。ス

パイラルアップ PBL で習得を目指す考え方・心持ちは、デザイン思考、システム思考、エフェクチュエーション、自己効力感をもとに設定している（表6-3）。

デザイン思考は四つの心持ち、①その人のためにやってみる（Human-Centered）、②いろいろな人と一緒にやってみる（Collaborative）、③とりあえずやってみる（Experimental）、④いつかきっとできると思ってやってみる（Optimistic）ことが重要であると、デザイン思考を普及したIDEOでは考えられている（IDEO、2013）。また、システム思考の考え方を、①要素を見て全体も見る、②要素間の関係を見る、③境界を決めるの三つを基本とした。エフェクチュエーションは、経営学者であるサラス・サラスバシーが五つの行動原則について、①自分の持っているものを知る（Bird-in-Hand）、②最低ラインを決める（Affordable Loss）、③何かに使ってみる（Lemonade）、④全部使ってみる（Patchwork Quilt）、⑤目の前の現実に臨機応変に対応する（Pilot-in-the-Plane）ことであるとまとめている（サラスバシー、2015）ことを参考にした。そして、デザイン思考を提唱した一人であるデイビッド・ケリーは、自己効力感が創造性をよみがえらせることので

ステップ	デザイン思考 ①	②	③	④	システム思考 ①	②	③	エフェクチュエーション ①	②	③	④	⑤	自己効力感
1. 自分のビジョン・アイデアを他者と共有する		■											
2. 他者のビジョン・アイデアに共感する	■												
3. ビジョン・アイデアをもとにチームをつくる		■											
4. 必要なヒト・モノ・コトを知る					■								
5. 自分の持っているものを知る					■	■		■					
6. 足らないヒト・モノ・コトを知る						■			■				
7. 足らないヒト・モノ・コトを集める											■		
8. 一部でよいからカタチにしてみる			■							■			
9. カタチにしたものから気づく			■										
10. もう一度カタチにしてみる						■						■	

表6-3　スパイラルアップPBLの大まかな流れと各ステップで学ぶ考え方・心持ちの対応

きるマインドセットの一つだと考えている（Kelley, 2012）。

これまでに何度となくPBLを実施している中で出てくる悩みの一つに、学習者はいろいろなアイデアを考えるが、そのアイデアをなかなか実行に移さないことがある。そこで、何らかのアイデアを思いつくたびに強制的にプロトタイプすることで、アイデアを実行へ移しやすくなるようにした。スパイラルアップPBLは、プロトタイプを通じて、ビジョンやアイデアを現実のものにしようとするときに必要となる考え方・心持ちを身につけることを目的としている。

スパイラルアップPBLの大まかな流れを表6-3のステップのように設計した。各々のステップで学ぶことのできるデザイン思考、システム思考、エフェクチュエーション、自己効力感における考え方・心持ちの対応を表6-3に灰色で示して整理する。

3. スパイラルアップPBLの実施内容
3.1 スケジュールと事前課題

2020年度は、3時間×4回の授業を行った。授業形式は基本的に講義およびグループワークを主とする演習を交互に組み入れ、講義で説明したことを演習で試してみることで考え方・心持ちを習得できるように設計した。それぞれの授業の内容は表6-4に示している通りである。新型コロナウイルス感染症に考慮し、マスクの着用とアルコール消毒を徹底して対面授業を行った。

第1回目の授業に先立

第1回目　問題・課題・解決策／解決策の具体化
1. みんなのアイデアを共有
2. チームを編成
3. 新しいことを生み出す「委ねる」
4. アイデアの具体化
5. プロトタイプ
6. 宿　題

第2回目　解決策の実現過程／解決策の具体化
1. 必要なモノ・足らないモノを整理する
2. 代替案を考える
3. システムをブラッシュアップする
4. 価値連鎖を考える
5. プロトタイプ・テストをする
6. 宿　題

第3回目　問題・課題のリフレーミング／解決策の具体化
1. 宿題を共有・発表
2. 問題の原因を探索
3. 解決策のアイデア出し
4. 宿　題
5. 次回の発表について

第4回目　プレゼンテーション

表6-4　各回の授業内容

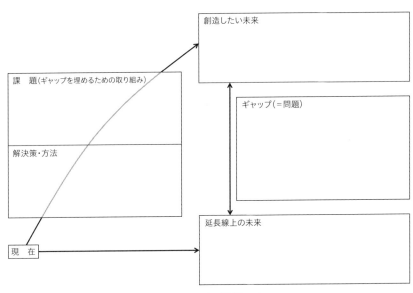

図6-1　アイデア整理シート

ち、学習者には事前課題としてアイデア整理シートを提出してもらった（図6-1）。学習者のうちで、未来起点で考えるPBL（第5章を参照）に参加していた人は、そこで出てきたアイデアを整理した。アイデア整理シートは、創造したい未来と延長線上の未来からそれらのギャップ（＝問題）を捉え、創造したい未来を実現するための課題とそれに対する解決策・方法をまとめるためのものである。これで整理したアイデアを第1回目の授業で発表した。

3.2　問題・課題・解決策／解決策の具体化（第1回目）

（1）アイスブレイク

　スパイラルアップPBLはグループワークが多いため、初対面の人とも打ち解けて話ができるように、冒頭に自己紹介の時間を設けた。自己紹介は、自分のニックネームと最近イノベーションだと思ったモノ・コトを紹介することにした。ニックネームにすることで、年齢や学年などによる上下関係を意識しないようにできるだけ対等な関係の構築を図った。また、身の回りの

開始時刻	終了時刻	所要時間	内容
17:00	17:05	5分	講義　イントロダクション
17:05	17:10	5分	講義　スパイラルアップPBLについて
17:10	17:25	15分	発表　アイスブレイク:自己紹介
17:25	17:30	5分	講義　問題・課題設定
			1. 自分のビジョン・アイデアを他者と共有する/2. 他者のビジョン・アイデアに共感する
17:30	18:00	30分	発表　未来像・問題・課題・解決策
			3. ビジョン・アイデアをもとにチームをつくる
18:00	18:10	10分	チーム分け
18:10	18:15	5分	講義　アイスブレイク:創発で絵を描く
18:15	18:20	5分	演習　アイスブレイク:一人で絵を描く
18:20	18:25	5分	演習　アイスブレイク:創発で絵を描く
18:25	18:35	10分	休憩
			4. 必要なモノ・コトを知る
18:35	18:40	5分	講義　解決策の具体化:簡易システム図作成
18:40	19:05	25分	演習　解決策の具体化:簡易システム図作成
			8. 一部でよいからカタチにしてみる/9. カタチにしたものから気づく
19:05	19:10	5分	講義　解決策の具体化:プロトタイプ
19:10	19:30	20分	演習　解決策の具体化:プロトタイプ
19:30	19:50	20分	発表　解決策の具体化:簡易システム図とプロトタイプ
			5. 自分の持っているものを知る/6. 足らないヒト・モノ・コトを知る
19:50	19:55	5分	講義　アイデア実現に必要な物理要素・技術
19:55	20:00	5分	まとめ

表6-5　第1回タイムスケジュール

イノベーションだと思ったモノ・コトを紹介し、それがイノベーションだと思った理由も説明するようにした。これは、自分がおもしろいと思う要素を整理・分析できるようになる訓練になる。おもしろいアイデアは、当然ながらアイデアをおもしろいと感じることから始まる。普段から事物に興味をもつ感度を上げておくことが大切である。

　グループワークでいろいろな人と一緒に何かに取り組むときには、相手に委ねることも必要となる。人によっては、自分ですべてやらないと不安になる人もいるが、相手に委ねることで、自分が想定していなかった素敵な結果に遭遇することもある。このような心持ちは、デザイン思考の②いろいろな人と一緒にやってみる（Collaborative）やエフェクチュエーションの④全部使ってみる（Patchwork Quilt）に関連する。このことを実感してもらうために、チームのメンバーと一緒に未来の社会を描くアイスブレイクを行った。方法は、1人1分間で画用紙にクレヨンで自分が想像する未来社会を描いてもらう。その後、その絵を隣の人に渡し、隣の人が1分間その絵の続き

図6-2　チームメンバーで全員で描いた未来の社会像

を描く。さらにその隣の人が1分間その絵の続きを描いていくことを繰り返し、1周回って自分の手元に絵が戻ってきたときには、自分の想像していた未来像と違う絵ができあがるというものである（図6-2）。もちろん、自分の想像していなかったものができあがると、嫌悪感をもつ人もいるだろう。一方で、他者へ委ねることで思いもよらない素敵なものが生まれることもあるのではないだろうか。

（2）問題・課題・解決策

　授業の導入として、問題・課題・解決策をシステムとしてとらえた場合の目的・機能・手段に相当することを説明した。さらに、これらをWHY・WHAT・HOWの関係に置き換えることもできる。このような関係性を理解しておくと、問題解決の過程でイタレーション（反復または繰り返し）のあいだに自分の位置と方向を見失いにくくなる。

　次に、事前課題を発表し、各学習者が実現したいアイデアを選んで、この指とまれ方式でチームをつくった（図6-3）。なお、これらの作業は、表6-3のステップ1、2、3に相当する。

図6-3　自分のビジョン・アイデアを他者と共有する様子

（3）解決策の具体化

　第1回目の授業の後半は、各チームで解決策のアイデアについて簡易的なシステム図を作成することで、アイデアを具体化することに取り組んだ。ま

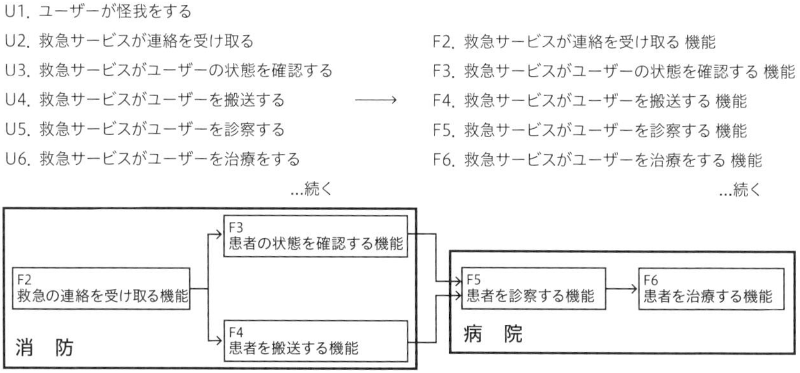

U1. ユーザーが怪我をする

U2. 救急サービスが連絡を受け取る　　　　　　　F2. 救急サービスが連絡を受け取る 機能

U3. 救急サービスがユーザーの状態を確認する　　F3. 救急サービスがユーザーの状態を確認する 機能

U4. 救急サービスがユーザーを搬送する　───→　F4. 救急サービスがユーザーを搬送する 機能

U5. 救急サービスがユーザーを診察する　　　　　F5. 救急サービスがユーザーを診察する 機能

U6. 救急サービスがユーザーを治療をする　　　　F6. 救急サービスがユーザーを治療をする 機能

　　　　　　　　　　　　…続く　　　　　　　　　　　　　　　…続く

左上：シナリオ　　右上：機能への置き換え　　下：簡易システム図
図6-4　簡易的システム図の例（救急サービスを検討した場合）

　ず、ユーザーがそのアイデアを利用しているところを想像し、その行動を一つ一つ書き出してシナリオをつくった。その行動一つ一つをシステムの機能に置き換えることができる。そして、その機能の流れを設計し、各々の機能を担う物理要素を検討した。例えば、救急サービスについてU1. ユーザーが怪我をする、U2. 救急サービスが連絡を受ける、U3. 救急サービスがユーザーの状態を確認する…のようにシナリオを作成する（図6-4左上）。U1. はシステム外なのでシステムの機能には含まれないが、その他は全てシステムの機能に置き換えると、F2. 救急サービスが連絡を受け取る機能、F3. 救急サービスがユーザーの状態を確認する機能…という具合になる（図6-4右上）。これらの機能の流れを設計し、機能を担う物理要素を割り当てることで簡易的なシステム図を作成する。この作業で、漠然としていた解決策が一気に具体的なモノ・コトとして認識できるようになる。この作業では、前述のステップ4を実行している。

　さらに、簡易システム図から簡単に工作ができそうなところを選定して、その場でプロトタイプした。授業がはじまる前までは、頭の中のアイデアでしかなかった解決策が、目で見ることができたり、手で触れることができるようになることで、自己効力感を養う効果もあると考えている。なお、この作業は、表6-3のステップ8、9に相当する。

　作成した簡易システム図をもとに物理要素整理シート（図6-5）を完成さ

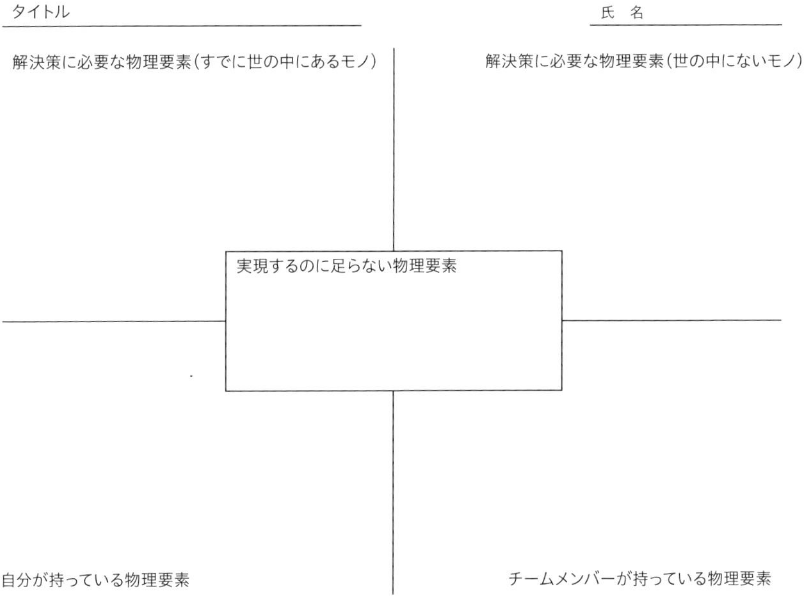

タイトル _____　　　　　　　　　　　　氏　名 _____

解決策に必要な物理要素（すでに世の中にあるモノ）　　　　解決策に必要な物理要素（世の中にないモノ）

```
                    ┌─────────────────────────────────┐
                    │ 実現するのに足らない物理要素        │
                    │                                 │
                    │                                 │
  ·                 │                                 │
                    └─────────────────────────────────┘
```

自分が持っている物理要素　　　　　　　　　　チームメンバーが持っている物理要素

ただし、物理要素とは、ハードウェア，ソフトウェア，ファームウェア，人，情報，技術，設備，サービスなどあらゆるものを指す。

図6-5　物理要素整理シート

せることを宿題とした。物理要素整理シートは、解決策に必要な物理要素を①すでに世の中にあるモノと②世の中にないものを列記し、それらの中で自分がもっているあるいはチームメンバーがもっている物理要素と実現するのに足らない物理要素を検討するためのものである。この作業で学習者は、ステップ5、6を実行することになる。

3.3　解決策の実現過程／解決策の具体化（第2回目）

（1）解決策の実現過程

　第2回目の授業は、アイスブレイクの後、宿題であった物理要素整理シートをチームメンバーで共有し、チームとして一つにまとめることから始めた。この作業で、解決策のアイデアを実現するために必要なモノ・コト、チームメンバーの手元にあるモノ・コト、実現するために足らないモノ・コトが整理できることになる。この過程は、エフェクチュエーションの①自分の持っているものを知る（Bird-in-hand）ことにつながる。

92 ┃ 第2部 アイデアの創出・試作・検証を通じた教育

開始時刻	終了時刻	所要時間	内容
17:00	17:05	5分	講義　イントロダクション
17:05	17:15	10分	演習　アイスブレイク
			6. 足らないヒト・モノ・コトを知る
17:15	17:35	20分	演習　足らないヒト・モノ・コトを整理
			7. 足らないヒト・モノ・コトを集める
17:35	17:40	5分	講義　バリューグラフ
17:40	18:00	20分	演習　バリューグラフ
18:00	18:05	5分	講義　システム機能・物理
18:05	18:20	15分	演習　システム機能・物理
18:20	18:30	10分	休憩
			6. 足らないヒト・モノ・コトを知る
18:30	18:35	5分	講義　CVCA
18:35	18:55	20分	演習　CVCA
			10. もう一度カタチにしてみる/9. カタチにしたものから気づく
18:55	19:00	5分	講義　プロトタイプ
19:00	19:30	30分	演習　プロトタイプ
19:30	19:50	20分	発表
			2. 他者のビジョン・アイデアに共感する
19:50	19:55	5分	講義　フェルミ推定
19:55	20:00	5分	まとめ

表6-6　第2回タイムスケジュール

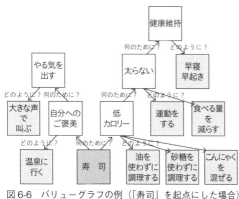

図6-6　バリューグラフの例（「寿司」を起点にした場合）

次に、足らないモノ・コトに対する代替手段を検討するために、バリューグラフ（石井、飯野、2008）を作成した。バリューグラフは、キーワードを起点に上へその目的を、下へ目的を達成するための手段を書いていく、製品やサービスの目的や価値を構造化するツールである（図6-6）。ここでは、簡易システム図の中の足りないと思われる機能を起点にしてバリューグラフを作成し、出てきた代替手段を簡易システム図に当てはめて、アイデアが実現可能になるか検討した。なお、ここでの作業は、ステップ7に相当する。

さらに、足らないモノ・コトを整理する（ステップ6に相当）ために、顧

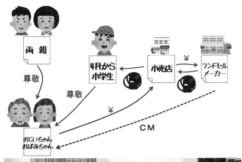

図6-7　上：CVCAの例（ランドセルを検討した場合）
　　　　下：CVCAに取り組む様子

客価値連鎖分析（Customer Value Chain Analysis：CVCA）を行った。この分析は、解決策を提供した場合のステークホルダーを書き出し、各々のステークホルダー間でどのような価値のやり取りがされているのかを検討するものである（図6-7）。CVCAから解決策がもたらす価値を明らかにし、その価値を提供するために必要なステークホルダーを整理することができる。解決策の簡易システム図からでは見えなかった足らないモノ・コトを価値提供の視点から探索することにつながる。CVCAでは、システム思考の①要素を見て全体も見る、②要素間の関係を見る、③境界を決めることが必要となる。

（2）解決策の具体化

　最後に、CVCAで設定した提供価値が妥当かを検証するプロトタイプを行った。第1回目の授業でのプロトタイプは、とりあえずカタチにすればよいことにしたが、今回のプロトタイプでは、その目的を明確にして行うことを促した。

　宿題として、各チームの解決策のアイデアが普及した場合のフェルミ推定を課した。アイデアが普及した場合の規模感をつかむことができるため、アイデアへの共感も得られるようになる。

3.4　問題・課題のリフレーミング／解決策の具体化（第3回）

（1）問題・課題のリフレーミング

　第3回目の授業では、これまでに具体化してきた解決策が最初に設定した問題を解決するに至っているかを改めて考える時間をつくった。解決策ばかり考えていると、本来解決したいと考えていたはずの問題をすっかり忘れてしまって、問題からかけ離れた解決策を検討してしまうことがある。そこで、各チームが設定している問題について、原因を整理するために因果ループ図を作成し、レバレッジポイントを検討することで、自分たちの解決策がその問題を効果的に解決できるのかを考えた。さらに、レバレッジポイントに着目して解決策をつくるとしたら、どのようなものがあるのかを、ブレインストーミング、親和図法（川喜田、1967）、強制連想法を使って考えた。このフェーズでは、自分が執着している解決策から一旦離れて、俯瞰的な視点から問題を捉えてリフレーミングし、解決策を再考する。必要であれば、これまでに築き上げた解決策を捨てることも検討するので、我々はこのフェーズを「ちゃぶ台返し」と呼んでいる。デザイン思考の④いつかきっとできると思ってやってみる（Optimistic）心持ちがなかったり、エフェクチュエー

開始時刻	終了時刻	所要時間	内容
17:00	17:05	5分	講義　イントロダクション
17:05	17:15	10分	演習　アイスブレーク
			2. 他者のビジョン・アイデアに共感する
17:15	17:30	15分	発表　フェルミ推定
			6. 足らないヒト・モノ・コトを知る
17:30	17:35	5分	講義　因果ループ
17:35	17:55	20分	演習　因果ループ
17:55	18:10	15分	演習　レバレッジポイント
18:10	18:20	10分	休憩
			2. 他者のビジョン・アイデアに共感する
18:20	18:25	5分	講義　ブレスト
18:25	18:40	15分	演習　ブレスト
18:40	18:45	5分	講義　親和図法
18:45	19:05	20分	演習　親和図法
19:05	19:10	5分	講義　強制連想法
19:10	19:30	20分	演習　強制連想法
19:30	19:50	20分	発表　強制連想法
19:50	20:00	10分	まとめ

表6-7　第3回タイムスケジュール

ションの⑤目の前の現実に臨機応変に対応する（Pilot-in-the-Plane）ことができないと、ちゃぶ台返しはできない。

（2）課題策の具体化

第3回目の授業では、プロトタイプすることを宿題とした。第4回目の授業で具体的な解決策についてプレゼンテーションするまで何度もプロトタイプすることを勧めた。

3.5　プレゼンテーション（第4回）

プレゼンテーションでは、①問題、②解決策、③解決策の価値の3点について10分間で説明することを促した。第1回目の授業で共有したアイデアが、3回の授業と宿題を通じて、全く違ったものになったチームもあった。プレゼンテーション中にプロトタイプ・テストをその場でおこなうチームもあり、PBLを通じて学修者の考え方・心持ちが少し変化しているように見受けられた。

開始時刻	終了時刻	所要時間	内容
17:00	17:05	5分	講義　イントロダクション
17:05	17:15	10分	演習　アイスブレイク
			1.自分のビジョン・アイデアを他者と共有する/2.他者のビジョン・アイデアに共感する
17:15	17:55	40分	発表・フィードバック
17:55	18:05	10分	休憩
18:05	18:45	40分	発表・フィードバック
18:45	19:15	30分	演習　振返り
19:15	19:25	10分	まとめ

表6-8　第4回タイムスケジュール

4. おわりに

スパイラルアップPBLの学習者は、経営学部、経済学部、理学部、農学部、工学部、海事科学部など専門分野の異なる学部生・大学院生であったにもかかわらず、グループワークでは会話が途絶えることはほとんどなく、円滑にコミュニケーションを取ることができていた。一般的に、議論の目的が明確で、解像度の低い抽象的な話題であれば、分野が異なることが原因でコ

ミュニケーションが取れなくなるということはないだろう。一方で、話題が具体的で解像度の高い専門的なものになればなるほど、コミュニケーションの方法に工夫が必要になると予想している。今後、解決策を先端的で革新的なものにブラッシュアップして、大学の研究へつながるようなPBLを設計できると、さらに教育効果の高い授業を提供できるはずである。その場合、さまざまな専門分野の教員の協力を仰ぎながら、分野横断的で多様な学習者の間でいかに専門性の高い内容の議論を促すかが問われるだろう。そのようなPBLを実施し、社会が抱える複雑な問題に対して価値あるソリューションを創造することに貢献したいと考えている。

参考文献
石井浩介、飯野謙次（2008）『価値づくり設計』養賢堂。
川喜田二郎（1967）『発想法―創造性開発のために』中央公論社。
中島英博編著（2016）『シリーズ 大学の教授法1 授業設計』玉川大学出版部。
森和夫（1991）「生産技術教育の方法理論（3）」『職業訓練研究』第9巻、pp. 1-19。
文部科学省中央教育審議会（2012）「新たな未来を築くための大学教育の質的転換に向けて 〜生涯学び続け、主体的に考える力を育成する大学へ〜（答申）」（平成24年8月28日）。
IDEO（2013）. *Design Thinking for Educators*, https://page.ideo.com/design-thinking-edu-toolkit（Accessed 2021.2.23）.
Kelley, D.（2012）. *How to Create Your Creative Confidence*, https://www.ted.com/talks/david_kelley_how_to_build_your_creative_confidence/up-next?language=en: （Accessed 2020.9.23）.

第7章

経験の場としての PBL

── 鶴田 宏樹・祇園 景子 ──────────

1. はじめに

　学生は、自らの将来のために、大学における研究活動のために、そして、さまざまな課題を乗り越えるために、多種多様な知識を身につけていかなければならない。現在の情報化社会では、身につけるべき知識へのアクセスは容易になっている。その一方で、一体何のために知識を得たいのか、自らが対峙する問題や課題の解決に必要な知識がいったい何なのか、身につけるべき知識のそれぞれがどのように関連しているのか、といったことが分からないまま、受動的な姿勢で学生が授業などに臨んでいる現状があることは否定できない。本章では、自らの関心を理解し問題を解決するための課題の設定から結果を生み出すプロセスを経験することで、必要な知識を如何にして獲得すべきかを体感させる「経験型学習」としてのProject-based Learning（PBL）の設計と実践について紹介する。

　教育哲学者であるジョン・デューイは20世紀初頭に『経験と教育』の中でPBLの重要性を述べている（デューイ、2004）。PBLとは、①学生の「経験」に基づいて仮説を立てる、②結果によって仮説を検証する、③検証結果を反省して次の「経験」に備える、というプロセスが含まれるものである。そして、そのプロセスは、「経験の連続性」と「経験の相互作用」という教育原理を基礎として設計されることが理想的とされている。PBLは、受講生自身が社会や個人が持つ期待などを自発的・能動的に関心をもって問題に対峙する学びである。教員は受講生の思考・気づきを促す役割として議論をファシリテートする。PBLでは、学生に正解を導き出させることが重要でなく、特に意図的に正解が準備されていない問題に対して課題の設定から答えを出すプロセスを経験させることで、必要となる知識や考え方を身につけさせることに重点が置かれている。

本章では、“思考の作法”を学ぶためのPBLとして「Creative School基礎編」、過去から未来にわたる社会の状況変化を知る過程の中で自らの考えを言語化し、他者に自らの考えを説明し、そして他者を理解するためのPBLとして「企業社会論B～21世紀の教養～」を紹介する。この「Creative School基礎編」、「企業社会論B～21世紀の教養～」は、神戸大学全学共通教育総合科目として開講されている。さらに、学生自身の関心や感情を言語化し、対話の中で他者との間で共有することを経験するためのV.School開講科目「Value Creation Circle」についても紹介し、価値創造教育の一つの形について考えてみる。

2. Creative School基礎編

　「Creative School基礎編」は、鶴田・祇園が文部科学省「次世代アントレプレナーシップ育成事業 EDGE-NEXT」の支援を受けて、2017年から開発し、提供している講義である（鶴田、祇園、大村、2018）。2020年度は、新型コロナウイルスの影響によって、第1クォーターおよび第2クォーター開講授業が全てオンライン形式での開講となったため、本章で紹介する2020年度のCreative School基礎編は、録画しておいた動画を視聴するオンデマンド講義とZoomによるリアルタイムでのワークショップのハイブリッド形式で実施した。

　これらのPBLでは、前年度までに受講した学生で構成された学生運営チームと担当教員で、テーマ設定やコンテンツ設計などを議論して決めている。これにより、学生目線での学生の関心や期待といった背景をテーマとコンテンツに内包させる。

　Creative School基礎編では、問題の定義が不明確（悪定義）であり、解決手段もまた不明確（悪構造）で唯一最適解が存在するにように設定されていない（悪設定）問題に対峙する際に有効な思考方法を体験することを目指している。具体的には、グループワークの中で論理的思考、システム思考、デザイン思考の3つの思考方法を使いこなすことに挑戦する。論理的思考とは、筋道の通す思考であり、ある文章や話で論証の形式（前提－結論、また主張－理由という枠組み）を整える考え方である。デザイン思考とは、デザ

イナーがデザインをするときの思考とされ、「Empathize（共感）」「Define（問題定義）」「Ideate（創造）」「Prototype（試作）」「Test（試験）」というステップを繰り返しながら考えていくものである。システム思考とは、ものごとを要素間の関係性（システム）として捉えて考えるものである。

　学生運営チームと担当教員は2020年度時点での学生がおかれている環境の変化、つまり新型コロナウイルスの影響下での学びの形の変化についてのアンケート分析などを実施（データは非公開）し、変化の様相について、時間をかけて議論した。その内容を受け、2020年度のテーマは、1年生においては大学以前の生活、2年生以上においては前年度の大学生活では考えられなかった学びの形態である「オンライン講義」に焦点を当て、「理想のオンライン授業をつくる」とした。授業スケジュールは表7-1のとおりである。

　評価は、授業中に課せられたレポートを基にルーブリックを用いて行った（表7-2）。論理的思考では、演繹、帰納、MECE、ピラミッド構造について、デザイン思考では、共感、問題定義、アイデア創出、プロトタイピング、テストについて、システム思考では、目的設定、要求機能分析、アーキテク

第1回（6月30日）	
内容	・オリエンテーション：講義の概要、成績評価方法の説明（リアルタイム形式） ・イントロダクション：問題の種類、思考方法の種類、問題解決のプロセス（オンデマンド形式） ・論理的思考：演繹と帰納（オンデマンド形式）
第2回（7月7日）	
内容	・論理的思考：事実と解釈・MECE・ピラミッド構造の説明（オンデマンド形式） ・グループワーク：事実と解釈・MECE・ピラミッド構造（リアルタイム形式）
第3回（7月14日）	
内容	・デザイン思考：ブレインストーミング・親和図法の説明（オンデマンド形式） ・グループワーク：ブレインストーミング・親和図法（リアルタイム形式）
第4回（7月21日）	
内容	・デザイン思考：行動観察・ユースケース（オンデマンド形式） ・システム思考：要求機能分析・アーキテクチャー（オンデマンド形式） ・グループワーク：ユースケース・要求機能分析・アーキテクチャー（リアルタイム形式）
第5回（7月28日）	
内容	・問題課題のプロセス復習・"Why・What・How"・価値（オンデマンド形式） ・グループワーク：ユースケース（リアルタイム形式）
第6回（8月4日）	
内容	・デザイン思考：プロトタイピングとテスト（オンデマンド形式） ・グループワーク：プロトタイピング制作（リアルタイム形式）
第7回（8月11日）	
内容	・プレゼンテーション（リアルタイム形式）

表7-1　授業スケジュール

ティング、物理構成について、それらの理解と実践を四段階で評価した。評価時期は講義開始時と終了後とし、自分自身による評価（自己評価）、各授業におけるグループワークのメンバーの間での評価（他者評価）、教員による評価（教員評価）を行った。大学に提出する成績は、教員評価に基づいて定量評価した。

論理的思考

評価項目	レベル1	レベル2	レベル3	レベル4
演繹	演繹について理解していない。	前提から結論を導くことができる。	結論を導くための前提を提示することができる。	前提と結論の関係性を俯瞰し、それが論理的であるか判断できる。
帰納	帰納について理解していない。	事例から結論を導くことができる。	結論を導くための事実を提示することができる。	事実と結論の関係性を俯瞰し、それが論理的であるか判断できる。
MECE	MECEについて理解していない（簡単なMECEができない）。	簡単なMECEができる。	高度なMECEができる。	目的を設定して、高度なMECEができる。
ピラミッド構造	ピラミッド構造について理解していない。	ピラミッド構造の縦方向（So What? / Why So?）の関係がつくれる。	ピラミッド構造の横方向（MECE）の関係がつくれる。	ピラミッド構造を全体俯瞰し、それが論理的であるか判断できる。

デザイン思考

評価項目	レベル1	レベル2	レベル3	レベル4
共感	相手の言っていることを理解して、それに対して発言できる。	相手の感情を理解して、それに対して発言できる。	相手の感情を理解して、それに対して提案できる。	相手の感情に対して提案し、その提案が相手に賛同される。
問題定義	現状を分析できる。	理想像を設定できる。	現状と理想像のギャップを設定できる。	現状と理想像のギャップを埋めるための取組みを提示できる。
アイデア創出	思考の発散・収束ができない。	思考の発散・収束ができる。	自分の思考の枠を認識して、その枠を超えることができる	他者の思考の枠を認識して、それを広げることができる。
プロトタイプテスト	プロトタイプについて理解できない。	プロトタイプについて理解できるが、適切な目的が設定できないである。	適切なプロトタイプの目的を設定できるが、それを検証するための実験計画を立てられない。	適切なプロトタイプの目的を設定し、それを検証するための実験計画を立てられる。

システム思考

評価項目	レベル1	レベル2	レベル3	レベル4
目的設定	システムの目的の必要性を理解できず、目的を設定できない。	システムの目的を設定する必要があることを理解しているが、適切な目的を設定できない。	左欄に準ずる。	システムの適切な目的が設定できる
要求機能分析	システムの要求機能について理解できない。	システムの要求機能について理解できているが、機能を挙げられない。	システムに必要な機能を上げられるが、MECEできない。	システムに必要な機能をMECEできる。
アーキテクティング	機能の流れをつくることができない。	機能の流れをつくれるが、機能間のやり取りが説明できない。	機能の流れをつくり、機能間のやり取りが説明できるが、全体俯瞰してシステムが目的を達成しているかが分からない。	機能の流れをつくり、機能間のやり取りが説明でき、全体俯瞰してシステムが目的を達成できているかが分かる。
物理構成	機能を実現する物理構成が分からない。	機能を実現する物理構成が分かるが、どの機能をどの物理構成に割り振ればよいか分からない。	機能を実現する物理構成が分かり、機能を適切に物理構成に割り振ることができる。	複数の物理構成を考えることができ、機能を適切に物理構成に割り振ることができる。

表7-2　「Creative School基礎編」のルーブリック

3. 企業社会論B—21世紀の教養

　現代社会は不確実性の高い社会であり、過去の延長線上として未来を予測・予見することは困難な時代とされる。そもそも未来を予測するのではなく、まず望むべき未来をイメージし、今なすべきことを考える必要がある。それを考えるには、これまでの社会の在り方や先人たちが築きあげてきた知識・教養、そして新しい価値を生み出す力が重要となる。「どのように社会に関わり、どんな人生を送りたいのか」という問いを重ね、自らが現在向き合っているものをしっかりと捉え、学生である間や卒業後に自分を向上させて社会を変革する行動に移す姿勢が重要である。「企業社会論B 〜 21世紀の教養〜」では、自分自身が社会に対してどのような価値を提供できるのかを考える。社会をより良い方向へ変革するには、自分が、①何者であるかを理解しようとし、②何をすべきかを考え整理し、③社会（他者）へどんな価値を提供できるかを考え、④行動しなくてはならない。そして、⑤他者を説得して動かすことが求められるのである。①から⑤ができるようになるための姿勢を身につけるために、本授業では毎回提示されるさまざまな問いに対して、自分の考えを他者へ伝え、他者の考えを聞き、さらに自ら問いを立てることを、グループディスカッション形式で経験させる。なお、本授業は、ワークスアプリケーションズ社と大阪大学によって共同開発された教育プログラム「イノベーションのためのパトス・ロゴス・エトス」をベースにして、神戸大学で再設計・実施しているものである。

　古代ギリシャの哲学者アリストテレスは、『弁論術』の中で、人を説得して動かすには「パトス（感情）」、「ロゴス（論理）」、「エトス（人徳）」が重要であると述べている。本授業では、グループディスカッションを通して、人文・社会科学系、自然科学系、生命科学系などの学問分野を専攻する人と接し、自らの専門以外の視点の重要性を理解するとともに、パトス・ロゴス・エトスをもって他者に自らの考えを伝えるコミュニケーションを学ぶことを目的としている。2020年度の授業は、新型コロナウイルスに対する感染対策を十分とりながら、少人数での対面形式で実施した。2020年度は、第2次大戦後の復興期に生まれた日本のイノベーターと自動車産業に焦点を当てて授業を設計した。授業スケジュールは表7-3のとおりである。

第1回 (10月7日) 講義	
内容	・オリエンテーション ・人類のイノベーションの歴史 ・課題：レポート「あなた自身についてパトス、ロゴス、エトスを形成してきた機会・情報を調べ、考えをまとめよ」
第2回 (10月14日) 講義、個人発表、ディスカッション	
内容	・パトス・ロゴス・ロゴスの活用 ・課題：調査・分析「高度成長期とは何か」
第3回 (10月21日) 講義、ディスカション	
内容	・戦後日本のイノベーター（1） ・課題：調査・分析・レポート「次の人物が何を"破壊"し、何を"創造"したのかを踏まえ、イノベータと呼ぶのにふさわしいのは誰かを考える。I.松下幸之助、II.本田宗一郎、III.盛田昭夫、IV.田中角栄、V.下村治、VI.小林一三」
第4回 (10月22日) 講義、ディスカッション	
内容	・戦後日本のイノベーター（2） ・課題：調査・分析・レポート「次の人物が何を"破壊"し、何を"創造"したのかを踏まえ、イノベータと呼ぶのにふさわしいのは誰かを考える。I.松下幸之助、II.本田宗一郎、III.盛田昭夫、IV.田中角栄、V.下村治、VI.小林一三」
第5回 (11月4日) 講義、ディベート	
内容	・ロゴスの活用 ・課題：調査・分析・レポート「2030年〜2050年における社会の発展において、最も成長すべき自動車周辺企業はどれか? 1.トヨタ自動車、2.Google/Waymo、3.Tata Motors、4.Audi、5.Zoox、6.Rolls-Royce」
第6回 (11月11日) 講義、ディベート	
内容	・企業が目指す世界 ・課題：調査・分析・レポート「あなたが専攻している学問の意義はなんなのか?その学問は2020年〜2070年をより良い未来へ導くために、私たちが学ぶべきでしょうか?」
第7回 (11月18日) 講義、ディスカッション	
内容	・未来を拓く学問
第8回 (11月25日) 講義、プレゼンテーション	
内容	・未来を拓く学問（2） ・プレゼンテーション「パトス・ロゴス・エトスを使って、"あなたが専攻している学問の意義は何なのか"」

表7-3 授業スケジュール

　評価は、提出されたレポートを基にルーブリックを用いて行った（表7-4）。評価項目は、1）知識・情報の収集・理解・応用（input）、2）知識・情報の分析・評価（throughput）、3）独創性・創造性（throughput）、4）説得力（output）、5）価値提供とし、4段階で評価した。評価時期は講義開始直後と終了後であり、自分自身による評価（自己評価）、各授業におけるグループワークのメンバーの間での評価（他者評価）、教員による評価（教員評価）を行った。大学に提出する成績は、教員評価に基づいて定量評価した。

評価項目	レベル1	レベル2	レベル3	レベル4
知識・情報の収集・理解・応用（input）	課題・テーマに関連する知識・情報を収集できない。	課題・テーマに関連する知識・情報を収集できているが、理解・応用がほとんどできない。	課題・テーマに関連する知識・情報を収集し、理解できているが、応用がほとんどできない。	課題・テーマに関連する知識・情報を収集し、理解して、応用することができる。
知識・情報の分析・評価（throughput）	課題・テーマに関連する知識・情報の分析・評価ができない。	課題・テーマに関連する知識・情報の分析・評価が時折できる。	課題・テーマに関連する知識・情報の分析・評価が全般的にできる。	課題・テーマに関連する知識・情報の分析・評価が一貫してできる。
独創性・創造性（throughput）	新たな知見・独自の意見を述べることができない。	時折、新たな知見・独自の意見を述べることができる。	全般的に、新たな知見・独自の意見を述べることができる。	一貫して新たな知見・独自の意見を述べることができる。
説得力（output）	相手発言内容・感情を理解しようとせず、発言する。	相手の発言内容・感情を理解して、それに対する感情を発言できる。	相手の発言内容・感情を理解して、それに対して自分の意見を述べることができる。	相手の発言内容・感情を理解して、それに対して自分の意見を述べ、その意見が相手に賛同される。
価値提供	他者の言動から状況・意図を理解することができる。	他者の言動から状況・意図を理解し、より良い状態・状況を目指して他者と同じ行動をすることができる。	他者の言動から状況・意図を理解し、より良い状態・状況を目指して他者へ直接的な影響を及ぼす行動をすることができる。	他者の言動から状況・意図を理解し、より良い状態・状況を目指して他者へ間接的な影響を及ぼす行動をすることができる。

ここでは、語句を以下のように定義する。

理解できる：要約できる、言い換えることができる。知識・情報を応用するための準備段階にある。

応用できる：用いる、適用する。知識・情報を新しい具体的な場面で使うことができる。

分析できる：区別、分解、比較、分類、因果関係を説明することができる。

評価できる：批評、点検、批判、正当化することができる。ある基準に基づいて判断できる。

新たな知見・独自の意見を述べることができる：計画を立てる、制作する、仮説を立てることができる。
知識を新しい構造・パターンに再編することができる。

一貫して：8−10割　　全般的に：4−7割　　時折：1−3割

表7-4　「企業社会論B〜21世紀の教養〜」のルーブリック

4. Value Creation Circle

　V.School では特別演習群として「Value Creation Circle」を開講している。Value Creation Circle は、学生と教員、社会人などでの対話・議論から始まる新規プロジェクトの企画・試行や学生主導による輪読会・ディベートなど、個人の関心や期待を起点として新しいコトを生み出す"場"と設定した。2020 年度には、「映画と価値」、「価値共創の場形成のための勉強会」、「学生による研究推進のためのプラットホーム構築（仮題）」、「学生による起業相談会」、「エリアマネジメント研究会」などの取り組みが進行している。本章では、そのプロジェクトの一つである「映画と価値」について紹介する。

PBLでのグループワーク、例えばデザイン思考のワークショップなどでは、個人を取り巻く状況、個人の中の感情・感覚・関心をメンバー内で共有する「共感」が重要である。それゆえ、自らの感情や感覚、関心を他者に適切に伝えることが必要となる。前述した「企業社会論B〜21世紀の教養〜」でも自らの考えを伝えることを重要視しているが、「映画と価値」プロジェクトでは、特に感情の変化にフォーカスを当て、自己の想いを言語化し他者と共有すると共に、他者の想いを理解することを目的とした。2021年2月8日の授業では、GAGA配信「心の傷を癒すということ」（2021年2月公開）を教材とした（図7-1）。「阪神・淡路大震災発生時に、自らも被災しながらも他の被災者の心のケアに奔走した若き精神科医・安克昌（神戸大学医学部卒業）が主人公である映画である。彼が手探りながらも多くの被災者の声に耳を傾け、心の痛みをともに感じ、寄り添い続けた日々を綴る。震災後の心

のケアの実践に道筋をつけ、日本における心的外傷後ストレス障害PTSD研究の先駆者となった人物である。在日韓国人として生まれ、志半ばでこの世を去った精神科医・安の遺族関係者への取材をもとにしたオリジナルストーリーである（主演：柄本佑）」[1]。この映画を鑑賞したのち、参加学生と映画製作関係者、主人公の遺族および教職員で、それぞれが感じたことの言語化と共有を行った。

図7-1　映画「心の傷を癒すということ」（@映画「心の傷を癒すということ」製作委員会）のチラシ

5. 「経験の連続性」と「経験の相互作用」へ

　V.School で提唱している価値創造スクエアでは、主観としての「期待」から客観としての"課題"が設定され、"結果"が生み出される。それが主観としての「満足」に繋がり、さらに次の"期待"が生まれてくると記述されている（國部、玉置、菊池、2021）。価値とは、人間、コミュニティ、社会などの期待が満足に変わる時に顕在化するものと考える。その場合、価値創造教育という文脈での PBL では、学生が自らの関心・感情を認識すること、他者（社会・コミュニティを含む）の関心に「共感」することによる「経験の共有」、問題解決における共感・問題定義・創造・試作・試験を繰り返すことによる学習、そして、その学びと実社会の状況とが変わる「経験の相互作用」が重要である。「映画と価値」プロジェクト、「企業社会論 B ～ 21 世紀の教養～」では自らの関心・感情、考えなどの共有による「経験の共有」を「経験」し、Creative School 基礎編では、問題解決の考え方と考え方の作法を「経験」することを狙いとした。そして、それらの PBL の履修後に受講する科目として、全学共通教育では、PBL「Creative School 応用編」、V.School では「スパイラルアップ PBL」を設計・提供している（第 6 章参照）。

　「Creative School 応用編」とは、Creative School 基礎編で経験した"考え方の作法"に基づいて、実社会における課題に対峙してソリューションを提案してもらう PBL である。この授業は、文部科学省 次世代アントレプレナー育成事業「レジリエンス社会の構築を牽引する社会起業家精神育成プログラム」として開講している。2020 年度は、「新型コロナウイルスの影響下において"眼前の事態"を捉えて新しいレジリエンスを提案する」をテーマとして、オンデマンド講義とリアルタイム講義、オンラインでの現地フィールドワークを組み合わせて、課題の設定から実社会との関わりあいの中で解決策を考案するものである[2]。V.School「スパイラルアップ PBL」は、第 6 章でも紹介されているように、受講生個人が持つ様々な課題に対するアイデアやコンセプトをブラッシュアップし、プロトタイピングとテストの繰り返しによって、より現実的な解決策に育てていくことを目的とした PBL である。これらの実社会とのつながりの中で実施する PBL に、「Value Creation Circle」、「Creative School 基礎編」、「企業社会論 B ～ 21 世紀の教養～」の

受講生が参加することによって、彼らの「経験」に連続性が生まれ、実社会とのつながりから「経験の相互作用」から、受講生が質の高い「経験」を得ることができるようカリキュラムを整備している。

「Creative School 基礎編」と「企業社会論 B 〜 21 世紀の教養〜」の共通の特徴としては、授業設計に学生が運営チームとして深く関わっていることが挙げられる。この二つの授業科目を受講した学生と教員は、授業終了後も SNS などを利用して何らかの形で対話を継続している。その対話の中で、各受講生が授業から感じたこと、授業終了後に関心を持っていることなどの「経験」を共有している。それにより次年度の授業内でのグループワークで、学生が生活している環境と関連する学生個人の関心に基づいて、「我がごと」感がある問いや、課題の設定が可能となると考えている。次年度の運営に関わる学生にとっては、自分の興味や関心などの「経験」を次年度の受講生につなぐことができ、授業という空間の中で受講生の思考をサポートしながら共に考える。これにより、運営チームの学生にも質の高い学びを提供できるのである。

それぞれの授業では、受講前後の自己評価と他者評価をグループ内で共有することによって、同じ作業環境の中で、自らが変容したと感じる面が他者から見るとどのような変化に見えるのかを理解できる。自分という個人の変容を主観的・客観的に理解することで、次の「経験」に備える行動に資するものとなる。この「経験」の時間的な反復と主観・客観の行き来によってPBL を中心とした学びにおける「経験」の質が高まっていくのである。

6. おわりに

現在、大学の教育も変えるべきところをどんどん変えていき、変えてはならないところはしっかり維持していくことが求められている。そのような中で、大学を含むさまざまな教育機関において多種多様なPBLが実施されているが、単に一つの授業科目としてPBL を実践していくだけでは、PBL自身の教育効果も十分なものとならないと私たちは感じている。私たちは、ジョン・デューイが提唱したPBL は、単なる「考える力」の醸成のためのものではなく、膨大な知識の中から自分の成長にとって必要な知識を選択・獲

得していくためのアプローチであると考えている。価値創造教育においては、さまざまな知識と出会う機会がある"場"があることが前提条件で、その中で「経験の共有」、「経験の連続」、「経験の相互作用」が実現できるように、さまざまなPBL群が関連するように設計されるべきであると考える。

注
1 映画「心の傷を癒すということ」パンフレットの紹介文を引用した。
2 文部科学省 EDGE-NEXT 共通基盤事業「レジリエント社会の構築を牽引する起業家精神育成プログラム」https://edge-next.eng.tohoku.ac.jp/resilience2020/

参考文献
國部克彦、玉置久、菊池誠（2021）『価値創造の考え方―期待を満足につなぐために』日本評論社。
鶴田宏樹、祇園景子、大村直人（2018）「イノベーション人材育成の必要性とプログラム開発―未来道場による Creative School」神戸大学大学教育推進機構『大学教育研究』第26号、pp. 119-129。
ジョン・デューイ（2004）『経験と教育』講談社学術文庫。

第8章
神戸市課題解決プロジェクト

— 内田 浩史 —

1. はじめに

　本章の目的は、V.School の 2020 年度授業科目の一つである「PBL-X：神戸市課題解決プロジェクト」について、その実践結果を紹介することである。この授業は、神戸大学の経営学部生と V.School 生とがチームを組み、神戸市のまちづくり上の課題、具体的にはコロナ禍での高齢者の生活上の課題を解決するため、学生の視点から斬新な、しかし実現可能なアイデアを創出することを目指した課題解決型の授業である。受講生はチームに分かれ、課題を抱える高齢者に対する共感に基づいて、具体的な課題を設定した上で、解決するための事業を設計した。

　本授業の特徴は以下の通りである。第一に、本授業は神戸市と連携した社会連携型の PBL（Project-Based Learning）である。PBL は、講義形式ではなくプロジェクトの中で学ぶ形式を取る授業であり、多くの大学で幅広く行われている。このうち、民間企業や行政機関などと協同で様々な課題の解決を目指すプロジェクトは、特に社会連携型 PBL と呼ばれる。ただし、企業の業務を体験するようなキャリア教育的な社会連携型 PBL とは異なり、本授業では実際の社会課題の解決方法を考える。また、課題解決型 PBL は実施期間が短く、浅いアイデアの披露で終わってしまうことも多いが、本授業は半年にわたって一つの課題に深く取り組む点に特徴がある。

　第二の特徴は、課題解決のためのアプローチにある。社会課題の解決を目指した PBL には、IT 技術やデータサイエンスの活用など、自然科学の特定の技術を現実の課題解決に応用するものが多いが、本授業では心理学的知見に裏付けられ、課題当事者の視点に立つデザイン思考のアプローチを用いている。デザイン思考を用いた社会連携型 PBL としては、産学・大学間連携により行われている東京工業大学（齊藤、2017）や工学院大学のプロジェクト、

あるいは医療機器開発を行うバイオデザイン[1]などが知られているが、本授業では工学部や医学部が主体となった企業との共同プロジェクトではなく、経営学部が主体となった行政との共同プロジェクトである。

　こうした特徴を持つ本授業の実践記録として、本章では授業の設計段階から実施終了までの結果を取りまとめて報告する。本章は、今後の授業改善のための材料とすることを意図しているが、行政や他の大学が同様の、あるいはさらに発展した取り組みを実施する際に、何らかのヒントを与えるものとなることも期待している。

　以下ではまず第2節において、この授業の概要を説明する。続く第3節ではこの授業で用いたアプローチであるデザイン思考を紹介する。第4節ではこの授業の設計の経緯を説明し、第5節で実践結果を紹介する。第6節では実施結果を踏まえた評価を行う。第7節は結論に代えて、今後への示唆をまとめている。

2. 授業概要
2.1　V.SchoolとPBL-X科目について

　神戸大学の部局横断型教育・研究組織であるV.Schoolは、講義形式の授業科目とPBL形式の授業科目を提供している。PBL科目は提供形態に応じて二種類に分かれ、V.Schoolが独自に提供するPBL科目と、他学部・研究科が開講しているPBL科目のうちV.Schoolの教育に合うものをV.Schoolの授業科目として認めるPBL-X科目がある。PBL-X科目の「X」は「いろいろな」を意味しており、V.Schoolの科目名としては副題で授業内容を記すことになっている[2]。

　どの学部・研究科の学生もV.Schoolに所属することができるため、PBL-X科目の受講者は、（1）V.Schoolに所属する当該科目提供学部・研究科所属の学生、（2）V.Schoolに所属する他学部・研究科所属の学生、（3）V.Schoolに所属しない当該科目提供学部・研究科の学生、の三種類に分かれる。受講者のタイプの違いは、修得できる単位にも違いをもたらす。V.Schoolが提供するほとんどの授業科目は、各学部・研究科の卒業要件としては認められず、修了証書であるV.Diploma取得の要件となるのみである。このため、特に

意欲のある学生が受講するのがV.Schoolの授業科目だといえる。ただし、PBL-X科目は各学部・研究科の科目であるため、当該学部・研究科の学生にとっては修得単位が卒業要件として認められる。このため、たとえば（1）のタイプの学生がPBL-X科目を履修すると、当該学部・研究科の卒業要件単位に含めることができるだけでなく、V.School生のV.Diploma取得要件科目の履修としても認められる。なお、受講の管理はV.Schoolと各学部・研究科とで独立に行われている。

2.2　PBL-X：神戸市課題解決プロジェクトとは

　「PBL-X：神戸市課題解決プロジェクト」は、神戸大学経営学部（以下、経営学部）のPBL形式の授業科目の一つをPBL-X科目としたものである。具体的には、経営学部の教員が担当する研究指導（いわゆるゼミナール、ゼミ）のうち、内田が担当する3年生対象のもの（以下、内田ゼミ）の後期部分をV.SchoolのPBL-X科目として提供したものである。

　既存のゼミをV.School科目とすることには様々な利点があった。第一に、既にメンバーが確定しているゼミを母体とすることで、一定数のプロジェクト参加者を最初から確保できた。特に、2020年度はV.School開校初年度であり試行期間中であったこと、そして何よりコロナ禍で授業がオンラインでしか開催されておらず、学内での周知が難しかったことなどから、多くのV.School生の受講は見通せない状況であった。この点で、既に熱意のある学生が集まっていた内田ゼミ生を母体としたことには大きな利点があった。また、このことは第二に、既に知っているメンバーを核とすることで、チーム分けやチームビルディングが容易になる、というメリットももたらした。さらに、ゼミ生もV.School生も、所属学部や研究科では交流することのないメンバーとチームを組むことになり、メンバーの多様性を活かした授業を実施できる、という第三のメリットも大きかった。

　ゼミを母体としたもう一つの大きな理由は、授業内容の自由度と柔軟性を確保する、という第四のメリットを活かすためでもある。大学の授業はシラバスの執筆等の制約から、前年度2月前後には内容がかなり固まっている必要がある。しかし、その時点で外部の連携先と詳細な内容の検討を終えてお

くことは不可能であり、また行政では担当者の異動も考慮する必要がある。これに対してゼミでは指導教員の裁量の範囲が大きく、時期や概要さえ決めておけば、具体的な内容の確定は授業開始直前でも問題ない。詳細すぎるシラバス記述を求める大学評価制度など、大学教育を取り巻く制約は、社会情勢や社会環境に応じた柔軟な授業設計を難しくしているといえる。

3. デザイン思考と政策デザイン

3.1 デザイン思考とは

　本授業で用いるアプローチはデザイン思考である。デザイン思考とは、「デザイナーが用いる道具箱から着想を得た、革新を引き起こすための人間中心的アプローチであり、人々のニーズ、技術の可能性、そして事業の成功に必要な要件、を統合するもの」と説明される（デザインファーム IDEO の CEO ティム・ブラウンの言葉[3]）。このアプローチは画期的な商品やサービスを生み出す方法として体系化されたもので、商品やサービスを、それを用いるユーザーが抱える課題を解決する手段、として設計する。デザイン思考は様々な製品やサービスの開発に用いられ、世界中で注目を集めている（ブラウン、2014、ケリー、ケリー、2019 などを参照）。

　デザイン思考には様々なアプローチがあるが（表8-1）、人間中心的な視点に立つこと、つまり、ユーザーの立場に立ってモノやサービスを設計すること、を重視する点で共通している。デザイン思考を実践する者は、まずユーザーを観察したり直接インタビューすることでユーザーに対する共感を得る。次に、得られた共感に基づき、ユーザーが抱える課題、しばしば本人も意識していない真の（隠れた）課題を特定し、明確に定義する。課題が定義されると、次にその課題の解決方法のアイデアを考える。考え出されたアイデアは、物理的なプロトタイプ（試作品）として形作られ、プロトタイプはユーザーに使ってもらって、アイデア・課題・試作品の妥当性を検証する。

　本授業で依拠したのは、スタンフォード大学 d.school において体系化された、共感・定義・アイデア出し・プロトタイプ・テスト、の五つのステージ（手順）から成るアプローチ（表8-1では「d.school の Bootcamp Bootleg（HPI)-モード」とされているもの）である。その詳細については以下の節で説明する。

デザインプロセス	ウィキペディア/ハーバート・サイモン	IDEOツールキット	ティムブラウン(IDEO)	d.school/D-School(HPI)	d.schoolのBootcamp Bootleg(HPI)-モード	Baeck & Gremett(2011)	Mark Dzlersk(ファストカンパニー)	Open Policy Making toolkit, UK
問題を理解する	定義する	発見	インスピレーション	理解する	共感する:観察し、関わり、浸る	解決する問題を定義する	(1)問題を定義する	1.診断:政策問題を発見する
ユーザーを観察する	リサーチ			観察する		インスピレーションを探求する		2.ディスカバリー:ユーザーのニーズを理解する
結果を解釈する		解釈		視点を定義	定義する(問題宣言)	—		
アイデアを生成する(Ideate)	アイデア生成	アイデア生成	アイデア生成	アイデア生成	アイデア生成	複数のアイデアを生成する	(2)多くのオプションを作成し、検討する	3.開発:アイデアを生み出す
プロトタイプ、実験	プロトタイプ	実験	実装	プロトタイプ	プロトタイプ	プロトタイプを生成する	(3)選択した方向を絞り込む(3.5)繰り返し(オプション手順2と3)	4.納品:プロトタイピングとアイデアの改善をする
テスト、実装、改善	目標/選択する、実装する学ぶ	進化		テスト	テスト(洗練されたソリューションを含む)	ユーザーのフィードバックを求める	(4)勝者を選び、実行する	

表8-1　デザイン思考の多様なアプローチ
出所：奥村（2017）

　なお、こうした手順は順を追って踏んでいけば画期的な商品やサービスが自ずと生み出される、というものではない。課題の特定が不十分であればさらに深い共感を得る必要があるし、プロトタイプの前提となる想定が間違っていることが分かればアイデアあるいは課題自体を変更する。このように、各ステージを行きつ戻りつ最終的な成果を得ることが求められる。

　こうした手順を踏むことに加え、各活動の中では多様性を受け入れ自由な表現を恐れず、集合知を活用するための工夫が施される。参加者は少人数のグループに分かれ、様々なグループワークによって思考の発散・収束を繰り返し、小さな失敗を恐れず試作してテストしていく。こうした活動を通じて参加者には、他者を受容し共感する、小さな失敗を恐れない、といった考え方や態度（いわゆるマインドセット）を持つことも期待されている。

3.2　行政におけるデザイン思考の活用と官民連携

　デザイン思考は営利ビジネスにおける商品・サービス開発に留まらず、近年では非営利・公共セクターにおけるサービスの提供、さらには社会システム自体のデザインにまで応用されるようになってきている。このうち行政に

おけるデザイン思考の活用は、行政サービスデザインと呼ばれることもあり、また政策デザイン（policy design）に対するアプローチの一つとみなすことができる。行政上の課題をデザイン思考により解決することを目指すこの授業も、広くはこの流れの中に位置づけられる。

「デザイン」が「設計する」「計画する」ことを意味するものだとすると、デザインされない政策など存在しないように思われる。しかし、政策科学（policy science）の領域では必ずしもそうは考えられていない。政策はしばしば政治によって、利害関係者の力関係に応じて妥協の産物として決定される場合があり、また喫緊の問題に対して当座の対処として、あるいは場当たり的に決定される場合もある。このような形でいわば非合理的に作られた政策と対比する形で、何らかの目標に向けて合理的・意図的に設計された政策のことを、デザインされた政策と呼ぶのである（たとえばHowlett, 2014 参照）。

政策をデザインするためのアプローチには、経済学のアプローチが含まれる。中でも実験室のような状況を整備して政策効果に関するデータを収集し、統計処理により政策効果に関する証拠（evidence）を抽出し、それを根拠として立案されるのが、いわゆる証拠に基づく政策形成（Evidence-Based Policy Making: EBPM）である。しかし、EBPM のために理想的な証拠を生みだせるようなデータを集めるのは容易ではなく、また整えられた状況を超えて示唆が一般的に妥当するかどうかは定かではない。さらに、政策効果を検証するためには対象群と比較群（たとえば補助金を与えるグループと与えないグループ）を設定する必要があるが、この設定自体に公平性の問題や倫理的な問題が発生しうる。

より大きな問題として、新しい技術（ソーシャル・メディアなど）により世界中が様々な形でつながる一方で、貧困、世界的金融・経済危機、社会の階層化、人口問題や健康問題、環境問題など、政策的に対応すべき課題の規模と複雑性は急激に増加している。このため、政策形成では不確実性や予測不可能性を許容し、数多くの関係者の利害を調整する必要があるが、経済学のアプローチのような論理的思考に基づくアプローチは、この点で限界がある。また、どのようなアプローチをとるにせよ、政策を立案・実施する側が

設計した政策が、政策を享受する市民や国民にとって受け入れやすい政策であるとは限らない。むしろ、利用されることのない行政サービスが提供されたり、市民感覚からかけ離れた政策が実施される危険性も高い。

こうした状況で、政策をデザインするためのより良いアプローチとして注目を集めるようになってきたのが、ユーザー（ここでは市民や国民）の視点で政策をデザインするデザイン思考に基づくアプローチである（Bason, 2014、McGann et al., 2018 等を参照）。各国の中央・地方政府においては、革新的な政策を立案・実施するための独立した組織を既存の組織とは別に立ち上げる動きが見られており、こうした部署は政策ラボ（Policy lab）と呼ばれている（McGann et al., 2018）。デザイン思考に基づく政策デザインは、政策ラボで実施される政策デザインの重要なアプローチの一つとなっている[4]。

日本では政策ラボの設置は行われていないが、いくつかの取り組みが見られる[5]。中央省庁レベルでは、まず経済産業省が2010年前後にオープンガバメントを目指した取り組みを行っていたが、その後は政府が保有するデータの民間活用の取り組みにとどまっているようである。2018年には特許庁・経済産業省が、企業におけるデザイン思考の活用を支援する「デザイン経営」宣言を取りまとめたが、その際特許庁自体に「デザイン統括責任者」やプロジェクトチームを設置し、自らデザイン経営を浸透させて行政サービスをユーザー目線で刷新する取り組みを行っており、成果としてウェブサイトの改善やイベントの実施を紹介している[6]。

地方政府レベルでは、滋賀県職員有志が自発的にデザイン思考に取り組み、県民のペルソナ設定や知事への提言を行ったPolicy Lab. Shiga がユニークな取り組みである。また神戸市ではCreative Director という任期付きの役職にデザイナーを招き、職員にユーザー視点の思考を浸透させようとする試みを行っている。ただしこうした取り組みは、既存の行政サービスの改善や行政職員の意識改革を促す取り組みとしては意義のあるものといえるが、筆者の知る限り、国民や市民の視点で社会課題を解決するための政策（事業）自体を立案しようという試みはほとんど行われていない。

そうした試みとして筆者が唯一把握しているのは、神戸市が実施した生活保護業務のデザインに関する委託事業である。この事業は、市職員が市民

（生活保護対象者）の抱える課題を特定し、解決策としての行政サービスをデザインしたものである[7]。これに対する本授業の違いは、行政職員ではなく学生が主体となってプロジェクトを進める点にある。以下で述べるように、この点には課題の把握などにおいて大きなメリットがあることが分かっている。

　なお、海外では大学、行政機関、NPO、地域住民など幅広い参加者が集まって社会課題の解決を目指すデザイン思考プロジェクトが行われている[8]。こうしたプロジェクトに比べると、日本で行われている取り組みは、数はもちろんのこと、参加者の多様性という点からしても不十分だといえる。

4. 授業設計

4.1　設計の動機と背景

　本節では、この授業の事前の設計について、構想段階から授業開始時点まで時系列的にまとめてみたい。この授業は、デザイン思考を用いた社会課題解決プロジェクトを行おう、という設計者の動機から始まっている。設計を担当したのは、経営学部「研究指導（通称ゼミナール）」の担当教員でV.Schoolの協力教員でもある内田浩史（筆者）と、IT技術を活用した地域課題の解決をめざす非営利団体Code for Japanのメンバーである砂川洋輝である。授業の構想を検討し始めた2019年当時、砂川は神戸市企画調整局情報化戦略部のICT業務改革専門官（外部登用の任期付職員）を務めており、上記の生活保護業務に関する委託事業にも関わった。また2019年度の任期終了後もCode for Japanと各自治体との協定により、神戸市ならびに他の自治体の業務改革支援に携わっている。

　設計の出発点は、両名の海外での経験である。内田はスタンフォード大学d.schoolで、砂川はアールト大学（フィンランド）International Design Business Managementプログラムにて、それぞれデザイン思考を用いて実際の社会課題の解決を図る授業を受講しており、このアプローチの面白さと可能性を認識していた。またその経験を活かし、それぞれ神戸大学と神戸市役所において、デザイン思考を用いた実践（授業や研修等）の指導やファシリテーションを行っていた。

ただし、両名とも海外での実体験から、デザイン思考の強みを活かすためには同質的で閉じたグループ内で行うのではなく、異分野の協働により様々な参加者を巻き込み多様性を増す必要がある、という問題意識を持っていた。また、両名は以前から行政におけるデザイン思考の活用と、そこに大学が関わる意味に関して意見交換を行っていた。そこで、官学連携でデザイン思考を用い、行政が抱える課題の解決を図るプロジェクトを実施することについて、構想が始まった。

　授業の設計が本格化したのは、経営学部の次年度事業計画の策定が始まる2019年秋である。この時期は神戸市の生活保護業務のサービスデザインも本格化していた。そこで、こうした実践に授業という形で大学生を参加させる、という形で構想の実現を目指すこととし、2019年11月に神戸市役所で最初の本格的なミーティングを行った。

4.2　事前の設計
（1）三つの事前の設計
　デザイン思考を用いたプロジェクトでは、事前の設計の成否がプロジェクト全体の成否を大きく左右する。事前の設計として行うべきことは、テーマの設定、プロジェクト実施体制の構築（チーム編成を含む）、大まかなスケジュールの決定、の三つである。以下ではこれらについて順に説明していくが、実際にはこれらを同時進行で設計していた点には注意されたい。

　なお、たとえ入念な設計を事前に行ったとしても、実際に参加者がどのような活動を行いどのような成果を生み出していくのか予想することは困難であり、また当初の設計通りにプロジェクトが進まないことも多い。このため、設計は実施しながら常に見直していく必要がある。こうした実施過程での事後的な軌道修正については、実践結果を紹介する次節で適宜触れることにする。

（2）テーマの設定
　テーマの設定は、解決する課題の範囲を定め、活動の出発点を定めるために行う。一般に社会課題という場合、マスコミで報道され世間一般でよく

言及されるような、「少子高齢化」「地方経済の衰退」といった課題が思い浮かぶ。しかし、こうした課題は具体的に誰のどのような課題なのかが明確でなく、またそれ自体容易に解決できるような課題ではない。人間中心的アプローチと呼ばれるデザイン思考で取り組むべき課題は、誰の課題かが分かる顔の見える課題であり、またある程度細分化された、解決策を検討できるような課題である。こうした課題は参加者自身が設定するが、何もない状態で設定することは難しい。そこで、デザイン思考では予めテーマを設定し、その範囲の中で参加者に具体的な課題を定義させ、解決方法を考えさせる。テーマは大きすぎると焦点を絞るのが難しく、特定しすぎると設定される課題を小さく限定してありきたりの解決方法を導いてしまう危険性がある。テーマの設定は、適切な課題の定義を促すよう慎重に行う必要がある。

　官学連携プロジェクトとしてのこの授業で取り組む課題は行政上の課題であり、神戸市民が抱える課題である。2019年11月以降、砂川が市のいくつかの所轄課と相談を行い、取り扱うことが可能と考えられるテーマについての検討を行った。当初挙がっていたテーマとしては、子育て支援センターの新しい役割づくり、広聴（ステークホルダーの意見・要望聴取）、多文化共生、区役所事務の改善、市営地下鉄沿線の活性化、空き家対策、などが挙げられる。

　その後、神戸市役所企画調整局つなぐラボにも関わっていただき検討を続けた。つなぐラボは、行政の縦割りを解消し様々な行政課題の解決のための改善策を検討するために設置された新しい組織であり、この調整には最適な存在であった。この時期に挙がっていたテーマとしては、自治会機能が低下している地域の支援、タワーマンション内外でのコミュニケーション問題、コロナ禍における台風避難所問題、お年寄りが支えていた地域の文化的行事の再開、などがある。

　2020年度に入ってからは、つなぐラボに調整していただいた部署や、砂川が個人的につながりを持つ各部署の担当者と検討を進め、2020年7月時点で四つの仮テーマを設定した。具体的には、「オールドニュータウンの未来を考える」「地域コミュニティの活動に関わる人を増やす（多文化共生）」「神戸の魅力的な仕事と大学生をつなげる」「高齢者にとってのニューノーマ

ルをプロトタイピングする」である。

　この時点で、学生が主体性をもって取り組め、かつ妥当性のあるテーマを設定するために、学生と市側との意見交換を行うこととした。この意見交換はつなぐラボから保科・長井・辻の各氏にご参加いただき、ミニワークショップの形で前期期末試験終了後の8月11日に開催した。当日は、長井氏からつなぐラボのご紹介を頂いた後、自己紹介、アイスブレークののち、ブレイン・ストーミングの形で意見交換を行った。学生の関心を幅広くつかむため、意見交換では敢えて上記のテーマを示すことはせず、「マクロな視点で、学生が関心のある社会課題と神戸市の課題について意見交換」、「ミクロなプロジェクトテーマについて意見交換」という二つのテーマについて、グループに分かれて自由に意見交換を行った。なお、この意見交換会は対面での実施を計画していたが、感染拡大下の大学の指針に基づきオンラインで行い、意見交換にはGoogle Slidesを使用した。

　この結果を踏まえ、この授業で取り組むテーマとして選んだのが、

「高齢者にとってのニューノーマルをプロトタイピングする」

である。新型コロナウイルスの感染拡大は2020年に入ってから次第に社会問題化し、4月7日の緊急事態宣言以降一時期拡大が抑えられたが、意見交換を行った8月初旬は7月以降再度感染が拡大していた。この当時、都市部の高齢者の外出機会が大幅に減り、社会的繋がりや運動の機会の減少といった問題が懸念されてきた。また、認知症リスクの高まりや生きがいの欠乏など、感染による直接的な健康上の問題を超えた社会問題も生じており、神戸市にとっても喫緊の問題であった。ただし、問題は高齢者の生活スタイルとも密接に関わり、またコロナウイルス感染拡大以前から高齢化等により顕在化していた問題とも絡み合っており、単に感染を抑えれば済むという問題ではなかった。行政として既存の政策の枠内で打ち出せる対策は限られ、抜本的な解決が難しい状況でもあった。そこで、行政の論理を離れ、学生の視点から従来にない発想で解決方法を考えることを期待して選んだのがこのテーマである。

他方で、授業実施上の制約もテーマ選択の大きな理由の一つとなっている。神戸大学では2020年度前期の授業はすべてオンラインで実施され、後期から一部対面での実施が可能となるよう検討が行われていたものの、授業は引き続き完全にオンラインによる実施となる可能性も踏まえて設計する必要があった。上記テーマは、受講者が特定の場所に出向く必要性が低い、課題を抱える高齢者にインタビューする場合に実地（対面）でなくても実施可能である、インタビュー相手の調整コストが小さい、インタビュー相手を含めたさまざまなゲストの招聘を定期的な授業時間内で実施できる、といった条件を最もクリアしやすいテーマであった。

　なお、テーマを一つだけに絞ったのは、複数のテーマを同時進行することで様々な調整（特に複数の調整部署との調整）が倍以上に増加するという事態を避ける、という授業運営上の理由からである。テーマを一つにすると、各チームのアイデアが類似してしまうことが懸念されるかもしれないが、この点はデザイン思考を用いるプロジェクトとしてそれほど問題とは考えなかった。デザイン思考は最初に提示されるテーマの下で、実際に人々が直面する具体的な、かつ解決可能なレベルの課題を探して解決方法を考えるため、複数のチームが同じテーマを扱ったとしても、各チームのメンバーの関心が異なるため同じようなアイデアばかりが生まれることは考えにくい。実際に、最終的に発表されたアイデアはこの予想を裏付けるものであった。

（3）体制

　実施のためにはいくつかの体制を整える必要があるが、まず大学の授業の実施体制としては、授業内の担当（ファシリテーション）は内田と砂川とした。砂川はV.Schoolの非常勤講師に任命され、内田とともにすべての授業に参加し、回によってファシリテーションと補佐役を交代して担当した。大学側の事務の体制としては、形式上はV.Schoolと経営学部双方が担当となるが、経営学部内田ゼミは2020年度当初から既に活動を始めていたため、この授業に経営学部の事務が関わる必要はなかった。このためV.School生の募集、講師に関わる事務処理、一部対面で行った授業の教室や機器の準備と操作など、実施上の事務の多くはV.Schoolの事務が担当した。

次に受講者に関しては上述の通りであり、内田ゼミ所属の3年生と神戸大学 V.School で募集した V.School 生である。当初は神戸大学生以外の参加も検討したが、コロナ禍であったこと、学生以外のメンバーを含めると連絡や調整が難しくなることなどから、多様なメンバーから成る混成チームの組成は次年度以降の課題とした。二人の担当者の目が行き届くよう、受入可能な受講者数は 20 名（4 名×5 チーム）とし、内田ゼミ 3 年生が 12 名であったことから V.School 生の募集は最大 8 名とした。

　神戸市を含めた大学外部の協力機関や協力者との調整は、主に砂川が担当した。このうち神戸市との調整については、当初は砂川が神戸市職員であったため直接担当したが、2020 年度に入ってからは神戸市企画調整局つなぐラボに担当窓口をお願いし、その後必要となった区役所等との調整も、砂川と連携して行っていただいた。

　神戸市職員以外に協力していただいた方々に関しては、設計する事業の対象者、つまり課題を抱える相手であり、デザイン思考でいうユーザー、受講者が共感を得るべき相手が最も重要である。ユーザーはテーマから自ずと決定され、このプロジェクトでは高齢者である。高齢者に共感を得るために、この授業では高齢者自身、あるいは高齢者の課題を深く理解しているであろう、高齢者と日常的に関わっておられる方々に対し、学生からのインタビューを依頼した。具体的にお願いしたのは、神戸市在住の高齢者の方々、神戸市灘区の民生委員の方々、そして神戸市各区の社会福祉協議会の方々である。このうち高齢者の方々は担当者の個人的なつながりから依頼し、民生委員と社会福祉協議会の方々は神戸市を通じて依頼した。またその過程では神戸市役所の担当部署だけでなく、灘区役所にもご協力を頂いた。

　この他に、授業を円滑に実施するための体制として、様々なオンラインツールを用意した。まず、対面ではなく遠隔（オンライン）で授業を行う回については、経営学部の授業で用いられていたオンライン会議システムの Zoom を用いた。特に、チームでのミーティングやグループワークを行う時間は Zoom のブレイクアウト機能が十二分に活用された。また各チームでメンバー同士の共同作業を行う際には、自由に付箋を張り付けられるオンラインボードの MIRO、あるいは Google Slides を用い、オンラインではある

ものの活発な議論を可能にした。さらに、授業開始までにビジネスチャット
ツールの Slack に専用のワークスペースを設定し、担当者・受講者ならびに
大学の事務担当者をメンバーとして、さまざまな連絡や相談を円滑に行える
体制を整えた。

（4）スケジュール
　スケジュールに関しては、当初表8-2のようなスケジュールを設定してい
た。これは、以下の経緯で定まったものである。

日付	時間帯	アクティビティ
9月 8日		V.School生応募締め切り
9月10日		参加者の選考＋チーム分け決定
9月15日	午後	Zoomプレワークショップ
9月28日	午後	チームビルディング、デザイン思考レクチャー、 ①共感（empathy：Zoomでのインタビュー）
10月 6日	授業時間内	②定義（define）
10月20日	授業時間内	③アイデア出し（ideation）
11月10日	授業時間内	④試作（prototype）
11月17日	授業時間内	各チーム作業
12月 1日	授業時間内	⑤テスト（test）
12月15日	授業時間内	各チーム作業
1月12日	授業時間内	各チーム作業
1月26日	授業時間内	最終報告会

表8-2　当初スケジュール案（2020年9月2日時点）

　まず「PBL-X：神戸市課題解決プロジェクト」は大学の授業であるため、
授業時間中に実施する必要がある。2020年度の経営学部内田ゼミの開講時
限は、火曜日の第4限（15:10-16:40）であった。ただし、同ゼミでは同時
期に統計分析の演習も行っているため、毎週行われる授業を半分に分け、
「PBL-X：神戸市課題解決プロジェクト」は隔週で実施する必要があった。
　隔週での実施は、デザイン思考のプロジェクトを実施する上ではそれほど
問題とは考えられなかったが、懸念されたのは1時間半という授業の各回の
時間の短さである。デザイン思考では各手順にそれぞれ3、4時間を充てる

ことも多く、特に開始当初の活動は多くの時間が必要なことが多い。また、通常の授業時間（10月から1月）だけでは活動時間が不足する懸念もあった。このため、9月15日と9月28日に追加の授業を設定し、長い時間が必要な活動をそこに配置することとした。

なお、この2日間は正規の授業時間外となり、また10月以降の授業時間においても時間を超過することが予想されたが、学生が欠席したり参加を取りやめることに対してはあまり懸念していなかった。本プロジェクトの受講者は、前期から活動していて学習意欲が高いことがすでに分かっている内田ゼミ生と、卒業単位とはならないにもかかわらず受講を希望するV.School生であったためである。

上記の日程設定より、メンバーの決定は9月15日以前に行う必要があった。このためV.School生には8月にスクール生向けSlackで募集を行い、9月8日を応募の締め切りとした。選考は9月10日に行い、Slack上でチーム分けを発表することとした。

デザイン思考では少なくとも当初の間、決まった手順を順を追って踏むことになるため、どの時間にどの手順を配置するかを考える必要がある。この授業では、スタンフォード大学d.schoolで体系化されたデザイン思考をベースにデザイン思考のプロセスを設計したため、手順としては五つのステージを順に配置する必要があった（表8-3）[9]。第一のステージは、ユーザーに共感し、ユーザーの立場に立って課題を特定するための情報を集める、「共感」（empathy、empathize）と呼ばれるステージである。第二のステージは、得られた共感に基づき、ユーザーが抱える真の課題を特定し、定義する「定

ステージ	内容
1 共感（empathy）	高齢者・民生委員の方々等にインタビューして共感を得る
2 定義（define）	コロナ禍で高齢者が抱えておられる真の課題を特定する
3 アイデア出し（ideation）	定義した課題の解決アイデアを創出する
4 試作（prototype）	アイデアに基づき具体的な事業案を試作する
5 テスト（test）	試作した事業案を試していただき検証する

表8-3　デザイン思考の5つのステージ

義」（define）のステージである。第三のステージは、定義された課題に対し、有効な解決方法のアイデアを考案する「アイデア出し」（ideation）のステージである。第四のステージは、生み出したたくさんのアイデアの中から有望と思われるアイデアを選んで具体化し、次の段階で検証できるよう試作品として形にする「試作」（prototype）のステージである。最後に第五のステージは、作った試作品を実際に様々な形で試してもらって検証する「テスト」（test）のステージである。

　これらのステージは、スケジュール上は表8-2のとおりに仮置きしたが、後のステージなるほど予定通りにならないことを想定し、進行に応じて調整していくものとした。特に、デザイン思考では五つのステージを順に（線形に）進んでいくのではなく、定義した課題が適切でなければ共感の結果を振り返り、平凡なアイデアしか出ない場合は課題自体を作り替えるなど、各ステージを何度も行き来しながら改善していく必要がある。過去の経験から、大学の授業でデザイン思考を実施する場合、十分に意義のあるアイデアを試作するには長い時間を要することが予想されていた。このために、表8-2の当初スケジュールはあくまで仮置きとし、無理にテスト段階まで進めるのではなく、アイデアの質を高めることを重視することとした。ただし、最後に報告会を設定することで、いつまでも不十分な検討に留まることの無いよう配慮した。

　他方で、アイデア出しの段階までは一通り経験してみることも重要であるため、最初の三つのステージについては実施日時を固定することとし、具体的な内容もあらかじめ固めることとした。まず共感に関しては、コロナ禍で対面でのやりとりができないため、オンラインツール（Zoom）や電話などを駆使して受講者がインタビューを行うこととした。またその結果に基づき、ペルソナと呼ばれる具体的なユーザー像を設定したり、共感マップと呼ばれる共感した内容を記述するツールを作成するものとした。定義の段階では、共感ステージで得られた洞察を受講者の視点から表現するPOV（Point of view）とよばれる文章を作成すること、およびそのPOVに基づいて解決すべき課題を疑問文の形で表現するHMW（How might we question）を作成することとした。アイデア出しのステージでは、定めたHMWに対して

たくさんのアイデアを自由に創出することができるよう工夫した活動を盛り込むものとした。

5. 実践結果

実際の授業は、表8-4のスケジュールで行われた。以下では順を追って説明していくことにしたい。

日付	時間帯・場所	内容
9月10日		受講者・チーム分け決定、発表
9月15日	13:30-15:00 Zoom（オンライン）	プレワークショップ ・イントロダクション ・神戸市からの情報提供（つなぐラボ保科氏） ・Q&A
9月28日	13:00-16:30 V.School教室（対面）とZoom （オンライン）の併用	チームビルディング デザイン思考・共感ステージについてのレクチャー 共感のためのインタビュー（高齢者の方、社会福祉協議会の方々）
10月6日	15:10-16:40 Zoom（オンライン）	共感のためのインタビュー（民生委員の方々、高齢者の方）
10月20日	15:10-16:40 Zoom（オンライン）	定義ステージについてのレクチャー 定義のグループワーク
11月10日	15:10-16:40 Zoom（オンライン）	アイデア出しステージについてのレクチャー アイデア出しのグループワーク 試作ステージ・テストステージについてのレクチャー
11月17日	15:10-16:40 Zoom（オンライン）	共感のためのインタビュー（民生委員の方々）
12月1日	15:10-16:40 Zoom（オンライン）	プレゼンテーションとフィードバック（つなぐラボ長井氏・保科氏） 各チーム作業
12月15日	15:10-16:40 Zoom（オンライン）	プレゼンテーションとフィードバック 各チーム作業
1月12日	15:10-16:40 Zoom（オンライン）	プレゼンテーションとフィードバック 各チーム作業
1月26日	15:10-18:00 V.School教室（対面）とZoom （オンライン）の併用	最終報告会 ワークショップ

表8-4　実際の授業スケジュール

5.1　メンバー決定からプレワークショップまで

　メンバーの決定は当初のスケジュール通りに行った。V.School 生の応募
は予想通り多くはなかったが、締切までに4名の応募があり、全員を受け入
れた。ただし、のち1名が辞退を申し出たため、次年度にV.Schoolへの入
校を希望していた神戸大学 MBA（経営学研究科現代経営学専攻）修了生1
名に加わってもらい、内田ゼミ3年生12名と合わせた計16名でプロジェク
トを開始した。なお、V.School 生3名は経営学研究科所属の大学院生2名
（うち1名は社会人学生）と工学部所属の学部生1名である。このうち社会
人メンバーについては、勤務の関係上すべての授業時間に参加できないこと
が予想されていたが、Slack 等で状況を把握し他メンバーと連絡を密にする
ことを前提に受講を許可した。なお、こうしたケースを除くと、早い時点で
日程を発表したこと、メンバーの参加意欲が高かったことなどから、ほぼす
べてのメンバーが欠席することなく活動に参加した。

　チームは4名ずつの4チームとし、それぞれ内田ゼミ生3名とそれ以外の
受講生1名とした。チーム分けではそれ以前の内田ゼミの活動を踏まえ、各
メンバーの長所を活かし相乗効果を生み出せるよう内田ゼミ生を3人ずつに
分けた後、メンバーの多様性を考慮してV.School 生を追加した。チーム構
成はSlack で発表し、各チームのチャンネルを立ち上げ、自己紹介を書き込
ませるとともに、プロジェクトのテーマを発表した。

　その後9月15日にはイントロダクションとしてのプレワークショップを
行った。この回は通常の授業時間外であり事前の周知もできなかったため
Zoom 開催とし、参加できない学生は録画で内容を確認することとした。当
日は、授業の紹介と講師・受講者の自己紹介、V.School の紹介、神戸市との
連携の経緯とプロジェクトの内容や目的の説明を行ったあと、つなぐラボ保
科氏から高齢者の問題を市の視点からご講義いただき、学生との質疑応答を
行った。また次回までの課題として、当日録画の確認（欠席者のみ）とイン
タビューでの質問項目のとりまとめを指示した。

5.2　共感ステージ

　プロジェクトの実質的なスタートは、V.School 教室で実施した9月28日

の授業である。この日はまず13時から屋外でチームビルディングのための
アイスブレークを行った後、教室でデザイン思考とその最初の段階である共
感ステージに関して講義を行った。休憩を挟んだ14時からはインタビュー
の時間とし、高齢者の方（お一人）に続いて社会福祉協議会の方々からお話
を伺った。最後に16時5分から30分ほど、次回に向けた説明を行った。

　この回は、メンバーが対面で集まる貴重な機会であったが、この時期の対
面での授業には実家への帰省などの理由で大学に来られない学生に配慮する
ことが求められており、またインタビューにご協力いただく方々も大学にお
呼びできない状況であった。このため、授業ではZoomも同時に用意し、遠
方の学生には教室に用意した専用のタブレットを本人の代わりとするととも
に、インタビューもZoomを通じて行った。Zoom用の機器をお持ちでない
高齢者の方に対しては、教室から固定電話で電話をかけ、受講者が交代して
マイクに話しかける形でインタビューを行った。

　続く10月6日からは、通常の授業時間である火曜4限（15:10-16:40）に、
Zoomによりオンラインで実施した。10月6日は第二回目のインタビュー日
とし、前半は灘区役所に4人の民生委員の方々にお越しいただき、二人一組
のPC1台と2チームのメンバーのPCを一つのZoomブレークアウトルーム
に割り当て、インタビューを行った。後半は高齢者（お一人）インタビュー
であり、固定電話の音声をマイクで拾ってZoom上でインタビューした。イ
ンタビュー終了時には振り返りの時間を設け、受講者全員から一言ずつ、そ
れまでの感想を披露してもらい、状況を把握するとともに受講者間で共有し
た。

　これらのインタビューの目的は、コロナ禍での高齢者の生活の実態を伺っ
た上で、抱えておられる課題と、その背後に隠れた感情に関して洞察を得る
ことである。ただし、本当に困っている方々にインタビューすることは困難
であり、担当者の依頼に応じてくださったお二人もお元気で活動的な方々で、
共に「お陰様で特に課題は抱えていない」とさえお答えになっていた。これ
に対して社会福祉協議会の方々や民生委員の方々は、業務上コロナ禍の高齢
者の課題をよくご存じだったが、当事者でないため得られる情報は間接的で
ある。深刻な課題を抱える方に対して直接インタビューできないという制約

は、コロナ禍でなくても解消が難しいだろう。

　関連して、インタビューは次第に様々なタイプの高齢者の存在を念頭に行われるようになった。これは、多様な高齢者が存在することを社会人受講生がプレワークショップの段階で指摘してくれていたおかげである。また、どのチームも感謝の言葉とともにインタビューを開始し、自分たちの結論に誘導するような質問も少なかった。質問は丁寧で、相手の話を時間をかけて伺っており、感謝の言葉で締めくくられた。授業ではごく簡単にマナーを説明しただけであったが、スキルの高さは予想以上であった。特に民生委員の方々は学生との質疑応答を楽しまれ、次のインタビューはいつかと尋ねられるほどであった。この反応からは、社会において世代間の交流が少なくなっている状況に気づかされ、図らずもプロジェクトを超えた学びを得ることもできた。

　他方で、事前の情報収集という点では課題も見られた。スケジュールが限られるこの授業では、プレワークショップでの市からの情報提供だけを設定し、それ以上は各自で情報収集することとした。しかし、少なくとも当初の間は、積極的な情報収集を行ったようには見えなかった。先入観を持たない

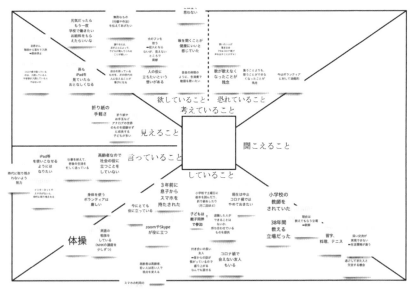

図8-1　エンパシーマップ

という意味では過度の情報収集は避けた方がよいのかもしれないが、課題や
その背景を理解したうえで活動に入ることが望ましい部分もあり、この時点
ではもう少しリサーチが行われてもよかったように思われる。

　以上2回のインタビューを踏まえ、各チームには課題を抱える高齢者のイ
メージをペルソナ（架空の人物像）としてまとめ、インタビューから分かっ
た状況とその背後に考えられる感情を推し量り、エンパシーマップと呼ばれ
るツールにまとめる課題が出された。図8-1は、この課題に対してあるチー
ムが作成したエンパシーマップである。

5.3　定義・アイデア出しステージ

　過去2回の共感ステージの結果を踏まえ、10月20日には定義ステージの
授業を行った。当日はまず各チームが作成したペルソナとエンパシーマップ
を発表し、コメントを得た後、定義ステージの授業を行った。まずPOVを
説明して各チームで作業したあと、HMWを説明して解決すべき課題の特定
を行う作業を再びチームごとに行った。もちろん授業時間だけでは一通りの
説明しかできないため、各チームで改善を進め、次回発表できるよう取りま
とめることを課題とした。

　続く11月10日の授業は、アイデア出しのステージが中心である。最初に
各チームでとりまとめたPOVやHMWを発表して議論した後、アイデア出
しの方法について講義を行い、チームに分かれて作業を行った。また授業の
最後には試作ステージとテストステージに関する講義を行った。これは、両
ステージに進めるかどうか見通しがつかなかったため、先にすべてのステー
ジの説明を終えておくためである。なお、これらの回にも最後に振り返りの
時間を設け、全メンバーからその時点の感想を共有してもらった。

　この段階で作成されていたPOVやHMWの例としては、以下が挙げられ
る：

> ペルソナ：
> 神戸市灘区に奥さんと犬と暮らす、原田熊五郎さん。サラリーマンを退職し
> たが、以前から退職後の暮らしに漠然と悩みを持っていた。
> POV：
> （Who）熊五郎さんは、
> （Needs）自分の得意分野かつ興味関心がある領域でボランティアに参加す
> る必要がある。
> （Insight）なぜなら、仕事を辞めて世の中とのつながりを感じることが少な
> くなったから
> HMW：
> どうすれば気軽にボランティアに参加できるだろうか

　この例は、ペルソナ設定に高齢者の方々への共感に基づく気づきが得られ
ようとしているものの、その気づきが課題にうまく落とし込まれておらず、
ややありきたりになってしまっている。また解決方法としてボランティアを
行うことが暗黙の前提となっており、それを導くためのPOVやHMWが設
定されてしまっている。

　この他に見られた限界として、解くべき課題自体が明確でないために解決
方法としてのアイデアがうまく出ないチームが見られた。また、デザイン思
考ではステージごとに独立して作業を行うこと、各ステージではそのステー
ジの手順に忠実に作業することが重要であるが、どのステージの作業を行っ
ているのか明確でないチームや、テンプレート通りの記入ができていない
チームも見られた。こうした状況については授業の内外で繰り返しアドバイ
スを行った。

5.4　その後の活動

　以上のような問題の原因としては、適切な課題設定に不可欠な、高齢者の
方々に対する共感を得る機会が不足していたこともある。この時期には受講
者側からも追加のインタビューを求める声や、身の回りでインタビューを
行ってよいかといった質問も出された。このため再度のインタビューの可能
性を探っていたところ、神戸市でご調整いただき、11月17日の授業で3名
の民生委員の方々（全員10月6日にもお話を伺った方々）に対するインタ
ビューを行うことができた。また、年配の友人あるいは家族に対するインタ

ビューを行い、よりよい気づきを得るチームも出てくるようになった。

　11月17日のインタビューでは、以前と同じ方々ではあったものの、仕事として関わっておられる高齢者の課題を間接的に伺うだけでなく、ご自身が民生委員になった理由、ご自身やご友人の趣味や日々の生活などの質問も行われていた。高齢者同士の交流の機会、参加しやすいイベント、家庭内でのけがの原因や不便な住宅設備、親の介護の実態、などである。質問内容がこのように変化してきた理由としては、各チームがそれぞれ特定の課題に注目し、より具体的で深い質問ができるようになってきたことが考えられる。

　このように共感に関して大きな進展がみられた反面、課題の定義に関しては未だに不十分であり、また情報収集の不足も依然として見られた。たとえば一部のチームはコロナ禍での高齢者の運動不足に注目し始めていたが、高齢者の運動機能維持を専門とされる他部局の先生を紹介したものの取り入れることはなく、また発表の中で既に市や民間企業等が実施しネット上で検索すれば見つかるような類似事業の存在を指摘されることもあった。

　以上の状況を踏まえ、その後のステージはアイデアを発表させフィードバックを与える、というプロセスを繰り返し、試作とテストに近いプロセスを授業中に設けることで、各チームで五つのステージを行きつ戻りつアイデアを改善させることとした。ただし、高齢者からフィードバックを頂く機会は設定できなかったため、市で高齢者問題にも取り組まれているつなぐラボ長井・保科両氏、そして砂川・内田がフィードバックを行った。

　長井・保科両氏に対しては12月1日に各チームがプレゼンテーションを行い、フィードバックを受けた後、各チームでの検討を行った。また12月15日と1月12日は砂川・内田ならびに他チームからフィードバックを受ける機会とし、模擬発表会と銘打つことで最終発表会を意識させ、発表内容のレベルアップを促した。また、授業時間以外でもSlack上でアドバイスを行うとともに、オフィスアワーを設定した。オフィスアワーは実際にはあまり利用されなかったが、結果的には授業時間内とSlack上のアドバイスでも一定の意義があったと判断される。

　これらの回に関しては、12月1日時点ではアイデアの質が高まらず、今後を懸念するご意見も頂いたが、的確なご指摘を踏まえて授業時間外のミー

ティングを行い、身の回りの高齢者への共感を踏まえた結果、改善がみられるようになった。その後の2回の発表では検討が深まっていくのが見て取れるようになったが、これには他チームから受けたフィードバックも役立ったと考えられる。図8-2に示したのは、図8-1と同じチームの最終的なMIROボードであり、図中左方の丸印が図8-1に相当する。右方向への大きな展開からは、活発な議論が行われていったことが見て取れる。

　こうして四つのチームでは次第に焦点が絞られていった。この時点で検討されていた課題は、高齢者が遠出を避け自宅に閉じこもるという課題、コロナ禍で運動ができず漫然とテレビを見る時間が増えているという課題、介護の心理的負担が軽減されないという課題、退職後の仲間づくりが難しいという課題、である。ただし、依然として議論が迷走し、当初の共感から得られた洞察が後退して焦点が定まらなくなったチームも見られたため、原点に返って検討を行うようアドバイスを行った。他方でSlack上でやり取りを行っていないチームについては状況を把握できず、的確な助言を与えることが難しかった。

　作業が進む中で、担当者側では最終的な目標を示すことの必要性が認識されるようになってきた。プロジェクトでは開始から一貫して、神戸市が行政上課題と認識している課題ではなく、ユーザーである高齢者に共感し、実際に高齢者が抱える課題を特定し、その解決を考えるよう絶えず強調していた。しかし、アイデアが具体的になるにつれ受講者側から、誰がどのように実施する事業を提案すればよいのか、と質問が寄せられるようになってきた。

　この質問に対しては、神戸市、民生委員の方々、あるいはNPO法人や企業等に対して事業を提案をするイメージを持てばよいが、提案先を設定する

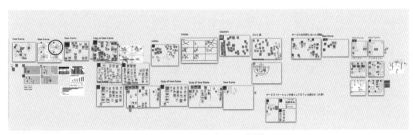

図8-2　MIROボードの展開

ことでアイデアが制約されないように、と求めた。他方で、難しさはアイデアを出すことよりもそれを社会に実装するところにあるため、社会実装を意識することも求めた。実装の方法として、各チームのアイデアは自分たちで実行するのが最も現実的だが、この場合には授業終了後に継続されない可能性が高い。これに対して市に提案する場合、優先度を上げて対応してもらうためにはそれなりのプロトタイプやエビデンス、企画書が必要となる。そこで、どのようなリソースを使えばよいかを企画書にまとめ、社会実装に向けた合意形成を意識して発表するよう求めた。

5.5　最終発表会

（1）最終発表

　プロジェクトの締めくくりは1月26日の最終発表会である。そこでは各チームが事業アイデアを5分ずつで発表し、審査員に評価してもらう形式をとった。審査員は、過去2回インタビューさせていただいた民生委員の方々3名と、つなぐラボ保科氏、長井氏の5名である。四つのアイデアの中から、各審査委員にはそれぞれ一つを審査員賞として選んでいただき、最も多くの審査員賞を受けたアイデアを最優秀賞とした。

　審査基準としては、民生委員の方々にはシンプルに「それやって欲しい・やりたいと思うアイデア」を選んでいただいた。長井・保科両氏には、全体の評価のうち8割を「行政目線ではなかなか思いつかないが、市民にとって価値のあるアイデア。行政でも取り入れてみたいアイデア」という基準で、残りの2割を「問題定義からアイデアの成熟度や実現可能性など、提案として十分に練られているアイデア」という基準で判断していただいた。

（2）最終発表の事業アイデア

　最終発表会で発表された事業アイデアは、いずれも実際に高齢者あるいはその周りの人たちに深く共感したアイデアであり、前回の授業後に活発に議論が行われ、大きな改善が行われたことが窺えた。結果的にはチーム2と4がいずれも2人の審査員（どちらも民生委員お一人、つなぐラボお一人）から審査員賞を頂き、同票で最優秀賞となった。

最終的な事業アイデアは次の通りである。まずチーム１は、妻と二人暮らしの70歳男性が、コロナ禍で外出が難しく、楽しみにしていた散歩やゲートボールができなくなった状況で、「どうしたら運動を億劫に感じる高齢者でも楽しんで運動習慣を確保できるか」という課題（HMW）を解決する事業アイデアを発表した。提案されたアイデアは、地元テレビ局と提携し、データ放送から高齢者でも気軽に行える５分程度の運動メニューを表示し、実施したら１ポイントを付与する、ひと月20ポイントためると表示されるパスワードを書いて応募すれば、抽選で市バスのチケット等の商品が当たる、というものであった。

　チーム３は、小学生の孫がおり家族での旅行が好きだった70歳前後のおばあちゃんが、トイレや体調が心配で迷惑をかけたくない、ずっと車中にいるのが苦痛だが休憩したいとは伝えづらい、という理由から遠出を避けるようになっているため、「どうすればトイレのことで申し訳なさを感じることなく遠出をすることができるだろうか」という課題を設定した。事業アイデアは、おばあちゃんが申し訳なく思う遠出を、孫の楽しみに変えてあげる「ポケモン Go ×サービスエリア」である。これは、孫が祖父母と一緒にサービスエリア（SA）に立ち寄るごとに、売店でそのサービスエリア限定のポケモンがもらえる、というもので、頻繁にSAに寄ることが孫にとって楽しみになり、祖母もトイレのためSAに寄ることに申し訳なさを感じなくなるとともに、ずっと車に乗って疲れるという問題も解消されることを狙っている。

　最優秀賞チームの一つであるチーム２は、妻と犬と暮らし、退職後の暮らしについて漠然とした悩みや不安を持つ退職直前のサラリーマンを想定し、納得できる人生のため第二の人生にスムーズに移行するには「どうすれば退職前に退職後のことを考えるきっかけをつくれるか」「退職後の選択肢に関する情報にアクセスできるか」という課題を設定した。その解決方法として考えたのが、先輩シニアと後輩シニアを結ぶ「シニア新歓」（新人歓迎会）である（図8-3）。これは、既に活動しているシニアのサークルや団体と、退職後のコミュニティーを探している退職前のサラリーマンをマッチングするイベントであり、神戸市がサポートし学生スタッフに手伝ってもらうこと

先輩シニアと後輩シニアを結ぶ
マッチング機会の提供

「人が欲しい！」

「つなげます！」

「退職後なにしよかな」

詳細

・実施場所：公園・広場（コロナ対策で屋外実施）
・実施頻度：春と秋に一度ずつの年2回
　　　　　　（屋外のため、夏冬は避ける）
・スタッフ：冊子の作成や当日運営スタッフを学生に委託する
　　　　　　→学生が人生を考える機会。
　　　　　　高齢者と学生の接点。
　　　　　　官学連携を実現。
・宣伝：企業にチラシポスティング、民生委員との連携

どのように運営・実行するのか

図8-3　チーム2の事業アイデア

　で春と秋に開催する、という学生らしいアイデアである。
　もう一つの最優秀チーム、チーム4は、ニュータウンに在住し、近くの実家に暮らす95歳の要介護状態の母を2日に1度訪ねて介護する75歳男性、を想定した。このチームでは、義務感や正義感を持って介護をする反面、なぜ自分がと不義感も感じる男性の精神的負担を軽減するために、「どうすれば介護をゲームのように前向きに取り組めるだろうか」という課題を設定した。解決のための事業アイデアは、無料ドリンクでリフレッシュできたり、悩みの相談や介護スキルを得るためのセミナーに参加できる、介護カフェ「憩」である（図8-4）。

カフェの運営方式と特徴

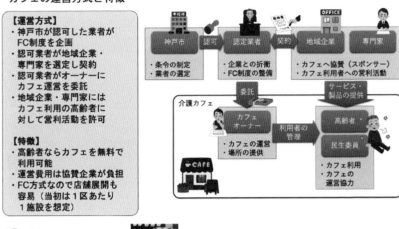

【運営方式】
・神戸市が認可した業者が FC制度を企画
・認可業者が地域企業・専門家を選定し契約
・認可業者がオーナーにカフェ運営を委託
・地域企業・専門家にはカフェ利用の高齢者に対して営利活動を許可

【特徴】
・高齢者ならカフェを無料で利用可能
・運営費用は協賛企業が負担
・FC方式なので店舗展開も容易（当初は1区あたり1施設を想定）

図8-4　チーム4の事業アイデア

5.6　ワークショップ

　1月26日には、最終発表会に引き続き、(1) 行政におけるデザイン思考の活用、(2) 官学連携の在り方、という二つのテーマについて、ゲストを招いて議論する、V.School主催の公開ワークショップ「行政サービスデザインと官学連携」を開催した。このワークショップを企画したのは、まさにこの二つのテーマを実践したこの授業を他の様々な実践の中で俯瞰し、今後の授業の改善に活かすとともに、この授業から他の実践に対して何らかの示唆を引き出すことを企図してのものである。

　ワークショップではまず、二人のゲストからご講演をいただいた。お一人目は、職員有志のデザイン思考プロジェクトであり知事に対する提言までとりまとめたPolicy Lab. Shigaにおいて、主導的な役割を果たした筈井淳平氏（滋賀県庁）である。同氏からは、「県庁職員が実践したデザイン思考

の学びと、今後の展望」というタイトルで、Policy Lab. Shiga のご経験を踏まえ、行政にデザイン思考を取り入れることの意義と、組織の中で理解を広げて取り組みを広げることの難しさをお話しいただいた。お二人目はPolicy Lab. Shiga にファシリテーターとして関わり、現在は行政サービスデザインについての研究も進めておられる中山郁英氏（合同会社 kei-fu）である。同氏からは、「行政とサービスデザインの現状と、アカデミアへの期待」というタイトルで、行政にデザイン（思考）を取り入れるべき理由と実践事例の紹介をいただくとともに、学（アカデミア）にはそうしたスキルを持った人材を養成する役割があることをご指摘いただいた。続くパネルディスカッションでは、講演者お二人に加え、つなぐラボ長井氏、本講義を担当したCode for Japan の砂川氏をパネリストとして、上記（1）、（2）のテーマに関して活発な議論を行った。

6. プロジェクト・授業の評価
6.1　課題解決に関する評価

　最後に、本授業の自己評価と、今後に向けての示唆を記しておきたい。授業の評価としては、何を目標とし、どこまで達成されたのかを明らかにする必要がある。高齢者が抱える課題を解決しようとするPBL としては、課題の解決がこの授業の究極の目標である。しかし、実際に解決するには解決する仕組みを社会に実装する必要があり、時間や人材等の資源が限られるこの授業では難しい。より現実的かつ直接的な目標は「課題解決につながりうる事業アイデアの創出」であり、これが本授業の第一の目標である。

　当初の予想では、受講者の中心は社会経験も課題に関する知識も十分とは言えない大学生（学部生）であるため、解決可能なアイデア、画期的なアイデアを本当に作り出せるかどうか不透明であった。実際、最終発表の事業アイデアは、実行可能性という点では不十分な面も多い。ただし、この問題は受講者側だけの問題ではない。本授業は神戸市との連携としての最初の試みであり、市の事業としての実施まで想定した体制を準備するに至っていなかった。今後は市の研修に組み入れるなどの形で市職員もメンバーに加える、あるいはより現実的な企画を追求する、といった改善が必要だろう。

他方で期待していたのは、普段高齢者やその課題と関わりの薄い学生が、関わりは深いものの行政等の論理に従いがちな実践者とは異なる視点から、新しいアイデアを生み出すこと、異なる世代の感覚で、最新のICT技術への抵抗も少ない学生ならではのアイデアを生み出すこと、である。またデザイン思考には、様々なバックグラウンドを持つメンバーが、多様性を活かしてアイデアを創出するための工夫、集合知を活かすための工夫が取り込まれている。ゼミ生の間には顕著な多様性があるとはいえないため、V.School生が加わることで多様性が増すことに期待するところが大きかった。実際に、最終アイデアには斬新な発想が見られ、社会経験の浅い学生であっても自分たちなりの視点から、十分な共感に基づき深く考えられた事業アイデアを作り出すことは可能だといえる。また行政側からは、学生は行政の立場では聞きづらいような質問ができる、インタビュー相手も学生には答えやすい、というように、利害関係を持たない学生が課題当事者と関わることのメリットを指摘して頂いた。

6.2　教育上の評価

　授業としては、社会課題を解決するアイデアを創出するという第一の目標よりも、その過程で何を学ぶか、という教育上の目標が重要である。この点で挙げることができる目標は、受講者のスキルアップである。第一に、デザイン思考には認知心理学の知見が随所に活かされており、参加者の認知上のバイアスを顕在化させメタ認知（自己の客観的な認知）を促進することで、創造的・革新的で前向きな思考法（マインドセット）を身に着け、行動につなげるよう設計されている。第二に、提示されたテーマは容易に解決できたり方法を思いつくようなものではなく、より細分化したり構成要素に分解し、検討が可能な特定された具体的な課題に落とし込む必要がある。このため、課題の構造を明らかにして解決方法を見つけ出す力が涵養される。第三に、デザイン思考ではメンバー同士が活発な議論を通じて発散的に多様な意見を示しつつ、調整しながら具体的に取り組むべき部分に意見を収斂させていく必要がある。このため、チームに積極的に参加して貢献するとともに、自分が貢献する方法を客観的に認識し、また他のメンバーの考え方を理解し

て調整する必要がある[10]。こうした点から、受講者の潜在能力を引き出し、社会に対して新しい価値を生み出すことのできる人材を涵養することが、この授業の教育上の目標である[11]。

　この目標に関しては、授業後に行ったアンケートから得られた受講者の声を見ると、大きな学びがあったと評価できる。アンケートの回答では、すべての受講者がこの授業を、これまでにない、学びの多い授業だったと評価していた。回答の中から具体的な学びに関する記述を拾うと、次のようなものが挙げられる：

> ・共感の重要さを学びました、課題の設定が難しかった
> ・「共感」の解像度を上げていくこと、言語化すること、形にすることのプロセスは今後も意識的に使っていきたい。
> ・成長したこと：課題に取り組む際の粘り強さ
> ・学んだこと：共感の難しさとインタビューでの深掘りの難しさ
> ・デザイン思考でつまることがあっても何度も共感に戻って考えることで、良い案が出てくるということを学ぶことができた。
> ・どうしても目的からバックキャスティングして洞察を導き出す癖が出てしまい、今回のプロジェクトにおいても、その点を度々指摘されました。ユーザー目線で取り組むということの意味を深く考えさせられた。（社会人）
> ・デザイン思考の各段階を行ったり来たりするなかで、完成形に近づいていたアイデアでも一から考え直すことに抵抗がなくなったのがよかったです。
> ・自分の思考法が結論ありきになっていたんだなあとデザイン思考の実践を通して再確認しました。
> ・本当の共感をするためには、肩ひじ張らない、本当の心から漏れるような声をうまく捉えることが重要だと感じました。
> ・プロジェクト全体を通して学んだことは、出口はいつか見えると信じて諦めないことの大切さです。

　関連して学生からは、多様性からの学びを窺わせる声、更なる多様性を求める声も多く得られた。興味深いことに、こうした声は、社会人学生の側からも示されている：

> ・現役の学部生との混成のチーム編成だったので、年長の私に対してどこか遠慮の気持ちがあり、私の言葉を安易に受け入れてしまうところがあったので、できるだけ自分で考えてもらうように努めた。（社会人）
> ・メンバーがゼミ生だけでなかったこともあってか議論の進め方や発想の切り口などについても新しい知見を得ることができました
> ・メンバーにもっと多様性があれば良かったかなと感じています。チームの大

> 半は大学生で、あまり触れることのない高齢者の方への理解の程度やイメージがほぼ同じだったので出てくるアイデアに限りがあったように思います。
> ・多様性の一つとして世代の違うメンバーとフラットに意見出しを行うと、認識が違う事があり、学びになると同時に、その違いを良いアウトプットにつなげることの難しさを感じました。一方、同じカテゴリーの人間だけで考えるよりも、面白くて、人が面白いと感じるアイデアが出る可能性も非常に感じました。
> ・人が持つ課題について徹底的に共感するというのが、デザイン思考では肝要だったが、チームメンバーそれぞれが違ったバックグラウンドを持っているためになかなかチーム全体が納得する「課題に対しての共感」が生まれにくかった。

　上記の目標を目指す教育は、キャリア教育ということもできる。「キャリア教育」とは、「一人一人の社会的・職業的自立に向け、必要な基盤となる能力や態度を育てることを通じてキャリア発達を促す教育」であり、「キャリア」とは「人が、生涯の中で様々な役割を果たす過程で、自らの役割の価値や自分の役割との関係を見出していく連なりや積み重ね」とされている（中央教育審議会、2011）。一般的な大学の授業では得られない社会経験を積み、現実に存在する解決困難な課題に関わることのできる本授業は、キャリア教育の授業であるとともに、公務員という特定の職業に関する職業教育の側面もある。こうした点に関しては、以下のような学生の声から十分な意義があったことが窺える：

> ・将来新しい製品やサービスを生み出す仕事がしたいと考えているため、今回ゼミで実践しながら学べたことは良い経験となりました。
> ・デザイン思考をもちいることで、より柔軟でマーケットインの事業立案の手法が学べたように感じる。就職活動にもこの経験を生かしたい。
> ・最後のパネルディスカッションで議論されているのをみて、町をよりよくしたいという信念がヒシヒシと伝わってきて、素直にかっこいいなと思いました。あの日から、公務員という仕事も少し気になっています。

　以上の点では十分な意義があったと認められる反面、実施者の立場から大学の授業として評価した場合には、十分に満足できない点も見られる。その背後にあるのは、企業の社員教育や研修などにも盛んに取り入れられているデザイン思考のプロジェクトを、大学での授業として行うことにどのような意義があるのか、という問題意識である。もちろん、より若い段階でこうした授業を受けることには十分な意味がありえ、社会人受講生にとっても一種のリカレント教育として大きな意義があるだろう。しかし、デザイン思考で

学べるのは所詮、スキルや考え方である。個別分野の専門教育を中心とする大学教育においてこうした教育をする意義はどこにあるのだろうか。

　この点デザイン思考では、専門教育を受けた人材が上記のようなスキルを獲得することで、いわゆる「Ｔ字型人材」などと呼ばれるように、深い専門知識（Ｔの縦棒）を持つ人材が、他分野を理解して協働する能力（Ｔの横棒）を持つことに利点がある、といわれることがある。こうした意義は確かに認められるものの、本授業の受講者は特定分野の学部生がほとんどであり、そこまで深い専門知識を持つわけではないため、この点での意義はあまり大きくないかもしれない。

　ただし、専門的知識の習得を促す、その必要性に気づかせる、という点では意義を見出すことができるかもしれない。こうした知識としては第一に、課題そのものに関する知識が挙げられる。本授業でいえば、意義のあるアイデアを創り出すためには高齢者の生活の実態を表面的に理解するだけでなく、高齢者の健康や心理、高齢者を支える社会制度などについて、各分野の専門知識が役立つはずである。第二に、実行可能な事業アイデアを設計する上では、工学等の分野で得られている知見を活かし、課題解決に最適な技術を用いる必要がある。また第三に、社会に実装できる事業アイデアを設計するためには、経営戦略、経営組織、マーケティング、ファイナンスなど経営学の知識も役立つであろう。ただし、社会課題の解決においては一般的な企業の経営に関する知識と異なる知識も必要である。こうした点は今回は十分に配慮できなかったが、今後は事前の情報収集、解決方法の検討、あるいは社会実装の検討といった段階で大学内の各分野の専門家と連携することで、より良い学びとより良い事業アイデアにつなげることができるかもしれない。

7. おわりに─教訓と今後への示唆

　以上のように、今年度の授業からは、大学と行政が連携したプロジェクトとしての本授業に大きな可能性があることがわかった。ここでは最後に、本年度の実践から得られた教訓をまとめ、今後の授業あるいは他の同様の取り組みに対する示唆を示すことで、結論に代えたい。

　今年度の「PBL-X：神戸市課題解決プロジェクト」から得られた第一の教

訓は、共感を得る機会をさらに充実させる必要がある、という点である。オンラインでの実施による制約が大きかったとはいえ、より良い課題設定と解決法検討のためには課題を抱える当事者に対する共感を得る機会を増やす必要がある。授業時間内で実施することによる制約も大きく、また実現も容易ではないが、現場でのインタビューや観察の機会を増やすとともに、その対象もなるべく課題を抱える当事者とする必要がある。

　第二の教訓は、試作、テストから社会実装まで、できる限り先までプロジェクトを進めることが望ましい、という点である。アイデアを発表して終わり、では、受講者側の真剣度もそこまで高まらない。社会課題の解決という究極の目標を達成するためにも、行政との連携をさらに強化し、市職員にもより深くかかわっていただき、市の実際の事業等につなげたいところである。第三の教訓は、大学内のリソースの更なる活用である。より妥当性の高い課題の設定やアイデアの設計のためには、大学内でその課題、関連技術、あるいは社会実装に役立つ知識を扱っている部局や教員との連携が望ましい。

　他方で、この授業はあくまで海外で体系化されたデザイン思考というアプローチを所与とし、その枠の中で実施した、という点には留意するべきであろう。人間中心的アプローチとしてのデザイン思考は、誰も使おうと思わないようなサービスを生み出す心配がない、といった意義があるが、あらゆる課題解決に対する万能薬ではない。目的に合わせて他のアプローチもありうることを理解する必要がある。また、デザイン思考自体も日本に合ったやり方に変えていく必要があるかもしれない。

　とはいえ、デザイン思考は行政において、より幅広く活用することもできるはずである。今年度は市が抱える行政上の課題を中心としてテーマを考えたが、デザイン思考は公共施設の利用体験改善など、ユーザー視点が必要な他のテーマにも最適なアプローチである。また既存の行政サービスの受益者像を明らかにするだけでも、誰のためにやっているのかわからないサービスがないか再検討することが可能になるだろう。

　また、デザイン思考の利点の一つは、活動がステージに分けて体系化され、誰でも容易に課題解決に取り組める点にある。海外では既に、大学が中心となって様々な人たちが参加するデザイン思考プロジェクトが実施されて

いる。大学生、行政職員だけでなく、地域住民など幅広い人々を巻き込み、小さくても具体的な課題を一つ一つ解決していくことができれば、結果的には解決困難とされる大きな社会課題の解決にもつなげられるかもしれない。

＜謝辞＞
本授業の実施にあたり、長井伸晃、保科暁子の両氏をはじめとする神戸市企画調整局つなぐラボの方々、寺岡佐和子氏をはじめとする灘区役所の方々には様々な調整とご支援・ご協力をいただいた。また浅本芳子、荒木康夫、奥居久一、竹内玲子の各氏（民生委員）、南川美紀氏（兵庫区社会福祉協議会）、森田晃世氏（垂水区会福祉協議会）、髙木良治様、黒瀬仁美様にはお忙しい中インタビューに応じていただいた。さらに筈井淳平氏（滋賀県庁）、中山郁英氏（合同会社 kei-fu）には授業最終日のワークショップでご講演いただくとともに、授業に対して貴重なコメントを頂いた。また授業の実施においては平田裕也、田口美里の両氏をはじめ、V.School 事務部の皆さんにお世話になった。そして砂川洋輝氏（Code for Japan）には各種の調整に加え、授業の設計と実施を共同して担当していただいた。本章に記した内容には砂川氏から学んだことも多い。以上の方々には改めて感謝申し上げる。

注
1　日本バイオデザイン学会ホームページ（http://www.jamti.or.jp）参照（2021 年 2 月 1 日閲覧）。
2　なお、2021 年度より V.School では外部と連携して行う PBL を Field-Based Learning（FBL）というカテゴリーとしており、本科目も 2021 年度からは FBL-X に分類される。
3　https://designthinking.ideo.com/（2021 年 2 月 1 日閲覧）。
4　なお、政策ラボではデザイン思考のアプローチだけでなく、経済学のアプローチ（EBPM）など様々なアプローチが取り入れられることも多い（McGann et al., 2018）。他方でデザイン思考のアプローチによる政策形成は、政策形成に市民・国民を関与させる「オープンガバメント」の考え方（奥村、2017）を実践するためのアプローチの一つともいえる。政策ラボは、様々なアプローチでオープンガバメントを実践する場でもある。
5　日本における、行政でのデザイン思考の実践については、中山（2019）も参照。
6　特許庁デザイン経営プロジェクトホームページ（https://www.jpo.go.jp/introduction/soshiki/design_keiei/index.html?_fsi=jsGMrB0j）参照（2021 年 2 月 1 日閲覧）。
7　コンセント社ホームページ「神戸市 生活保護業務のサービスデザイン支援」（https://www.concentinc.jp/works/kobe_service-design_202011/）参照（2021 年 2 月 1 日閲覧）。
8　スタンフォード大学（アメリカ）d.school で行われている様々な授業がその例である。

9 このアプローチについて、詳しくはウ（2019）を参照。

10 こうした目標は、当初からある程度は想定していたものであるが、実際に授業を実施しながら得られた気づきや、並行して行われていた V.School のプログラム設計に関するミーティングでの教員同士の活発な議論から得られた気づきに基づき、さらに教育心理学の知見も踏まえて整理したものである。

11 こうしたスキルは「21世紀型スキル」（三宅他、2014）や「社会人基礎力」（経済産業省 2006）などとして概念化されている。

参考文献

ジャスパー・ウ（2019）『実践スタンフォード式デザイン思考』インプレス。

奥村裕一（2017）「デザイン思考による政策形成の新しいアプローチ」東京大学公共政策大学院、プレゼンテーション資料　https://www.slideshare.net/HKO/opm-nas-20170525hokumura-76335683（2021年2月1日閲覧）。

デイヴィッド・ケリー、トム・ケリー（2014）『クリエイティブ・マインドセット』日経 BP 社。

齊藤滋規、坂本啓、竹田陽子、角征典、大内孝子（2017）『エンジニアのためのデザイン思考入門』翔泳社。

中央教育審議会（2011）『今後の学校におけるキャリア教育・職業教育の在り方について（答申）』。

中山郁英（2019）「地方自治体の効果的なデザイン実践に向けた研究―デザインは行政組織においてどう実践されているのか」修士論文、名古屋工業大学。

ティム・ブラウン（2019）『デザイン思考が世界を変える〔アップデート版〕―イノベーションを導く新しい考え方』早川書房。

三宅なほみ、益川弘如、望月俊男（監訳・著）（2014）『21世紀型スキル―新たな学びと評価の新たなかたち』第5章、北大路書房、pp. 207-223。

Bason, C.（2014）. "Introduction: the design for policy nexus," in Bason, C.（ed.）, *Design for Policy*, Routledge.

Howlett, M.（2014）. "From the 'old' to the 'new' policy design: Design thinking beyond markets and collaborative governance," *Policy Sciences* 47, pp. 187-207.

McGann, M., Blomkamp, E. and Lewis, J. M.（2018）. "The rise of public sector innovation labs: experiments in design thinking for policy," *Policy Sciences*, 51, pp. 249-267.

Minstrom, M. and Luetjens, J.（2016）. "Design thinking in policymaking processes: Opportunities and challenges," *Australian Journal of Public Administration*, 75, pp. 391-402.

第9章
日常生活における心の豊かさプロジェクト

── 安川 幸男・佐藤 正和 ──

1. はじめに

　価値創造教育では、価値創造のためのアイデアを創出し、それを試作して検証するプロセスが必要である。その際には、価値創造に取り組んで活動している企業に場（field）を提供してもらって、協力して進めることが有効である。また、企業にとっても大学と協力することで、専門知識が吸収できるだけでなく、日々接することのない学生の視点を学ぶことができる。V.School は、日本たばこ産業株式会社（以下、JT）の協力を得て、共同でField-Based Learning（FBL）に取り組んでいる。

　JT は、既存事業（たばこ・医薬・加工食品等）の延長ではなく、新たなビジネスの領域を開拓するために、社外出身者も交えた多様な人材から構成される新組織を立ち上げている。新組織では社外のネットワークや人材との連携による新ビジネスの芽となるアイデアや価値の創出を目的としている。新しい価値創造を主眼とする点で、V.School のコンセプトと一致しており、共同プロジェクトの効果は高いと判断された。その際のポイントは、顕在化している市場ニーズや顧客視点の発想ではなく、自己の内発的動機や主観的な思いや考えを優先して、提供価値を起点にした事業創造を図ることである。

　プログラムのテーマは、「日常生活における心の豊かさとは何か」とし、経験や常識、バイアスから離れ、解放されながら、純粋にアプリオリ（先験的）に思惟することから始めるという方向性を設定した。VUCA（Volatility, Uncertainty, Complexity, Ambiguity）という、不安定で不確実、複雑性と曖昧性が濃く漂うカオス化する世界を個人がどう捉え、行動へと移していくか、そのために必要な意識変容、ビジョンや事業を構想していく力、行動と勇気までをトータルにデザインしていくことを目標に据えた。

　本プログラムではリベラルアーツが有する精神、考え方を重視した。その

理由は、社会・経済システムの構造的変化、事業のグローバル化、専門領域を超えた発想や越境の必要性、予測不能で変化の激しい時代に求められる個人の資質やそのベースとなる思考法が必須だからである。リベラルアーツが内包する価値としては、自由になる手段、課題設定能力（問いの立て方）、常識を疑う、本質を見極める、よりよい世界を創る等が考えられる。

　これらの点を押さえつつ、深い学びと思考の輻輳性、知識の定着と対話を通じた共創を目的にプログラムの開発を設計した。特に留意したのは、答えを安易に求めないことや、早急な結論を出さず、時には保留しながら、学びのプロセスを意識させることであった。そこから導き出された二つのプログラムは、分野を越境し、様々な知識がせめぎあう「キワ」でもあり、「新教養主義」とも言われるような体系を形づくることであった。

　本プログラムは、①「アイデア創出フェーズ〈個人の主観や内発的動機を起点に、アイデアを創発していく第1フェーズ〉」と、②「概念検証フェーズ〈アイデアの仮説検証のためのプロトタイピングを試みる第2フェーズ〉」に分けられ、第1フェーズを安川が、第2フェーズを佐藤が担当した。第1フェーズ開始時にプログラムに参加する学生を募集し、11名が登録参加した。第1フェーズは8月から10月まで継続し、11月には第2フェーズの学生を募集し、こちらには15名が登録参加して、執筆時点（2021年2月現在）活動中である。

　ただし、第1フェーズから第2フェーズまで継続して参加している学生は1名で、多くの学生は入れ替わってしまった。これは当初の予想と異なるものであった。この点については、「アイデア創出フェーズ」と「概念検証フェーズ」では、希望する学生のニーズが異なることがあったことと、第1フェーズに参加していた学生が最終学年の学生が多く、10月以降は卒業研究に追われるため、時間が取れないことも影響したと考えられる。

2. アイデア創出─第1フェーズ
2.1　アイデア創出フェーズの設計思想
　アイデア創発プロジェクトのプログラム設計にあたっては、個人のマインドセットや内発的動機を重視し、知識や方法論に偏重しない学びをデザイン

し、多様な価値観を知り、行動へとつなげることを講義した。答えを出すのではなく、問いを立てる、また探索のプロセスを重視しながら、外部の有識者や表現者を入れ、カオスや偶然性を引き出す環境をつくることに努めた。自己の内面と向き合いながら、主体的に学ぶと共に、他者との協働による「共創」を意識した学習設計とし、異なる分野をつなぎ、越境していく思考を大切にしながら事業の核となるアイデアを考えることにした。プログラム内容は表9-1に示すとおりである。これらのテーマのポイントを以下で説明する。

テーマ	担当者	内容	日程
第1回 マインドセット-1	株式会社 ミミクリデザイン Manager/Design Researcher 東京大学大学院 情報学環 特任研究員 小田 裕和 Director/Experiential Educator 渡邊 貴大	目的）事業構想の土壌となる個人の「内発的動機（衝動）」を探索する時間をデザイン	2020年 8月5日
第2回 マインドセット-2		目標）アイデア創発PJの全体プロセスを踏まえ、事業構想を個人の衝動からスタートする意味を理解し、プロジェクトへの期待感を育む。構想すること、アイデア創発することは、通り一遍のフレームワーク活用では実現しないことを腹落ちさせ、新たな理解や意味を言葉にすること。	2020年 8月18日
第3回 哲学的 対話	森内 勇貴 ＜哲学家＞	目的）第1、2回で行われた対話を哲学的に振り返り、整理する 目標）観念（表象）と概念の違いについて、思考ツールとしての現象学的還元、考える時の軸になるような概念群の紹介	2020年 8月25日
第4回 ソーシャル デザイン	本村 拓人 ＜株式会社Granma代表取締役＞	目的）第1-3回で行われたマインドセット・対話・哲学を通じて耕された自己の思考の土壌に社会性や外部環境との接続性を図る。 目標）グローバルな視点でのサスティナビリティ、デザインでビジネスを変える手法を学び、想像力と行動を通じて世界を変えていく動機を持つ	2020年 9月14日
第5回 アート思考	石川 琢也 ＜京都造形大学デザインリサーチャー＞	目的）実践的なデザインとアートの思考法を通じて、生活のまわりの様々に対する想像力と解像度を高める 目標）歴史的な文脈から人類とデザインの関係を学ぶことで、問いを発見し、思索し、デザインが生まれた背景についての理解と日常的な習慣の中に、観察から考えるフレームワークを習得する	2020年 9月28日
第6回 Wellbeing 探求1	中村 一浩 ＜株式会社Project Design Office 代表＞	目的）個人・企業がWellbeingの重要性を知り、アイデア創発に活かす 目標）良い状態（ありかた）が、良い行動（おこない）を生み出し、Well-Beingが、Well-Doingの元となることに加え、それを組織で協働・共創するための土台となるDialogue（対話）」について学ぶ	2020年 10月12日
第7回 Wellbeing 探求2			2020年 10月16日
第8回 最終発表	安川 幸男 ＜バリュースクール客員教授 第1フェーズ担当＞	第1-7回で学んできたアプローチを整理しながら、各人・グループで事業アイデアを発表し、全体で討議・対話を行う。	2020年 11月9日

表9-1　第1フェーズの講義スケジュール

2.2 マインドセットを通じて創造性の土壌を耕す

第1回と第2回ではマインドセットについて取り上げた。イノベーションが求められる現代、あらゆる領域で複雑な課題を解決する革新的なアイデアを生み出すための手法が求められている。この10年間でさまざまなアイデア発想のフレームワークが普及したが、こうした道具を手にすることによって、私たちは本当に創造的になることができたのか。革新的なアイデアを生み出すためには、そこに関わる一人一人が情熱と遊び心を持ち、既存の枠組みを問い直すプロセスを楽しめるチームを作ることが肝要である。こうした「創造性の土壌」がないまま形式的なフレームワークや流行のメソッドを次々に導入しても、真の意味で創造的な組織を作ることはできない。

株式会社ミミクリデザインは、こうした問題意識のもと、人々の創造性を引き出すためのワークショップデザインやファシリテーションについて、具体的な技術から思想や哲学まで含めた広い意味での方法論（methodology）を学術的に研究している。日々アップデートされる研究の成果を基盤に、商品開発、組織変革、人材育成、地域活性化などの複雑な課題解決のプロジェクトに新たな"まなざし"を提供し、社会の創造性の土壌を耕している。

日常生活における豊かさについて、対話を通じたワークショップが展開された。ジョン・デューイの古典的名著『経験と教育』に言及しながら、個人の内側から湧き上がる「衝動」が、人間の創造性の源泉となり、古い習慣から逸脱するエネルギーを持つこと、それは、本能に近く、誰にでも備わっている創造的衝動（creative impulse）であることを再認識しながら、語りたくなるような、何かを自分の中に探ることから議論が始められた。対話のルールとしては、対話の場は全員で作るもの、誰かの衝動に蓋をしないこと、誰かの衝動を受け止めること、誰かの衝動を引き出してあげることを規定し、最後に図9-1のとおり議論と対話の整理を行った。対話と議論ではプロセスやゴールが異なり、前者では相互の信頼関係を構築し、すぐに判断せず違いを受け入れ、共感し合えるポイントや土台を見いだし共通の前提をつくることが重要。その上で後者では考え方の違いを議論し、弁証法的に正・反・合のプロセスを通じ、論拠を固め討論するのが目的である。

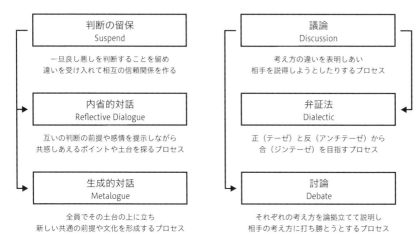

判断の前提となる
価値観について対話するプロセス

アイデアや施策について
具体的に議論するプロセス

判断の留保 Suspend
一旦良し悪しを判断することを留め 違いを受け入れて相互の信頼関係を作る

内省的対話 Reflective Dialogue
互いの判断の前提や感情を提示しながら 共感しあえるポイントや土台を探るプロセス

生成的対話 Metalogue
全員でその土台の上に立ち 新しい共通の前提や文化を形成するプロセス

議論 Discussion
考え方の違いを表明しあい 相手を説得しようとしたりするプロセス

弁証法 Dialectic
正（テーゼ）と反（アンチテーゼ）から 合（ジンテーゼ）を目指すプロセス

討論 Debate
それぞれの考え方を論拠立てて説明し 相手の考え方に打ち勝とうとするプロセス

図9-1　議論と対話についての整理
出所：ミミクリデザイン社講義資料

2.3　哲学的対話を通じて思考プロセスを認識する

　第3回は市井の哲学者森内勇貴氏を招いて哲学的対話について取り上げた。表象とはイメージであり、他人事である。それだけでは共通理解には至らない。概念とは本質 = concept であり、自分の"じぶんらしさ"を媒介することであり、他者にも開かれていて、エロス的感受があることである。授業ではワークショップの実践を通じ、イメージ（表象）ではなく、自分ごとになっている（概念）ことを重視し、そこから哲学的概念へとつなげた。ヘーゲルの『精神現象学』を用い、イメージに過ぎなかった"観念"が、自分らしさを媒介することで、真のあり方へ変化し続ける思考の形式（常に刷新され続ける、自己生成の運動）であることを明示した。

　また「幸せ」の本質を眺めていくためにトマス・モアの『ユートピア』を用い、幸せなんかどこにもないno-where というモアの思想から導き、しかし、今ここを、幸せに向かって、ほんの少し変える事はできるかもしれないnow-here の希望を探求できることを示唆した。目の前の世界のあり方が変わって見えるような感覚を得て、no-where「どこにもない」から、nowhere「今、ここの自分」＝常に自分らしさを媒介し続ける運動へとシフトさせる。ここに目を向けると、全く同じ状況なのに、存在・意味・価値のあり用が変わる（自分の認識の仕方に、裂け目が入る／開かれる）ことが講義された。

　次に哲学者フッサールの現象学的還元（判断停止・エポケー）について触れ、判断停止で意識を向けた現象から、なぜ、どのように自分にとって確信が成立したかの条件を問い直すことで、自分自身のものの見方自体へ意識を向けることを解説した。ものの見え方は、自分がどのようなものとして目の前のものと向き合っているかに依存していることを、現象学的還元を使って解説し、自分にとっての豊かさが生じる条件に意識を向けることで、諸現象である私とは何者か、私の私らしさとは何かを問う作業を行った。自分自身のものの見方自体に焦点を移し、ものを見る自分自身に意識を向けることの重要性を再認識することができた。

2.4　ソーシャルデザインを通じて社会との接続を考える

　第4回はソーシャルデザインについて取り上げた。アジア・アフリカでのサステナブルシティ（持続可能な都市開発）や地域創生を目的とした事業を展開してきた本村拓人氏は、自身、国内外110カ国以上を回りながら創造性が発揮される都市や地域の特異性について焦点を当ててきた。地域創生についてはプロデューサーとして東北を中心に、各地で展開し、地域創生の新パラダイムを樹立すべくワークショップ、カンファレンスなどを定期的に開催している。そのような本村氏の活動から、社会起業家としての開拓思考、途上国におけるBOPビジネスの最前線での課題や貧困を再定義し、サステナブルなプロダクトの作り方を議論した。また「2030年の社会実装」などスペキュラティブデザインの思考を取り入れた都市計画やデザインプロジェクトの事例、アート思考の手法から「文化起業家」というキーワードで伝統産業とその後継者をプロデュースしながら地域再生についての取り組みを議論した。

2.5　デザイン思考とアート思考の実践的な活用について

　第5回はデザイン思考／アート思考について取り上げた。カルチュア・コンビニエンス・クラブ（TSUTAYA）にて、UI・UX デザイン、サービスデザインを職務とした後、情報科学芸術大学院大学（IAMAS）に進学し、コミュニティ・デザインのプロジェクトやYCAM エデュケーターにいた石川琢也氏から、メディアアートや音楽プログラムの企画制作を通じた地域リサーチに関するプロジェクト全般の手法を学んだ。

　特に新しい価値と既存のデザインをフレームワークで捉える（新しい意味とデザイン思考の視覚化）ために、製品の特徴ではなく意味を考え、改良ではなく革新的な変化を探求し、既存のニーズを満足させるのではなくビジョンを提案することで、イノベーションを追求する「デザイン・ドリブン・イノベーション」について議論した。これは市場や社会のニーズや要求に応える（適応していく）ために、機能性の向上、技術の改善をするのではなく、今までに存在しなかった新しい意味や価値を創出することで、マーケットのポジションを変える戦略である（図9-2）。図9-2は縦軸が技術の進化を、横軸

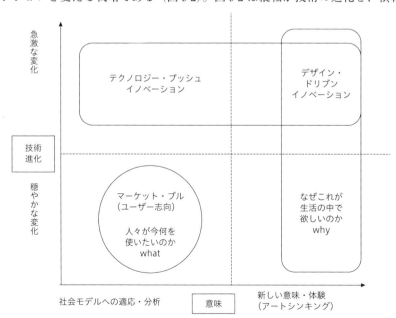

図9-2　デザイン・ドリブン・イノベーション
出所：石川琢也氏講義資料

が社会や市場への適応から、未だ存在しない新しい意味や体験をつくることで、新たな意味の付与によるイノベーションを実現することである。

2.6 対話を通じたWell-beingの探求について

第6回と第7回は中村一浩氏を招いて Well-being 探求について取り上げた。「日常生活における豊かさとは何か」というプロジェクトテーマに対して、Well-being（幸福）への理解を深めるため幸福学の基礎的知識を学ぶことにまずは注力した。ウエルビーイング（幸福学）はエビデンスに基づく科学であり、アンケートによる主観的幸福や、様々な計測による客観的幸福を比較することによって、何が幸福に影響するかを明らかにする研究分野である。幸福学はまた企業経営においても採り入れられ始めており、幸せな人は不幸せな人よりも創造性が3倍高く、生産性が30％高く、欠勤率、離職率が低いため、社員を幸せにすることが実証されている。幸福学の四つの因子については、前野（2013）を参照して、「やってみよう」、「ありがとう」、「なんとかなる」、「あなたらしく」の四つの要因が重要であることが示された（図9-3）。

次に基礎的知識をつけた上で、Well-being（幸福）に向けての実践をDialogue（対話）という手法（フレームワーク）を通じて表9-2が示すように、まずは相手の話を傾聴しながら共感をもって聞き、自他ともにリスペクトし、判断せずに保留しながら、声に出す。この考えに基づいて、ワークショップを通じて実践した。「Well-Being」が、「Well-Doing」の元となり、それを組織で協働・共創するための土台となる「Dialogue（対話）」を上記のように会得することで、創造性と多様性に溢れるチームや組織となり、幸福を追求することが会社単位でも個人においても大切になることが理解された。

以上、第1フェーズでは七つの具体的なプログラムを通じ、個人の主観や内発

図9-3 幸福学の四つの因子
出所：前野（2013）より作成

①耳を澄ます（Listening）	共感し全身で聴く
②尊重する（Respecting）	自他ともに尊重する
③保留する（Suspending）	評価判断せずそのまま受け取る
④声に出す（Voicing）	あることを声に出す

表9-2 対話実践への四要素
出所：中村一浩氏講義資料より

的動機をマインドセットや哲学で考究し、「日常生活における豊かさとは何か」というテーマをWell-beingの観点を取り入れながら実践的に掘り下げ、さらにそれを社会実装するための方法やアイデアを共創するための土壌をつくり、第2フェーズの概念検証へとつなげた。

3. 概念検証―第2フェーズ

3.1 概念検証フェーズの設計思想

　概念検証の第2フェーズは、表9-3に示すスケジュールで実施した。本フェーズには先に示したように15名の学生が登録参加し、それが六つのチーム（アイデア発案者および共創を希望する学生）に分かれて、主としてアート思考によるアイデア創出・プロトタイプ（試作）・検証に取り組んでいる。また、本フェーズでは可能な限り内省的かつ共創的な姿勢で価値創造への余白を十分に残すことを重視した。具体的には、自己の手段×共創（相互作用）＝「手段と目的の変化」を是認するエフェクチュエーションをチームとしてのアイデア創出・検証における世界観・マインドセットとして設定した。

3.2 アート思考によるアイデア創出・検証プロセス

　良いアイデアとは何か。またそれは誰にとってなのか、自身にとってなのか、他者にとってなのか、それらを包摂する社会にとってなのか、といったように示す内容は多岐にわたる。PayPalの創業者ピーター・ティールは「賛成する人がほとんどいない大切な真実はなんだろう？」と言う（ティール、2014）。ここにイノベーティブなアイデア創出やその実装が容易には実現しにくい理由を見出すことができる。アイデアが実装される過程では内外からの賛成を得る必要があるが、ここでは少なくとも当初において周りに賛成さ

	テーマ・タイトル	担当者	日程
第1回 〈アイデア創発・検証〉	『エフェクチュアル・アートシンキング』	佐藤 正和 〈バリュースクール客員教授 第2フェーズ主担当〉	2020年 12月14日
第2回 〈概念検証〉	『POCとしてのクラウドファンディング』	西谷 佳之 〈TAKE OF PARTNERS 代表 ゲスト講師〉	2021年 1月7日
第3回 〈概念検証ケーススタディ〉	『フレンチテック発ユニコーンから学ぶデザイン思考』	福田 強史 〈MeeroJapan代表 ゲスト講師〉	2021年 1月22日
第4回 〈概念検証ケーススタディ〉	『パーソナライズドティーポットTeploから学ぶPOC、プロトタイピング』	河野辺 和典 〈LOAD&ROAD代表 ゲスト講師〉	2021年 2月1日
メンタリング	『チーム別POC実践』	西谷 佳之 〈TAKE OF PARTNERS代表〉 小田 展正 〈神戸大学産官学連携本部社会実装 プロデューサー〉 安川 幸男 〈バリュースクール客員教授 第1フェーズ主担当〉 佐藤 正和 〈バリュースクール客員教授 第2フェーズ主担当〉	〜2020年 3月末

表9-3 第2フェーズの概要
出所：筆者作成

れにくいアイデアの種について考えたい。それは自己の強い想いや自身の心を充足する深層的な何かで表現され、かつ周りにとってすぐには理解しにくい（表層的でない）ものであることが多い。

　こうした自己起点による深層的なアイデアの種を創発させるには「アート思考」が有効である。延岡健太郎はアート思考を「理想・哲学の表現と妥協しない強い信念」（延岡、2021, p. 91）と表現し、エイミー・ウィタカーは「A点からB点までできるだけいい方法で行く方法ではなく、B点を発明するプロセスである」（ウィテカー、2020, p. 30）と表現している。まだ明確な定義はないものの顧客起点による課題解決型アイデアを中心に創発させるデザイン思考とは異なるものとして整理されることが多い。

　巷ではアートを鑑賞すれば感性的・創造的な能力が養われるといった文脈で理解が進んでいるが、アート作品に限らず人間を含む万物の深層（本質）

を見ることで固定概念を崩すイノベーション創出力を鍛える手法として捉えるのが自然である。アーティストは作品を自身の手段とするが、筆者は、アーティストでない者も自身の願望や信念をもとに課題提起するための手段へ転換しうる点に意味を見出している。当たり前のことであるがアート思考によって生まれたアイデアの種は最初は何かをしたいという自身にとって価値あるものに過ぎない。それを発芽させるためには他者や社会との関係においてチーム（自己組織化された存在）としての検証や創発的なプロセスを歩む必要があるが、その詳細は第4節以降で説明していく。

3.3　エフェクチュエーションによるアイデア創出・検証プロセス

　アイデア創出・検証には、サラス・サラスバシーが体系化したエフェクチュエーションが役に立つ。エフェクチュエーションは、わらしべ長者の世界観に近い。わらしべ長者は、自身の願望や信念を叶えるための明確な目的やゴール地点を最初から決めずに、自身が有している資源〈手段〉を他者との相互作用を繰り返しながら変化させることによって、予期しない偶発的な展開の末、最終的に自身の願望や信念を実現させるという話である。ほぼ価値のない藁〈最初の手段〉にアブを結びつけるという偶発的な創意がアブ付き藁〈強化した手段〉となり「みかん→上等な反物→馬→屋敷」へとつながる価値創造となっている点がプロセスを重視するエフェクチュエーションの世界観に重なる。

　結果を起点に過去に遡ってプロセスを説明することは容易だが、重要なのは自身の判断やコントロールによる他人との相互作用でプロスペクティブに物事が形作られる点である。例えば、みかんと上等な反物を交換せずに異なる人と異なるものを交換することも自身でコントロール（意思決定）できたわけだが、仮にそうなったところでゴール地点が異なるだけだと考える。

　エフェクチュエーションにおいて手段は「自分は何者で、何を知っていて、誰を知っているか」と整理されている。これは，「手中の鳥の原則」と呼ばれる。自分（チームも含む）という存在をメタ的に認識したもので資源＝手段＝現実として実行できるアイデア（の種）と表現できる。これがその後の意思決定（コントロール）基準や美意識にもなる。また、図9-4に示す

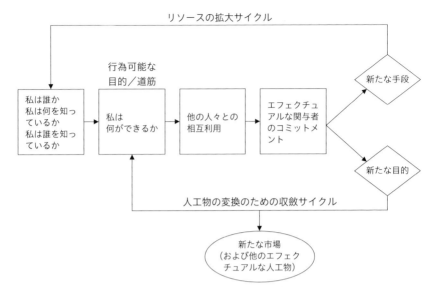

図9-4　エフェクチュエーションの動学モデル
出所：サラスバシー（2015, p. 134）

エフェクチュエーションの動学プロセスでは当初の手段（何ができるか）は他者との相互作用（共創）によって強化されていくと考える。詳細は4節で説明するがアート思考による願望や信念に基づくアイデア（何がしたいか。実現が困難と思えるほど壮大なものも含む。）との乖離を効果的に埋めてくれるものである。

　なお、エフェクチュエーションは熟達起業家の約9割が新事業を進める際に辿る考え方として理論的に体系化されたものであるが、目的やゴール地点を明確に設定しない（あるいは予測により明確化できない）環境において事業機会や新市場は手段によって「紡ぎ出されるもの」とする点が特徴である。一方で、対比される概念であるコーゼーションは予測が可能な環境において目的やゴール地点を明確に設定し最適にたどり着くための手段を選択・遂行すれば事業機会や新市場はその予測の通りに「探し出されるもの」とする考えである。図9-5に示すようにコーゼーションとエフェクチュエーションの二つには優劣はなく適用できる局面が異なるとされている。

　熟達起業家は予測による失敗も経験していると考えられる点で熟達しているとも言え、予測に頼ることなく新事業と未来に向き合っている。未来は人

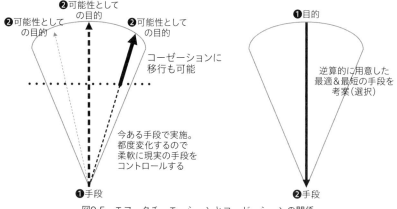

<〈エフェクチュエーション〉>
目的（目標・問題・課題）を最初に設定しない。
手段を実践（問題・課題提起）しながら結果と
して顧客や市場を生成していく

❷可能性として
　の目的

❷可能性として
　の目的

❷可能性として
　の目的

コーゼーションに
移行も可能

今ある手段で実施。
都度変化するので
柔軟に現実の手段を
コントロールする

❶手段

<〈コーゼーション〉>
最初から目的（目標・問題・課題）を
設定想定顧客と課題が設定されて
いるのでその解決手段を図る

❶目的

逆算的に用意した
最適＆最短の手段を
考案（選択）

❷手段

図9-5　エフェクチュエーションとコーゼーションの関係
出所：筆者作成

間の諸行動によって形成されるため、その未来を詳細に予測することはできないという主観や信念を持つに至っているのだろう。文化人類学者のレヴィ＝ストロースが『野生の思考』のなかで示している、一見不合理に見えるが科学的合理主義よりも合理的な未開民族的思考であるブリコラージュ（器用仕事、寄集め細工などの意味）にも通じる（レヴィ＝ストロース、1976）。「手中の鳥の原則」で掲げている自分は何者であるかに対して自己の経験に基づく要素が含意される点において起業家自身の失敗による学びや経験も手段に影響している。

　また、エフェクチュエーションには「飛行機の中のパイロット」という世界観を示す法則がある。これは決められたゴール地に向け精緻な予測に基づく自動操縦によるフライト〈科学的合理性の高い手段〉においても、不測の事態にコントロールできる有人パイロットの必要性〈経験的合理性の高い手段〉を示している。多くの人間は生きる中で合理性を善とする判断基準を自然に身に付けているため、初心者起業家ほど（経験が乏しいほど）、成功を確実視したいあまりに科学的合理性や予測を重視し、不測の事態への対応力を軽視してしまうのはごく自然な態度とも言える。エフェクチュエーションは予測に頼ることなく不確実さえも味方にし、コーゼーションは不確実を悪

と捉え、不確実を回避するために予測を重視すると整理できるかもしれない。

　以上から、エフェクチュエーションでは目の前の事態をコントロールする力を最重視している（非予測的コントロールと呼ばれる）。しかし熟達起業家も予測を完全に度外視しているのではなく、それ以上に優先するのが主観にもとづく手段のコントロールということである。科学的な予測に基づく合理的な選択肢に責任転嫁するのではなく、主観に基づく意思決定（コントロール）力の強化に注力する。「自分（たち）でやることなのだから周りの声に流されずに自分（たち）で決めなさい」と言われるように、揺るぎない個人の主観や美徳感、そして共創（相互作用）により形成された共同主観がエフェクチュエーションにおける意思決定の軸となる。

3.4　学生たちが持つアイデアの種

　第2フェーズでは、上述の通り、学部生・大学院生からなる六つのチームが活動している。下記の六つは、それぞれのチームが現在の社会やコロナで変化した生活を良くしたいという想いで生まれたアイデアの種である。どれもが大学生が日常生活の中で感じ取った原体験や研究などをきっかけに自己起点で問いを立てている。いずれのアイデアの種も誰かの便利さや課題解決だけを求めるものではなく自身やチームが本当に求めるものとしての内発的動機を起点に課題提起がなされている。

①「オンラインでも大学生活が充実できる情報発信アプリ」
②「地方の中高生アスリート達のバイタルチェックからパーソナライズ指導法を最適化する指導者向けアプリ」
③「移動することで気づきを感じるアプリ」
④「淡路島の企業の魅力を訴求するための情報発信を行うサイトやイベント」
⑤「個性を引き出すクラフトチョコレート」
⑥「学生のキャリアアップと学生の市場価値を可視化させる長期インターンサービス」

　簡単にそれぞれを紹介したい。①②は実際に自身が感じ取った日常に対して課題を提起したアイデアの種である。③はコロナ禍において不要不急の活

動を自粛する日々が続いていることから、移動が次第に面倒だと感じており、移動が思わぬ気づきを得たり経済を活況化させることにつながるのではないかという「移動と気づき」の関係で問いを立てている。④は島内の高校生が卒業とともに進学のため島を離れそのまま就職していく状況を見て自身が現地の塾講師として感じたことを起点とした地域創生に繋がりうるアイデアの種である。⑤は自身が感動した個性的な味のカカオ豆をたくさんの人に味わってもらいたいという願望からアイデアの種が生まれた。一般的な味のチョコレートが市場に多いなか、固定観念にとらわれどこか没個性な社会に重ね、チョコも人ももっと個性的になっても良いのではないかという問いを立てている。⑥はすでに起業しているチームが学生時代の日常をより充実させようと考えたアイデアの種である。

4. 主観と共創によってアイデアの種を発芽させる

4.1 エフェクチュアル・アートシンキング（アイデア強化の手法）

　各回講義の取り組みについても説明していこう。第1回の講義は「エフェクチュアル・アートシンキング」と題し、すでにある学生自身のアイデアの種（何がしたいか）を発芽させる目的で佐藤が担当した。詳細は省くが筆者自身による多数の事業構想の経験からアイデア創出としてアート思考を用いる場合に不十分と考えられる要素（社会実装のための履行可能検証プロセス）をエフェクチュエーションで補強しようとする試みだと考えていただきたい。

　目指すところは、アート思考とエフェクチュエーションの融合による実効的なアイデア創出と実装への理解であり、アイデアの先にある目的は最初から決めずに事後的に形成されることを体感することである。具体的にはまずアート思考の文脈から、簡単には周りから賛成を得られないような固定観念を崩すアイデア（究極的に何がしたいかという願望や信念）を思索する。次いでアイデア創出の動的プロセスとしてエフェクチュエーションの文脈から自身の資源であり手段である履行可能なアイデア（現実として何ができるか）を決める。そして、何がしたいのかと何ができるかの間に生じるギャップが問題提起や問いとなり、暫定的な目的に対する仮説となる。さらには、他者との相互作用（共創）を繰り返すことによって手段たるアイデアも変化して

いくのでそれに応じて目的も変化するという柔軟性（余白）を認識する。

　このように、本フェーズでは社会や他者の期待に応じることを優先するのではなく、何よりも学生自身の内発的動機を重視したアイデア検証を目指している。また、概念検証を本格化する前に、日常生活の心の豊かさというテーマと親和するものとして、東洋哲学である禅の思想から「自利利他　二利円満」といった考えをマインド・アイデンティティとして紹介した。まずは自分のためになることから始め、それが結果として他人のためになるのではあればそれはとても自然なことである。一方で「他人のために行うことが自分のためである」と言う考えは意思表明や合意形成が容易である反面、その後うまくいかなければ自他のどちらかに負担が生じ不自然な状態へと移行する。そのためまずは自分のために取り組むことで、容易には賛成されにくいアイデアの実現化が仮に長期間を要する場合であっても実現化に向けた耐性（持続可能性）も担保されるのである。

　講義中や講義外でも参加者・教員とともに幾度も対話（相互作用）の機会を設けた。これにより、アイデアの種を持つ者の主観と様々な考えを持つメンバー、教員の主観との間に間主観性が構成され、個人としてのアイデアの種はチームとしてのアイデアへと日々変化することを体験してもらうことができた。こうした検証プロセスを繰り返すことでチームとしての主観（コントロールしていく上での判断基準のもととなるもの）が形成されチームとしての手段（チームとしてのコントロール力）を支えるものとなる。

4.2　概念検証（Proof of Concept：POC）

　チームとしての主観が形成された後はチーム外との関係性を構築するために概念検証を行う。概念検証とは、新たな概念やアイデアの実現可能性を示すための簡易な試行であり、必要最小限な状態（Minimum Viable Product：MVP）による不完全（部分的）な実現化を検証することである。不確実な要素を一つずつ確実なものとする実証実験と表現しても良いだろう。

　主観に満ちた仮説が絵に描いた餅とならぬよう事前に不完全ながら検証していくことが現実としての価値創造には必要である。手段の信憑性を高めるために不足している証拠（新たな仮説となる要素）を集めること（価値創発

の際に必要な材料）や具体的なコストのシミュレーション（価値設計の際に必要な材料）も含まれる。概念検証は技術的な開発の場面で多用される言葉であるが特定の主観的なアイデアが他者との関係性を通じて間主観的・客観的であるか否かを調べることも含まれる。

　なお、アート思考やエフェクチュエーションによればヒアリングや市場調査を実施しないことも選択肢として成立する。どの程度の広がりを願望（主観）として持っているかによって概念検証への取り組みの程度も異なるためである。上述の「自利利他　二利円満」に即して言えば、仮に広がりを想定しているならば、アート思考から導出される自己にとっての価値とデザイン思考から導出される顧客にとっての価値との間に結節点（共感・客観のような状態）を見出すことが現実として不可欠であろう。上手くいくと分かっているのであれば実験は不要であるが、分からないのならば概念検証を行う。アイデアの種に対するチーム内で間主観を構成していく工程はチーム外においてのそれも本質的には同じ行為である。

　「アイデアに価値はない。それを実行できてはじめて価値になる」とGoogle創業者ラリー・ペイジが言うように、実践しなければ価値を持たないのは価値創造教育にも通じるところである。「不立文字」という禅語があるが、これは言葉や教義によるのではなく実体験にこそ価値があることを意味している。本プロジェクトでは、概念検証に関する予算執行ガイドラインを制定し、プロトタイプ制作等を希望するチームには一定の資金を提供することで実践的な検証プロセスの環境を確保した。チームの頭の中にある主観的なアイデアの種が、実際にその頭の外に出て実体験（概念検証）することで、初めて価値創造がスタートする。そのプロセスを本プロジェクトにおいて学生に体験してもらう。本プロジェクトの最大の価値はこの点にあると考えている。

4.3　クラウドファンディングをPOCに活用する

　第2回目の講義では、クラウドファンディングの専門家でもある西谷佳之氏にゲスト講師として登壇いただいた。テストマーケティング・資金調達など多様な目的と効果を持つクラウドファンディングであるが、概念検証とし

ても活用できる点を共有してもらった。具体的には、上述の通り、初心者起業家ほど不確実性を敵と考え、可能な限り予測し、考えられるすべてのニーズに考えられるすべてのソリューションを持ち込もうとする傾向がある。これは表現を変えれば簡単な問題をわざわざ難しくしているようなものである。

西谷氏が言うにはシンプルな表現で、かつ見る人が感情移入した先に明確な光景を感じられるようなストーリーが描けれているかが重要とのことであった。このクラウドファンディングにおける原稿を書き上げる行為こそが、なぜ自分たちがそのアイデアを実践するのか、自分たちだからこそできることが十分に証明されているのか、さらにそれを見た他の人が共感するのかという概念検証における前段（仮説立案）となる。当初書き上げた原稿と共創により変更した原稿を見比べることで、いかに情報量が多くやりたいことに色付けがなれていなかったかを体験できたようである。

やりたいことを最小限に表現すること、行為の信用性（手段としての確からしさ）、強い熱意（主観）の3点について向き合うことができた。チーム外の人にまだ現実化していないアイデアを明確に想起してもらうためには頭による納得感・共感を得ることが必要であり、そうした意味でクラウドファンディングの原稿作成は概念検証をより有効なものにする教育手段であると考える。

4.4　プラットフォームビジネスから見るデザイン思考

第3回目の講義では、Meero Japan 代表の福田強史 氏にゲスト講師として登壇いただいた。福田氏はこれまで Dell、Microsoft といったテック企業でセールス責任者を歴任し先日 Google の傘下に入った Fitbit では日本法人代表を務めたテックビジネスにおけるマーケティングのプロである。また Meero は 2014 年創業のフランスのスタートアップであり、すでに累計 300 億円ほどの資金調達を実施しメンバー 800 名程度のユニコーン企業（時価総額 10 億ドル以上で創業 10 年未満の非上場企業のこと）である。Meero は Uber Eats・Airbnb などのクライアントと登録フォトグラファーをマッチングし、クライアントが求める品質や独自性を AI による高速画像編集技術によって最適化させるプラットフォーマーである。

800名もの所帯ともなればチーム内での合意形成も難しくなるが、プロダクト・サービスはすでに世界的に上市されていることから、現在は、アート思考（チーム・顧客・株主等を含む起点）と顧客起点のデザイン思考による結節点を見出す段階にある。エフェクチュエーションで言えば「チームとしての手段」が相互作用によって変化しやすい状況にもあるため、現在ミッション（企業理念＝コントロールするためのチームとしての共同主観）をバージョンアップさせているとのことである。

　グローバルカンパニーが特定エリア向けにローカライズする際には、現地の顧客観察は不可欠である。クライアントのみならず、登録フォトグラファーからのフィードバックを吟味して徹底的に取り込むことで日本独自のソリューションも実装しているとのことである。もちろんフィードバックを取り込むか否かはエフェクチュエーションでいえば判断・コントロールの部分（会社としての意思決定＝主観）になるが、クライアントやフォトグラファーとの相互作用により「手段」はさらに充実し続ける環境にあるという説明が可能であろう。

　なお、いくつかの学生チームはSNSに見られるユーザー無料、クライアントからの広告収入というモデルやプラットフォーマーを含む第三者取引ケースを想定している。Meeroの場合はフォトグラファー（サービス提供者）・Uber Eats等のクライアント（サービス利用者）のどちらから最適化させたかという現実的な視点も学生にシェアしてもらった。アート思考による「学生チームとしての主観」がサービスとして社会実装される場合に、少なくともユーザーとクライアントの2者からの共感を得なければ成立しない。学生も顧客起点のデザイン思考を用いる段階で様々な立場で仮説検証を行う必要性を深く学ぶ機会となった。

4.5　パーソナライズドティーポットTeploから学ぶ概念検証

　第4回目の講義では、LOAD&ROAD代表の河野辺和典氏にゲスト講師として登壇いただいた。河野辺氏は機械エンジニアとして一度社会人を経験したのちアントレプレナーシップ教育で世界一の称号を持つバブソン大学MBA在学中に起業した経歴を持つ。起業当初は、自身が持つ「手段」とし

てのエンジニアスキルを活用して、完全なアート思考型のプロトタイプを製作したそうだ。周囲に感想を聞けば口を揃えて「良いね」という間主観を経て、いきなり概念検証型クラウドファンディングをアメリカで行う。幸先良く成功したものの、顧客から厳しいフィードバックの洗礼を受けたという。その後、大企業が主催するアクセラレーションプログラムに参加し、大企業の持つ検証技術等を活用することで「チームとしての手段」が拡張されていったようである。

　その過程でお茶のプロが淹れる感覚的な技術を機械化する開発にたどり着く。お茶の美味しさを「茶葉と水の割合」×「抽出温度」×「抽出時間」で方程式化したのはエンジニア出身の河野辺氏ならではであろう。また、同じ抽出条件でのお茶に対する官能評価が飲む人の体調や嗜好によって好むポイントが異なることを概念検証で繰り返すことで確認し、その日の体調を把握するために脈拍を感知する機能をポットに備え、スマホで自身の好みを記憶させることでパーソナライズされたポッドを世に生み出すことになる（図9-6）。

　その後、CES2019（世界最大の家電市）でイノベーションアワードを獲得し、大手飲料メーカー等からの資金調達も終え、2020年の夏に本格販売をスタートしたところである。

　投資家を招き入れることで「チームとしての主観や美徳感」に基づかない意思決定もあり得るわけだが、聞けば良好なパートナーシップが図れているようで顧客観察を中心としたデザイン思考やロジカル思考によるアイデアの軌道修正を行いながら本格的な市場形成に取り組んでいるという。

図9-6 POCとともに変遷と遂げてきたTeplo
出所：河野辺氏 提供

まさにエフェクチュエーションの文脈のもとエゴ・アート思考→デザイン思考・ロジカル思考への変遷について失敗談を交えてながら話をしていただき学生も疑似体験することができたようである。Amazonの創業者ジェフ・ベゾスはこう語る。「失敗することは新しいものを生み出すために必ず通らなくてはならない道だ。もし絶対に成功するとわかっていたらそれは何の挑戦にもならない」。成功した経営者からの講義は教育の題材としては物足らないことが多い。最初から不確実な状況に対して自身の予測通りに事が進んだかのような美談が含むからだろうか。そうした意味で今なお失敗と生みの苦しみを味わいながら果敢に挑戦する河野辺氏から学ぶことは学生にとって予想以上に価値があったのではないかと考える。

5.おわりに

第1フェーズでは個人の主観や内発的動機についてマインドセットや哲学、Well-beingの観点で考究した。次に第2フェーズではアート思考によるアイデアの種（固定観念を崩すような願望や信念、何がしたいか）に対してエフェクチュエーションによるアイデア（今の資源で何ができるのか）による社会実装に向けた概念検証を行った。未来が精緻に予測できない状況において、自身がしたいことと自身ができることのギャップから問題提起（仮説）を行い、その確からしさの検証を重ねることで、自ずと目的や市場は形成されていくことを体験してもらいたいと考えている。

今後については、内発的動機を軸にアート思考やエフェクチュエーションを実際に活用した参加学生による歩みから、本プロジェクトにおける成果を検証し次年度につなげたいと考えている。各フェーズ主担当者としては、学生に概念検証の実践を体験しさらなる進展を遂げてもらい、またV.Schoolにおいては、さらなる価値創造教育向上のアイデアの種となれば幸いである。

＜謝辞＞
運営に協力いただいたゲスト講師の小田裕和氏、渡邊貴大氏、森内勇貴氏、本村拓人氏、石川琢也氏、中村一浩氏（第1フェーズ）、西谷佳之氏、福田強史氏、河野辺和典氏、（第2フェーズ）、バリュースクール長の國部克彦教授、価値設計部門長の忽那憲治教授、産

官学連携本部 社会実装プロデューサーの小田展正氏、本プロジェクトに多大な協力を賜わった日本たばこ産業（大瀧裕樹氏、中塚晋一郎氏、橘俊哉氏）には心から感謝申し上げる。

参考文献

エイミー・ウィテカー（2020）『アートシンキング』ハーパーコリンズ・ジャパン。

ロイ・オシェロフ（2017）『エラスティックリーダーシップ―自己組織化チームの育て方』オライリージャパン。

梶井厚志（2017）『昔話の戦略思考』日本経済新聞出版社。

サラス・サラスバシー（2015）『エフェクチュエーション』碩学舎中央経済社。

ピーター・ティール、ブレイク・マスターズ（2014）『ゼロ・トゥ・ワン』NHK出版。

ジョン・デューイ（2004）『経験と教育』講談社学術文庫。

新田義弘（1992）『現象学とは何か フッサールの後期思想を中心として』講談社学術文庫。

延岡健太郎（2021）『アート思考のものづくり』日本経済新聞出版。

ポール・ハーシィ、ケネス・H.・ブランチャード、デューイ・E.・ジョンソン（2000）『入門から応用へ 行動科学の展開【新版】―人的資源の活用』生産性出版。

ヘーゲル（2018）『精神現象学』ちくま学芸文庫。

Forbes JAPAN 編集部（2021）「イノベーションは小さなグループから起こる―グーグル創業者ラリー・ペイジの名言5選」https://forbesjapan.com/articles/detail/33237（2021年2月10日閲覧）。

ロベルト・ベルカンディ（2012）『デザイン・ドリブン・イノベーション』同友館。

前野隆司（2013）『幸せのメカニズム―実践・幸福学入門』講談社現代新書。

前野隆司（2018）『幸福学×経営学―次世代日本型組織が世界を変える』内外出版社。

トマス・モア（1993）『ユートピア』中公文庫。

山口周（2017）『世界のエリートはなぜ「美意識」を鍛えるのか？経営における「アート」と「サイエンス」』光文社新書。

スチュアート・リード、サラス・サラスバシー、ニック・デュー、ロバート・ウィルトバンク、アンヴァレリー・オールソン（2018）『エフェクチュアル・アントレプレナーシップ』ナカニシヤ出版。

クロード・レヴィ＝ストロース（1976）『野生の思考』みすず書房。

第10章
中小企業価値創造支援コンソーシアム（One Hyogo）プロジェクト

— 坂井 貴行・祇園 景子 —

1. はじめに

　新型コロナウイルス感染症は日本経済に大きな影響を与えている。感染拡大を防ぐために、渡航制限や外出制限等が実施されるようになり、人や物の流れに変化が見られることとなった。日本においても、国境を越えた人や物の交流だけではなく、人や物の交流が制限されることで、フェイス・トゥ・フェイスのコミュニケーションが制限され、人々の日常生活の在り方、公共サービスの在り方、サプライチェーンの在り方など、社会経済活動に大きな影響を与えている。

　特に、中小企業・小規模企業に深刻な影響を与えている。とりわけ宿泊・飲食業などのサービス業の厳しい状況が続いている。一方で、感染拡大対策を継続しながらも、新たな新製品・サービスの開発、既存商品・サービスの提供方法の見直しなど、新しい取り組みを進めようとする中小企業・小規模企業も存在している。このような急激な環境変化には、これまでの連続的な成長ではなく、非連続な成長が必要になる。不測の事態が生じた際の影響を可能な限り小さくするためには、事前の備えが重要であるとともに、リスクを新たな価値の創造につなげることも重要である。新型コロナウイルス感染症の流行という危機的困難に人類が打ち勝ち、感染症に対して強い社会を作りつつ、人々のつながりを今一度取り戻して社会の「連帯」を再形成することが喫緊の課題である。

　本章では、神戸大学の新型コロナウイルス感染症への取り組みを紹介し、続いて、V.School のプロジェクトである「中小企業価値創造支援コンソーシアム（One Hyogo）」について解説する。構成は以下のとおりである。第2節において、新型コロナウイルス感染症の拡大の中、中小企業・小規模企業がどのような状況におかれているか、そのような環境の中でも、生き残りの

ためにどのようなことに取り組んでいるかを概説する。第3節では、神戸大学が取り組んできた新型コロナウイルス感染症に関する取り組みを紹介する。第4節では、新型コロナウイルス感染症に喘ぐ中小企業を支援するために、地元信用金庫やコンサルティング会社と連携して立ち上げたOne Hyogo プロジェクトを紹介し、その実施内容を説明する。第5節では、One Hyogo プロジェクトにおいて実施した中小企業経営者・後継人材のための価値創造セミナー「コロナ禍における次の一手の実現」について概説し、新型コロナウイルス感染症拡大で壊滅的な影響を受けている地元のブライダル企業・いのうえ株式会社との共同プロジェクトについて説明する。最後に、第6節において、One Hyogo プロジェクトによる新たな価値について論じ、本章を結ぶこととする。

2. 新型コロナウイルス感染症の中小企業・小規模企業への影響

　2020年4月に発表された中小企業庁「中小企業白書・小規模企業白書（2020年度版）」によると、中国湖北省武漢市で最初の症例が確認された2019年12月頃から2020年3月末までの約4ヵ月の間に、全国1,050か所に設置している新型コロナウイルス感染症に関する経営相談窓口には、飲食業、卸売業、宿泊業、貨物運輸業などから30万件近い相談が寄せられた。その多くが資金繰りに関する相談であり、中小企業者・小規模企業者は、業種を問わず資金繰りに不安を抱いていることが分かる。

　2020年8月に発表された中小企業基盤整備機構「新型コロナウイルス感染症の中小・小規模企業影響調査（2020年7月）」では、業績への影響において、マイナス影響が発生・発生見込みの合計割合は約76%に及んでいる。前回調査（2020年6月）から3.5ポイント増加していることから、業績の悪化が継続していることが分かる。業種別の業績影響では、とくにサービス業（宿泊・飲食）において「大幅なマイナス影響が発生」している割合が依然として高く、極めて厳しい状況が継続している。新型コロナウイルス感染症に係る支援制度の利用済・利用予定の割合は、「持続化給付金」が最も高くなっており、中小企業・小規模企業は政府の支援を受けながらも、事業の継続のために耐え忍ぶ様子が窺える。

2021年1月に発表されたNHK・第一生命共同アンケート調査「新型コロナ中小企業への影響」は、地域の雇用や経済を維持する上で重要な役割を果たしている中小企業に新型コロナウイルス感染症はどのような影響を与えているのかを調査したものである。2020年11月20日から12月25日までのおよそ1ヵ月間、第一生命の取引先企業を中心に全国50,994社を対象に行われ、このうち35.7％にあたる18,224社から有効回答を得たものである。新型コロナウイルス感染症拡大前後の売上比較では、全体の68％の企業において減少している。最も多かったのは「3割ほど減少」（29％）、次いで「5割かそれ以上の減少」（16％）である。これらの結果から、多くの中小企業・小規模企業にとって、新型コロナウイルス感染症が深刻な影響を与えていることが分かる。特に売上の減少が大きかったのは、宿泊業、飲食業、サービス業であり、感染症拡大前と比べて「5割以上減った」と回答した企業は宿泊業でおよそ3社に2社、飲食サービス業でおよそ2社に1社となっている。新型コロナウイルス感染症の影響は、接客型の業種だけでなくあらゆる業種に及んでおり、製造業や建設業、卸売業などでも売上が減ったと答えた企業が大半を占めていることが発表されている。中小企業・小規模企業は、資金繰りに不安を抱きながらも、感染症拡大対策を維持し、政府の財政的支援を得ながら、新商品・サービス開発など新たな取組みを始めようとしていることが分かる。

3. 神戸大学の新型コロナウイルス感染症対策への取組み

　神戸大学は、武田廣前学長の下、研究、イベントなど、新型コロナウイルス感染症に関するさまざまな取組みを実施した。学長メッセージを学内外に発信するとともに、学生に対しては神戸大学基金緊急奨学金などの経済支援、在宅学習・研究に利用できるコンテンツの提供などの学習支援、オンライン合同企業説明会の開催などの就職支援、新型コロナウイルス感染症拡大予防講習会の開催などの健康・メンタルヘルス支援など、さまざまな支援を行ってきた。

　2020年4月には、教職員に向けた学長メッセージにおいて、「大学は社会に指針を示す『知』の拠点である。研究を通じて、感染克服の方策を追究す

るること、社会・経済的影響を最小化する政策を提言すること、感染症と共存する社会の在り方を構想することが現下の使命である」と宣言し、「アカデミアの役割は、そのような影響を客観視し、将来を構想することであり、文理の広範な分野の研究者を擁する神戸大学は、その先頭に立つ気概を持たなければならない。研究科間の垣根が低い本学の伝統を生かし、社会が必要とする研究分野の開拓にも挑戦してほしい」との指針を示した。

　加えて武田前学長は、新型コロナウイルス感染症対策に関係する研究・調査・支援及び行動を社会に表明し推進することが神戸大学の使命として、全学の教職員を対象に研究アイデア等を募集した。提案された研究テーマは、薬剤スクリーニングや自己免疫などの治療法・治療薬の開発、経口ワクチンや免疫応答などのワクチン開発、ICU開設やAIを用いたトリアージなどの

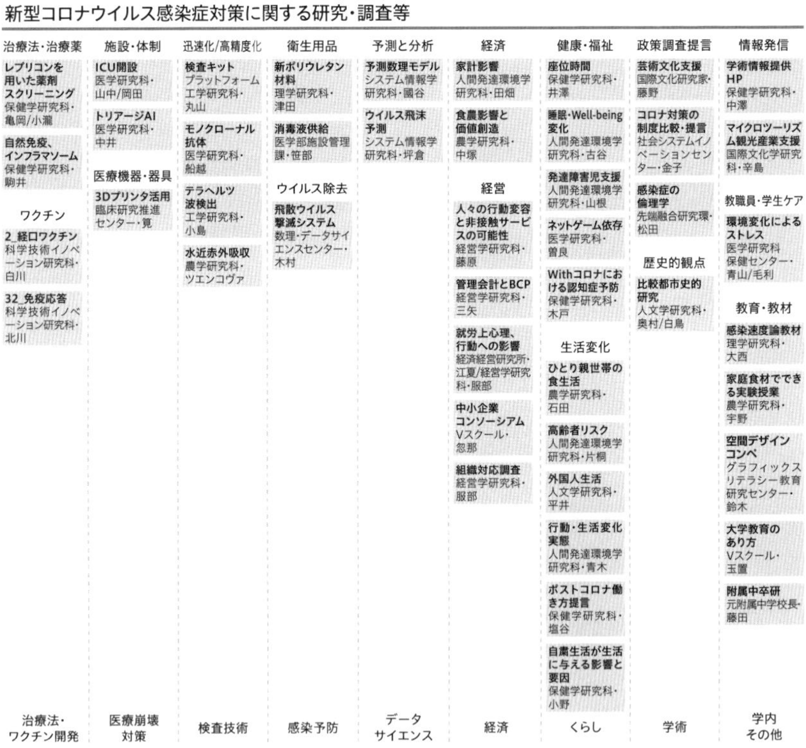

新型コロナウイルス感染症対策に関する研究・調査等

治療法・治療薬（治療法・ワクチン開発）
- レプリコンを用いた薬剤スクリーニング　保健学研究科・亀岡/小瀧
- 自然免疫、インフラマソーム　保健学研究科・駒井
- ワクチン
  - 2.経口ワクチン　科学技術イノベーション研究科・白川
  - 32.免疫応答　科学技術イノベーション研究科・北川

施設・体制（医療崩壊対策）
- ICU開設　医学研究科・山中/岡田
- トリアージAI　医学研究科・中井
- 医療機器・器具
- 3Dプリンタ活用　臨床研究推進センター・一覧

迅速化/高精度化（検査技術）
- 検査キットプラットフォーム　工学研究科・丸山
- モノクローナル抗体　医学研究科・船越
- テラヘルツ波検出　工学研究科・小島
- 水近赤外吸収　農学研究科・ツエンコヴァ

衛生用品（感染予防）
- 新ポリウレタン材料　理学研究科・津田
- 消毒液供給　医学部施設管理課・笹部
- ウイルス除去
- 飛散ウイルス撃滅システム　数理・データサイエンスセンター・木村

予測と分析（データサイエンス）
- 予測数理モデル　システム情報学研究科・國谷
- ウイルス飛沫予測　システム情報学研究科・坪倉

経済（経済）
- 家計影響　人間発達環境学研究科・田畑
- 食農影響と価値創造　農学研究科・中塚
- 経営
  - 人々の行動変容と非接触サービスの可能性　経営学研究科・藤原
  - 管理会計とBCP　経営学研究科・三矢
  - 就労心理、行動への影響　経済経営研究所・江夏/経営学研究科・服部
  - 中小企業コンソーシアム　Vスクール・忽那
  - 組織対応調査　経営学研究科・服部

健康・福祉（くらし）
- 座位時間　国際文化研究科・井澤
- 睡眠・Well-being変化　人間発達環境学研究科・古谷
- 発達障害児支援　人間発達環境学研究科・山根
- ネットゲーム依存　保健学研究科・曽良
- Withコロナにおける認知症予防　保健学研究科・木戸
- 生活変化
  - ひとり親世帯の食生活　農学研究科・石田
  - 高齢者リスク　人間発達環境学研究科・片桐
  - 外国人生活　人文学研究科・服部
  - 行動・生活変化実態　人間発達環境学研究科・青木
  - ポストコロナ働き方提言　保健学研究科・塩谷
  - 自粛生活が生活に与える影響と要因　保健学研究科・小野

政策調査提言（学術）
- 芸術文化支援　国際文化研究家・藤野
- コロナ対策の制度比較・提言　社会システムイノベーションセンター・金子
- 感染症の倫理学　先端融合研究環・松田
- 歴史的観点
  - 比較都市史的研究　人文学研究科・奥村/白鳥

情報発信（学内その他）
- 学術情報提供HP　保健学研究科・中澤
- マイクロツーリズム観光産業支援　国際文化学研究科・辛島
- 教職員・学生ケア
  - 環境変化によるストレス　保健センター・青山/毛利
- 教育・教材
  - 感染速度論教材　理学研究科・大西
  - 家庭食材でできる実験授業　農学研究科・宇野
  - 空間デザインコンペ　グラフィックスリテラシー教育研究センター・鈴木
  - 大学教育のあり方　Vスクール・玉置
  - 附属中卒研　元附属中学校長・藤田

図10-1　新型コロナウイルス感染症対策に関する研究・調査
出所：神戸大学ホームページ

施設・体制整備、3Dプリンタを用いた医療機器・器具の開発、新しい検査キット・検査方法による迅速化／高精度化などである（図10-1）。また、新材料を用いた衛生用品の開発、飛散ウイルス撃退システムを用いたウイルス除去方法の開発、数理モデルを用いた予測・分析、家計経済、食農問題などの経済課題への提言、行動変容・管理会計・就労、地元中小企業への影響などの経営課題への提言、座位時間・睡眠・発達障碍児・ネットゲーム依存、認知症対策などの健康福祉に関するテーマも提案された。さらに食生活・高齢者リスク・外国人生活・ポストコロナの働き方・自粛生活などの生活変化に関する研究、芸術文化支援・コロナ対策・感染症の倫理学などの政策調査提言、比較都市史の歴史的観点、学術情報・マイクロツーリズムなどの情報発信、ストレスなどの教職員・学生ケア、感染速度・家庭食材・空間デザイン・大学教育・卒業研究などの教育教材などに関するテーマも提案されている。

　このように文理の広範な分野の研究者を擁する神戸大学の特長を活かした多岐に渡る研究分野において、46プロジェクトに上る新型コロナウイルス感染症対策を支援する研究・調査・支援・行動等のプロジェクトが進められている。

4. コロナ禍に喘ぐ中小企業を救え

4.1　中小企業価値創造支援コンソーシアム（One Hyogo）の発足

　One Hyogoプロジェクトは、武田廣前学長が全学の教職員を対象に、新型コロナウイルス感染症対策を支援する研究・調査・支援・行動等の募集に提案された46プロジェクトの中の一つである。新型コロナウイルス感染症拡大に喘ぐ中小企業・小規模企業を支援するために企画立案したプロジェクトであり、正式なプロジェクト名称は「ウイズ／アフターコロナにおける兵庫県の中小企業の価値創造支援コンソーシアム～ One Hyogo ～」である。V.School価値設計部門長・忽那憲治教授を中心に、価値設計部門に所属する教員らが企画立案したものである。

　本プロジェクト発足の動機は、新型コロナウイルス感染症の拡大で世の中が混乱する中、V.School価値設計部門として、地域社会に対して何が貢献できるかを議論した際、売上が急激に減少し、資金繰りに不安を抱きながら

も事業の継続のために耐え忍んでいる地域の中小企業・小規模企業を支援することはできないだろうかと考えたことにある。アフターコロナを見据えて、地元の中小企業・小規模企業をコンソーシアムとして組織化し、V.School が提案する価値創造の方法を地域の中小企業・小規模企業とともに学ぶことで、新たな商品・サービスの開発や既存商品・サービスの提供方法見直しなどの新たなイノベーションに繋がるのではないか。さらに、このような中小企業・小規模企業の価値創造を支援するプロジェクトに学生を参加させることで、フィールドでの価値創造教育を実施することができるのではないか。それが One Hyogo プロジェクトの成り立ちである。

　新型コロナウイルス感染症の拡大が中小企業・小規模企業の経営に与える影響は極めて深刻な状況であるが、中小企業・小規模企業と「知」の拠点である大学が共創することで、新たな産業を創造できる可能性がある。地域の中小企業・小規模企業の経営者の多くは、経営資源の限界が見える中、どのように生き残りを図り、新たな価値創造に向けた価値設計をすれば良いのかを思い悩んでいる。本プロジェクトでは、V.School 価値設計部門が、兵庫県に所在する中小企業・小規模企業を主たる対象としたコンソーシアム（One Hyogo コンソーシアム）を立ち上げ、それぞれの教員のもつ専門分野や人的ネットワークを活かしながら、中小企業・小規模企業の新たな価値創造を支援することで、神戸大学として地域経済を支える機能の一端を担うことを目指す。本プロジェクトでは、主たる対象は地域（兵庫県）の中小企業・小規模企業としながらも、大企業、スタートアップ、自治体・NPO 等からの参加も募り、社会実装に向けた活動を One Hyogo コンソーシアムで行っていく予定である。また、こうした一連の活動・運営に V.School の学生も関わることにより、高い教育効果を期待できるプロジェクトである。

　本プロジェクトは、中小企業価値創造セミナーと価値創造支援プロジェクトから構成される（図 10-2）。前者では、V.School が提供する社会人教育の一環として、中小企業・小規模企業の新規事業の創出に関するセミナーを開催する。後者では、中小企業・小規模企業と神戸大学の共同研究から新規事業の創出を目指す。これにより、地域中小企業・小規模企業の発展、地域経済の活性化、京阪神エコシステムの構築に貢献することを目指している。

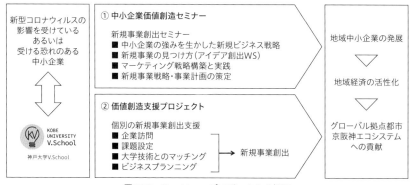

図10-2　One Hyogoプロジェクトの概要

4.2　神戸信用金庫、トーマツとの連携

　2020年7月30日、V.Schoolは、神戸信用金庫と産学連携協力の推進に係る協定を締結した。協定締結の主旨は、神戸信用金庫の取引企業への活性化支援、事業承継、人材育成に関するものであり、中小企業ニーズの発掘・集約、中小企業支援講座の企画運営により、地域産業の活性化のために、中小企業の価値創造支援コンソーシアム（One Hyogoコンソーシアム）を構築しようとするものである。

　本プロジェクトでは、神戸信用金庫は、1933年に神戸第一信用組合、神戸信用組合、神戸相互信用組合、兵庫信用組合の四つの信用組合が合併してできた「有限責任信用組合神戸金庫」が前身であり、1951年に市街地信用組合法の施行により「神戸信用組合」に名称が変更された。現在では、神戸市、明石市、芦屋市、西宮市、加古川市、加古郡、三木市、高砂市、宝塚市、三田市、小野市に26店舗を展開している。

　本プロジェクトでは、神戸信用金庫のネットワークと神戸大学の研究成果を結びつけることで、地域の中小企業・小規模企業の新事業創出の支援を行う。神戸信用金庫の担当者と神戸大学の教員がタッグを組んで、地域の中小企業・小規模企業の抱える課題や強みを整理し、新事業創出、新商品開発や補助金申請の際における助言や、神戸大学の技術とのマッチングを行うことで事業化を目指す。これにより、新型コロナウイルス感染症拡大で疲弊する地元企業の競争力の向上を促し、地域経済の活性化を目指している。

また、V.School は有限責任監査法人トーマツと共同で、社会課題解決や新たな価値創造を目指した講座を立ち上げ、地域の中小企業・小規模企業の経営者・後継人材のためのセミナーを開講している。このセミナーは、新型コロナウイルス感染症拡大による先行き不透明な経済情勢下において、中小企業・小規模企業の経営者・後継人材は何をすべきかについて学ぶことで、新たな事業機会を捉え、新型コロナウイルス感染症終息後の次の一手を実現するために、アイデアの創出や専門知識を学ぶものである。

　このように、神戸信用金庫、トーマツ、神戸大学の3機関の連携により、中小企業・小規模企業が抱える課題の解決や新たな商品・サービスの開発、既存商品・サービスの提供方法の見直しなど、新たなイノベーションを生み出すための支援が始められている。

5. 中小企業価値創造セミナー
5.1　中小企業価値創造セミナーの概要

　中小企業価値創造セミナー「コロナ禍における次の一手の実現」の設計を担当したのは、神戸信用金庫お客さまサポート部推進役の吉田博一氏、有限責任監査法人トーマツ・パートナー岩淵貴史氏、V.School の忽那教授と筆者（坂井）である。本セミナーの設計が本格化したのは、新型コロナウイルス感染症が拡大し始めた2020年4月である。

　本セミナーは、2020年12月より2021年1月まで、全4回（1回あたり190分）を神戸大学眺望館1階のV.Schoolの教室で開催された（表10-1）。この教室は、隣の人が透けて見えるように空間を区切ることで、人と人との関わり合いが自然と生まれるようにデザインされている。セミナーは、平日午後の開催で、全回出席が参加条件であるのに関わらず、中小企業経営者・後継人材10社11名が参加した。受講生一名ずつに、メンターとして神戸信用金庫の担当者あるいはトーマツのコンサルタント1名が付き、各企業における新事業の創出に関する議論を行った。

　セミナーの概要は、「コロナ渦における成功事例と戦略解説」、「事業リニューアルや新規事業創出方法」、「製品のブランディングやマーケティング方法」、「プレゼンテーションや事業計画の策定方法」といった中小企業・小

		第1回 12月9日（水）	第2回 12月23日（水）	第3回 1月15日（金）	第4回 1月28日（木）
1限目 14:00~	内容	基調講演	コロナ渦における次の一手に向けた成功事例とアイデア創出法	コロナ渦におけるマーケティング戦略構築と実践	次の一手の実行に向けた事業戦略・事業計画策定
	講師	神戸大学 教授 忽那 憲治	トーマツ 未来事業戦略室 松本 修平		
2限目 15:20~	内容	トークセッション	社史再発見＆自社分析ワーク	アイデアブラッシュアップワーク	ビジネスモデル構築ワーク
	講師	平安伸銅工業 代表取締役 竹内 香予子	トーマツ 未来事業戦略室 松本 修平		

表10-1　中小企業価値創造セミナーのプログラム

規模企業の経営に直結したものであり、新型コロナウイルス感染症拡大による先行き不透明な経済情勢下においても、新たな事業機会を捉えて次の一手を実現するためのアイデアや必要となる各分野の知識を学ぶものとなっている。

5.2 「基調講演・トークセッション」（第1回）

　第1回の基調講演では、忽那教授が「ベンチャー型事業承継で強いファミリービジネスをつくる」というテーマで講演した。冒頭に、人口減少や少子化対策など、日本に山積する課題から、中小企業・小規模企業がどのような未来の姿を示すのかについて問題提起があった。今までにない新しい価値をどのように生みだしていくのかといったバートレー・J・マレンの価値創造の思考、知の探索と知の深化の二兎を追うチャールズ・A・オライリーの「両利きの経営」、忽那教授自らが提唱したヒト・モノ・カネの融合が新たな事業戦略を生み出す事業戦略思考、クレイトン・クリステンセンのイノベーションの類型である持続的イノベーションと破壊的イノベーション、これまでに価値のなかったものに新たな価値を見いだす無価値再生イノベーションについての説明がなされた。また、ファミリービジネスのプラス面とマイナス面、ベンチャー型事業承継の実践のための課題について説明し、新たな領域へ挑

戦していくベンチャー型事業承継の類型等についての解説があった。

　トークセッションでは、平安伸銅工業株式会社・代表取締役・竹内香予子氏をお招きした。平安伸銅工業は、家庭のクローゼットなどで使用される「突っ張り棒」のトップシェアを確保している。竹内氏は新聞記者を辞めて、業績不振だった父親の会社を引き継ぎで立て直した経験をもつ。どのようにして他社の突っ張り棒と差別化し、価格競争に陥らない新商品を開発していったのかという実践事例について、中小企業経営者の視点から説明があった。竹内氏がデザイナーとともに開発した新商品「ラブリコ」は、年間15万個を売り上げる看板商品となっている。単に突っ張り棒を売るのではなく、より豊かなライフスタイルを提案する企業へ改革した事例、その変革の中で、さまざまな困難に直面し、乗り越えていく過程を、時折受講生との対話を交えて語った。

5.3 「コロナ禍における次の一手に向けた成功事例とアイデア創出法」（第2回）

　第2〜4回のセミナーは、トーマツ・松本修平氏が担当した。松本氏は中学卒業後に起業し、その後、大手企業において新規事業・マーケティング・経営企画を担当した経験がある。現在は、未来事業戦略室に所属しながら、京都大学において「新規事業創出論」、関西学院大学において「戦略的学生起業論」、「松本起業ゼミ」を担当している。

　第2回セミナーの前半は、「コロナ禍における次の一手に向けた成功事例とアイデア創出法」のテーマで、新型コロナウイルス感染症に関連して、ペスト、天然痘、コレラなど、これまで人類が感染症と戦ってきた歴史や今後の経済のシナリオの予測について概説した後、新型コロナウイルス感染症によって起こりうる社会変化について、個人レベル、企業レベル、社会レベルで予測し、コロナを機会として捉えることが重要であることを説明した。また、新たな事業機会には機会発生型と変革創出型があり、その具現化方法は以下の9類型に分類されること、その中の顧客の価値創造型、顧客の痛み直結型等について、具体的な中小企業・小規模企業の実施事例を交えて解説した。

① 顧客から見た製品・サービス価値の向上

② 既存技術や手法の新たな用途への適用

③ 既存製品・サービスで大きな市場を作る

④ 顧客に合わせたカスタマイズ

⑤ 対象顧客の範囲を拡張する

⑥ サプライチェーンの改善

⑦ 取引手法や技術の統合

⑧ ビジネスモデルや製造プロセスの革新

⑨ 既存事業とは異なる事業との統合

セミナーの後半は、「社史再発見＆自社分析ワーク」のテーマで、受講生それぞれが前述の事業機会具現化の9類型を用いて、自社資源を活用したさらなる展開余地について、アイデアと仮説を検討した。また原点深堀りのための三つの質問、1) 自社を一言で表現すると？ 2) 自社に通底する理念・哲学とは？ 3) 自社の社会への提供価値とは？を掘り下げ、想い、原体験、理念、理想を検討した。さらに、社史再発見＆自社分析ワークシートに書き込み、感情曲線から、ビジョン、ミッションを検討した。その後、受講生3〜4人のグループ別で議論した後、グループメンバーに向けて各々の分析結果を発表した。

5.4 「コロナ禍におけるマーケティング戦略構築と実践」（第3回）

第3回の前半は、「コロナ禍におけるマーケティング戦略構築と実践」のテーマで講義を提供した。マーケティング活動を、ビジネス活動の各段階における諸目的を達成するためにターゲットの「見えざる心の動き」を検討・解明・再現する取り組みと定義し、顧客の動機に徹底フォーカスすることについて説明した。また、事業アイデアの着想・きっかけには、自分の体験（今日まで「生きる」中での感情・発見など）、周りの声（周囲の「人」の声、雑感など）、社会の声（世論、運動など）、情報収集（ユーザーインタビュー、クレーム、アンケートなどの調査）、体験を得る（意識的に経験を獲得しにいく）、空想妄想願望哲学（自社資源×鉄板要素などでの思考実験）がある

ことを紹介した。さらに、リーンキャンバスを用いて、課題、顧客セグメント、独自価値提案、ソリューション、チャネル、収益の流れ、コスト構造、主要指標、圧倒的な優位性に関して、具体的事例を例示しながら、仮説検証から新事業の普及までを説明した。新型コロナウイルス感染症とマーケティング手段の現状について、テレビCM・新聞折込などのマス系施策、交通広告・屋外広告などのOOH（Out of Home）系施策、DM・店頭POPなどのプロモーション系施策、検索連動型・動画型などのネット系施策があることを解説した。

　セミナーの後半は、受講生が今後新たな打ち手として検討しているアイデアをアウトプットして磨きをかける「アイデアブラッシュアップワーク」を行った。グループごとに、第2回セミナーで作成した事業機会具現化の9類型によるアイデアについて共有化し、前半の事業アイデア着想・きっかけ、リーンキャンバスの他社事例を参考にしながら、リーンキャンバスの各内容について検討した。

5.5 「次の一手の実行に向けた事業戦略・事業計画策定」（第4回）

　第4回セミナーの前半は、「次の一手の実行に向けた事業戦略・事業計画策定」のテーマで、事業計画書の実例紹介、要員や人材に関する考え方、実物フォーマットに沿った解説を行った。中小企業・小規模企業における新規事業の実行体制の構築、初動期の事業立ち上げの類型について、他社の事例を交えて説明した。ビジネス内容を第三者に伝達するためには、お客様の課題、チーム紹介、ソリューション（プロダクト）、ソリューションの特徴・独自の価値提案、他社との比較、市場規模、集客・顧客獲得方法、マネタイズ手段、収支計画の項目を準備する必要がある。また、プレゼンテーション手法に関して、プレゼンテーションスタイルの類型（パッション型、信念型、ロジカル型、優等生型）があることを整理した。さらに、シリコンバレーのシードアクセレレータであるYコンビネータ社の資料を用いて、Demo Dayなどで行われるピッチプレゼンテーションの流れとルールは、どんな場合でも共通して必要となる要素として、タイトル、課題、解決策、市場規模、トラクション（テスト顧客の反応など）、ユニークな洞察、ビジネスモデル、チー

ム、最後のメッセージが不可欠であると説明した。

　セミナーの後半は、「ビジネスモデル構築ワーク」を行った。社内外を巻き込んでアイデアを具現化するための事業計画作成を目的に、第3回セミナーで作成・ブラッシュアップしたリーンキャンバスについて、受講生がグループ内部で内容を共有し、自社事業などの状況についてプレゼンテーションを行い、神戸信用金庫の担当者、トーマツのコンサルタントも加わってビジネスモデルの更なるブラッシュアップを行った。

5.6　事業プラン発表会（Demo Day）

　2021年3月17日（水）、神戸信用金庫本店において事業プラン発表会「コロナ禍における次の一手の実現 Demo Day」を開催した。神戸信用金庫・理事長・西多弘行氏による開会の挨拶のあと、受講生10社11名が本セミナー受講を踏まえて検討した「次の一手」（既存事業における新たなビジネスや新規事業など）について、一人あたり5分間のプレゼンテーションを行った。その後、トーマツ第二事業本部長・吉村孝郎氏、同神戸事務所長・千原徹也氏、V.School長・國部克彦教授、および忽那教授が、事業プランに対する講評を行い、受講生と熱のこもった議論が繰り広げられた。また、受講生によるプレゼンテーションの合間には、神戸市経済観光局工業課長・壇特竜王氏から、神戸市における中小企業支援施策について説明があり、支援施策を活用した事業プランの実施方法について具体的なアドバイスがあった。最後に、國部教授から、受講生に修了証と記念品が授与され、事業プラン発表会は成功裏に閉会した。今後は、定期的に受講生と検討した事業プランのフォローアップをおこない、事業プランによる次の一手の実現のために、産学連携によるビジネスの具現化や、川上・川下企業等の取引先企業とのマッチング等を通じて、継続的に支援していく予定である。

　本セミナーと事業プラン発表会を通して、受講生は、中小企業経営者・後継人材として、表層的なハウツーの習得ではなく、新しい価値の創造という本質を考える経験を得ることができ、組織において行動変容を促す気づきや学びを得るトレーニングとなった。V.Schoolにとっても、今後、リカレント教育プログラム開発・展開を検討するにあたって意義のあるセミナーとなった。

6. 価値創造支援プロジェクト

6.1　価値創造支援プロジェクトの概要

　One Hyogo プロジェクトのもう一つの柱は、価値創造支援プロジェクトである。このプロジェクトは、新型コロナウイルス感染症拡大で大きな打撃を受け、事業を継続すべく耐え忍んでいる地域の中小企業・小規模企業の個別課題に対して、神戸大学との共同研究を推進することによって、新規事業を創出しようとする試みである。V.School としては、その現場に学生を参画させ、学生の知恵やアイデアがどのように役立つかを実習させる目的もある。

　神戸信用金庫の取引先企業を中心に、地域の中小企業・小規模企業に対して、神戸信用金庫担当者、神戸大学 V.School の研究者、および同産官学連携本部のメンバーがタッグを組んで、兵庫県内の中小企業・小規模企業を訪問し、企業経営者と新型コロナウイルス感染症の影響や経営課題について議論した。その上で、神戸大学などの大学研究者が解決できそうな課題については、共同研究や受託研究等を立ち上げ、新規事業を生み出そうとしている。これまでに兵庫県内の中小企業・小規模企業 25 社を訪問し、五つの共同研究をスタートさせ、新規事業の創出に向けて取り組んでいる。

6.2　地元のブライダル業界「ブライダルいのうえ」の挑戦

　スタートさせた価値創造支援プロジェクトの中の一つが、神戸市でウエディングサロンを展開するいのうえと筆者ら2名が取り組むプロジェクトである。

　ブライダル業界は、新型コロナウイルス感染症拡大で大きな影響を受けている業界の一つである。公益社団法人「日本ブライダル文化振興協会」が実施した新型コロナウイルス感染症影響度調査では、結婚式の延期・中止となった件数は、感染が拡大した2020 年1 月から12 月までに業界全体で約 24 万組に及び、約 8,500 億円の損失（前年比 60％減）となると推計されている。また、結婚情報誌ゼクシィが全国の結婚式場 953 会場に対して行ったヒアリング調査によると、結婚式は2020 年5 月に延期やキャンセルが相次ぎ、予定していた挙式数の1 割以下に激減した。2021 年3 月には47.4％に激減し、

5月の減少幅が最も大きく、結婚式の実施は予定数のわずか9.3%であり、6月以降は回復傾向にあるものの依然として厳しい状況が続いている。新型コロナウイルス感染症拡大に伴い、ブライダル業界にも多様な結婚式スタイルが生まれつつあり、新たな変革が求められている。

　いのうえは、神戸市長田区に本社を置き、ウエディングコスチュームのレンタル（貸衣装）とその関連商品を扱う従業員65名の中小企業である。神戸最大のウエディングドレスショップであるウエディングサロンイノウエ神戸元町本店、関西最大のウエディングドレスショップであるウエディングサロンイノウエ大阪梅田本店、世界文化遺産・下鴨神社公式専属指定衣裳店である丸善衣裳株式会社、京都高級花嫁和装 Zen 京都の4店舗を展開している。1949年に現社長井上芳昌氏の父、井上秀郎氏が創業し、1968年に有限会社井上寝具貸衣装店として法人化した。1990年代に井上氏がウエディングコスチュームサロンとして、第二創業を果たし、2002年に現社名に変更して現在に至っている。

　第二創業のきっかけは、阪神・淡路大震災である。震災で当時長田にあった店舗は全壊した。再建にあたって、井上氏は、今後の生き残りのために洋装ブライダル市場に特化し、神戸の中心部である元町に出店することを決めた。そして、衣装を貸すのが我々の仕事ではなく、衣装を通じて世界一の花嫁を創り出し、幸せの輪を広げることが仕事であると宣言し、三つの経営理念を掲げた。一つ目は「私たちは世界一の幸せ創造カンパニーを目指します」である。何よりも世界一輝く花嫁さまを創らせていただきたい、世界一お幸せになっていただきたいという願いを実現することを"志"としている。二つ目は「私たちは世界一の花嫁さまを創ります」である。人生で最も大切な瞬間を目前にした花嫁さまの気持ちに寄り添いながら、最愛のドレスとの出会いをプロデュースし、ドレスを纏った花嫁さまと結婚式に携わるすべての人々のMake Happiness 実現のため最高のパーソナルサービスと商品ラインナップを提供し進化し続けることである。三つ目は、「私たちは満足循環の輪を広げます」である。常にお客様満足を考え、その結果が社員満足、株主満足につながるという循環の輪を大きく広げて未来に羽ばたいていくことを願っている。

図10-3　いのうえ株式会社との産学連携プロジェクト

　いのうえも、新型コロナウイルス感染症の影響で、結婚式の延期、キャンセルが続出し、挙式披露宴の減少に歯止めがかからず、新規挙式申込者の減少が顕著になってきている。また、新型コロナウイルス感染症拡大以前から、結婚式自体をしない「ナシ婚層」が増加する一方、晩婚化により結婚式サービスへの要求度が高くなり、結婚式自体がコスト高の体質になりつつあった。新たなビジネスモデルの構築と新規顧客の開発が急務となっていた。井上氏と経営課題について議論する中で、新型コロナウイルス感染症の影響による業績の悪化に歯止めをかけ、結婚式にとらわれない新事業を立ち上げるために、V.School との価値創造支援プロジェクトをスタートすることになった。

　本プロジェクトは、ブライダル業界の新たな価値創造や人生の門出における衣装の新たな価値創発を目的としている。学生を含む価値創造プロジェクトチームがデザイン思考などの問題解決手法を使って革新的なアイデアを考え、ブライダル業界は今後どのように変わっていくのか、デジタルネイティブと呼ばれる Z 世代は衣装に対してどのような意識をもっているのかなどの意識調査を通して、新規事業を提案した。さらに、神戸大学の研究成果やテクノロジー等を活用し、新しいビジネスの実現を目指している（図10-3）。

6.3　いのうえとの価値創造ワークショップ

　いのうえとの価値創造ワークショップを、2020 年 11 月 16 日の夕刻から約 3 時間にわたって、V.School で開催した。講師は筆者（祇園）が務め、いのうえ 5 名、神戸信用金庫 9 名、神戸大学産官学連携本部職員 2 名、神戸

大学学生 4 名の合計 20 名がグループワークに取り組んだ。

　まず、衣装はなりたい自分に近づけてくれるものという前提の下、グループワークで「なりたい自分って？」を設問としてブレインストーミングを実施した。浮かんだアイデアは、ポストイットに書き込んで、模造紙に声に出して読み上げながら貼りだした。グループワークを実施する各チームは、いのうえ、神戸信用金庫、神戸大学職員・学生の混成グループであったため、当初はぎこちなくスタートしたが、徐々に活発なアイデアが出てくるようになった。

　次に、親和図法を用いて、ブレインストーミングで生まれた沢山のアイデアについて、共通点を探索しながらグループに分けていった。親和図を作る過程から認識の擦り合わせやアイデアの抽象度を上げたグループメンバーの合意形成を行い、できあがった親和図から発想・連想の広がりや発想・連想の偏りなどについてアイデア全体を俯瞰で見渡した。続いて、強制連想法（マトリクス法）を用いて、親和図で得られたグループ名と奇抜なキーワードを掛け合わせて強制的にアイデアを引き出した。

　最後に強制連想法で出したアイデアの中から最も面白いと感じたものを選び出し、その理由についてグループで議論した。全員の前で選出したアイデアと理由についてプレゼンテーションを行い、フィードバックをしあって価値創造ワークショップを終了した。いのうえ、神戸信用金庫ともに、このようなアイデア発想法や思考プロセスは初体験のようで、非常に刺激を受けたようである。

　後日、科学技術の商業化を専門とする筆者（坂井）が、神戸大学の学生とともに、強制連想法で選ばれたアイデアの中からビジネスになりそうなものを選出し、市場細分化を行うために再度ブレインストーミングを行った。各ビジネスアイデアに対して、エンドユーザー像、利用法、利点、リードカスタマー、市場特性、パートナー・プレーヤー、市場規模、競合状態を調査した上で、マーケティングの一次調査として、潜在顧客にインタビュー調査を行い、どのビジネスアイデアの実現性が高いかを見極め、足がかり市場を想定した。

6.4 いのうえでの新規事業提案発表会

　価値創造ワークショップにて出てきたビジネスアイデアについて、いのうえに直接提案する新規事業提案発表会を2021年2月25日に実施した。新型コロナウイルス感染症対策の観点から、直接訪問する人数を制限し、筆者らと代表の学生2名がいのうえ本社から、それ以外の学生3名はオンラインで参加した。本プロジェクトで実施したデザイン思考や市場細分化チャートなどを筆者が説明した後、いのうえ・井上芳昌社長、井上規佐子副社長の他、いのうえの従業員に対して、神戸大学の学生が練り上げた10件の新規事業アイデアを発表した。

　学生への教育的な観点から、発表自体は学生が行い、教員が発表内容を補足する形でプレゼンテーションを行った。プレゼンテーションの後は、アンゾフの成長マトリクスのフレームワークと、事業の難易度とコストの2軸思考法を用いて、各新規事業アイデアのビジネスの実現可能性について議論した。他社との差別化や収益性の観点について、かなり踏み込んだディスカッションの結果、神戸大学から提案した10件の新規事業アイデアは、残念ながら現時点ですぐに採用されるには至らなかったが、参加した学生にとっては、講義中にビジネスモデルを検討するだけでは得られない本当のビジネスの厳しさを垣間見る貴重な教育機会となった。なお、いのうえとV.Schoolの価値創造支援プロジェクトは、引き続き、いのうえにおける新たな価値の創造を目指して、継続的に新規事業創出に向けたディスカッションやワークショップを実施していく予定である。

7. おわりに

　本章では、新型コロナウイルス感染症拡大により、大きな打撃を受け、事業の継続のために耐え忍んでいる地域の中小企業・小規模企業を支援するプロジェクト「ウイズ／アフターコロナにおける兵庫県の中小企業の価値創造支援コンソーシアム 〜 One Hyogo 〜」について概説した。本プロジェクトにおける中小企業価値創造セミナーでは、コロナ禍で苦しむ中小企業・小規模企業向けに新規事業創出に関するセミナーを開催した。価値創造支援プロジェクトでは、中小企業・小規模企業と神戸大学と協働して新規事業のアイ

デアを創出した。これにより、地域中小企業・小規模企業の発展、地域経済の活性化、京阪神エコシステムの構築に貢献することを目指した。

　最後に、本プロジェクトの三つ価値について触れておきたい。第一は、地域の中小企業・小規模企業にとっての価値である。今回開催した中小企業価値創造セミナーに参加した中小企業・小規模企業は、これまでほとんど大学と接点を持たなかった企業であった。これをきっかけに大学研究者や学生と交流することで、新たなアイデアが生まれ、新規事業が生まれる可能性がある。第二は、大学にとっての価値である。大学研究者は、ともすれば大学内や同じ専門をもつ仲間だけで閉じこもりがちである。地域の中小企業・小規模企業の経営者と深く交わることで、お互いを知ることができ、中小企業・小規模企業「論」ではなく、実際の経営を目の当たりにすることができる。これによって、大学研究者の研究成果の社会実装が一層進む可能性がある。第三は、学生にとっての価値である。本プロジェクトに参加した5名の学生は、新型コロナウイルス感染症の拡大で大きな打撃を受けている地域の中小企業・小規模企業に何か役に立ちたいと自ら応募した学生である。新型コロナウイルス感染症の拡大予防対策のため、企業訪問や中小企業・小規模企業の経営者と直接議論する機会は少なかったが、セミナーやプロジェクトに参加し、企業の課題を議論することで、教室や教科書からだけでは得ることができない学びをつかみ取ったのではないか。これらの経験は、学生にとってかけがえのないものとなるだろう。

　日本の中小企業・小規模企業数は419.8万社であり、全企業数の99.7％を占めている。日本経済を牽引する力であり、地域社会の主役である。地域の中小企業・小規模企業と知の拠点である大学が共創することで、新たなイノベーションが生まれることを確信している。今後も地域の中小企業・小規模企業との連携を強め、地域社会の発展に貢献していきたい。

参考文献

NHK・第一生命共同アンケート調査「新型コロナ中小企業への影響」https://www3.nhk.or.jp/news/special/coronavirus/economic-indicators/detail/detail_14.html（2021年2月12日閲覧）。

ビル・オーレット（2014）『ビジネスクリエーション』ダイヤモンド社。

経済産業省（2020）『通商白書2020』経済産業省。

佐竹隆幸（2012）『「地」的経営のすすめ』神戸新聞総合出版センター。

中小企業庁（2020）『中小企業白書・小規模企業白書（2020年度版）』中小企業庁。

中小企業基盤整備機構「新型コロナウイルス感染症の中小・小規模企業影響調査（2020年7月度）」https://www.smrj.go.jp/research_case/research/questionnaire/favgos000000rzfk-att/CoronaQuestionnaire_202007.pdf（2021年2月12日閲覧）。

リクルートマーケティングパートナーズ「ブライダル総研　婚活実態調査2020」https://souken.zexy.net/data/konkatsu/konkatsu2020_release.pdf（2021年2月12日閲覧）。

リクルートマーケティングパートナーズ「ゼクシィ　結婚トレンド2020」https://souken.zexy.net/data/trend2020/XY_MT20_release.pdf（2021年2月12日閲覧）。

第 3 部

価値創造のフロンティア
討議の場としての V.School サロン

第11章
SDGsと価値

――― 西谷 公孝 ―――

1. はじめに

1990年代から2000年代にかけて、環境破壊、ジェンダー差別、不平等といった様々な社会環境問題が顕在化してきた。そのために、社会環境問題を早急に解決すべきということが広く認識され、様々な取り組みが行われてきている。しかし、未だに解決しているとは言い難い。そして、社会環境問題解決に向けた新たな枠組みとして「持続可能な開発目標（SDGs: sustainable development goals）」が誕生した。SDGsには、これまでできなかった社会環境問題の解決に向けて非常に大きな期待がかけられている。

社会環境問題の解決には、後述する「持続可能な開発」という概念から、社会、環境、経済の三つの側面から評価することが有益であると考えられるが、未だに社会環境問題の解決に至っていないのは、社会的側面と環境的側面の価値である社会環境価値と経済的側面の価値である経済価値が単なる二項対立ではなく、複雑に絡み合っていることにその一因がある。そのために、社会環境に対して本来こうあるべきであると期待する（もしくは理想とする）価値（＝期待する社会環境価値）と、実際に評価される価値（＝実態の社会環境価値）が必ずしも同じにはならなくなり、そのズレが現在認識されている社会環境問題となっていると考えられる。もちろんこうしたことはSDGs達成に関しても同様であるために、SDGsを達成するためには、価値の観点からその可能性を考察することが必要である。

そこで、本章では、「期待する社会環境価値」と「実態の社会環境価値」とを区別した上で、企業の経済活動を通して「実態の社会環境価値」が形成される仕組を可視化し、SDGs達成を促進する在り方を探ることを目的とする。企業の経済活動に焦点を当てるのは、SDGsを達成するための第一義的な責任は政府が有しているものの、現実には様々なステークホルダー

（利害関係者）、特に企業が大きな役割を担っているからである（西谷・國部、2019）。

　多くの企業がサステナビリティ経営（社会環境を考慮した経営）に取り組んでいるが、企業は営利団体であるために社会環境問題の解決を活動の主な目的としているわけではない。それゆえに、企業がそれを行う際には、社会環境価値と経済価値の両方を認識し、それらを考慮してうまく対応していくことが重要となるし、こうした対応は「実態の社会環境価値」にも大きな影響を与え得る。また、社会が企業の経済活動に大きく依存しているならば、社会全体と企業の間で価値の共有部分が大きくなるため、サステナビリティ経営によって形成された「実態の社会環境価値」は社会にとっての社会環境価値として共有されていくはずである。そのために、社会全体にとっての社会環境価値の形成にも企業の対応が重要な役割を担っていると言えるし、SDGs達成が叫ばれている現在ではなおさらであろう。

　以下では、社会環境価値と経済価値を軸に、企業の経済活動の中で、それらがどう関係し新たな価値が実態化されていくのかを議論し、その上でSDGs達成のために「期待する社会環境価値」に「実態の社会環境価値」をどう近づけるかを考察する。第2節では、SDGsの課題でもあるジェンダーを例に、「実態の社会環境価値」は、「期待する社会環境価値」ではなく、経済価値との相互補完的かつ相対的な関係から形成されるものであることを考察する。第3節では、SDGsを簡単に説明した後で、その基礎となる概念である「持続可能な開発」が第2節の議論と整合的であることを確認する。第4節では、東証一部上場企業を対象とした質問票調査から得られた結果を用いて、企業が具体的にどのようにSDGsを捉えているのかを概観する。第5節では、サステナビリティ経営を学術的に考察した後で、「期待する社会環境価値」と「実態の社会環境価値」との関連性について議論する。第6節では、第5節の議論で明らかとなった欠点を補完するような概念を紹介し、最後に第7節で、SDGs達成に向けた取り組みの望ましい方向性を検討する。

2. 社会環境価値と経済価値

　「期待する社会環境価値」と「実態の社会環境価値」にズレが起こってい

ることは、長らく社会環境問題の解決が叫ばれ続けていることからも明らか
である。では、なぜこのようなズレが生じるのであろうか。社会環境問題は
企業の経済活動と関連していることも多いために、社会環境価値と経済価値
の関係に焦点を当てるとその仕組みが見えてくる。そこで、ここではSDGs
の課題にもなっているジェンダーの問題を例にそうした関係について考察し
てみよう。

　ジェンダーを始めとするダイバーシティの問題は無意識バイアスによって
捉えられることが多いが、少なくとも職場におけるこの問題は、ベッカーの
非合理差別理論や統計的差別理論といった経済学理論によっても説明できる
（川口、2008; 山本、2014）。ベッカーの非合理差別理論（Becker, 1957）とは
経営者の差別意識に焦点を当てた概念で、女性やマイノリティに対する差別
は非合理に行われているために、差別がある企業の利益は相対的に低いとい
う考え方である。一方で、統計的差別理論は、経営者はこれまでの経験から
平均的には女性の離職確率が高いことが統計的にわかっているために、その
情報に基づいて合理的に判断すると、結果として女性が十分に処遇されなく
なるという考え方である。実際、これらの理論は多くの実証分析で証明され
ている（川口、2008）。

　また、日本の職場におけるジェンダーの問題は、日本型雇用制度における
経済合理性からも議論が可能である（川口、2008、川口、西谷、2011）。日
本型雇用制度のもとでは、従業員には安定した雇用が提供されることと引き
換えに、企業の都合に応じた柔軟な働き方（例えば、残業、休日出勤、出
張、転勤）が要求される。しかし、家事や育児の負担が大きくなりがちな女
性労働者はこのような企業の要求に応えられないため、日本型雇用制度の中
核から排除されてしまう。その結果として、性別役割分業（男性は仕事、女
性は家庭）が、確立され長らく続いてきた。この性別役割分業は、社会全体
にとって、また同時に企業にとって経済合理的であったためにこれまで続い
てきた（川口、2008、西谷、2017b）。

　しかし、性別役割分業が経済合理的であったとしてもそれが永遠に継続す
るとは限らない。企業を取り巻く状況の変化によってそれは変化するからで
ある。例えば、川口、西谷（2011）はコーポレート・ガバナンスに焦点を当

てて、銀行中心の日本型コーポレート・ガバナンスから機関投資家中心の欧米型コーポレート・ガバナンスにシフトすることによって制度補完的な関係にあった日本型雇用制度が見直されるために、機関投資家による規律付けが強い企業ほど女性が活躍していることを明らかにしている[1]。日本型雇用制度は経済成長期には大きな役割（経済を成長させ社会を豊かにした）を果たしたと言えるが、機関投資家は利益を追求することから、この結果は女性差別を不可欠の要素とした日本型雇用制度にしたがうことがもはや経済合理的ではなくなりつつある可能性を示唆している。また、こうした動向は、ダイバーシティの問題が広く認知され、男性中心の考え方が時代に合わなくなってきていることとも連動している[2]。

　このように、職場におけるジェンダーの問題は、社会環境価値と経済的価値が表裏一体であり、それらが相互依存的かつ相対的な関係にあるだけでなく、それらの相対的な関係は時間とともに変化することを示唆している。それゆえに、ある時点における社会環境価値と経済価値の相互依存的かつ相対的な関係から評価された価値がその時点のジェンダーの「実態の価値」（社会・環境・経済全体の価値に占めるジェンダーの価値）であると言える。ジェンダーの問題がまだ解決できていないということは、「期待する社会環境価値」と「実態の社会環境価値」にズレが起こっていることを裏付けている。しかし、社会環境価値と経済価値の相対的な関係は永続的に固定されるものではないことから、ジェンダーの問題は以前と比べると改善してきているし、今後さらにそうなっていく可能性は十分ある。

　したがって、このジェンダーの事例は、社会環境問題の解決には、社会環境価値と経済価値を切り離すのではなく、それらが相互依存的かつ相対的な関係にあることをまず理解することが重要であることを立証している。またこうした考え方は、次節で紹介するようにSDGsの考え方とも共通するものである。

3. SDGsと持続可能な開発

　SDGsとは、2015年に国連サミットにおいて採択された「我々の世界を変革する―持続可能な開発のための2030アジェンダ（2030アジェンダ）」に

盛り込まれた貧困、飢餓、健康、教育、ジェンダー、水、エネルギー、雇用、インフラ、格差、都市、持続可能な消費と生産、気候変動、海洋資源、陸域生態系、平和と公正、そしてこれらを実現するためのパートナーシップからなる 17 の目標とそれらに付随する 169 のターゲットから構成される持続可能な社会を作るための国際目標のことである（United Nations, 2015）。前身のミレニアム開発目標（MDGs）が発展途上国を対象としていたのに対して、SDGs は、「誰一人取り残さない」という包摂性をもった理念のもと、発展途上国や先進国の分け隔てなくあらゆる国で取り組むことが必要な普遍的な目標となっている（西谷、國部、2019）。

　SDGs が叫ばれている背景は、これまで経済発展を優先してきた結果、さまざまな社会環境問題が地球規模で顕在化してきたことにある。また、これまでの枠組みの中ではその解決に至らなかったことも理由として挙げられる。それゆえに、SDGs は、社会環境問題解決に向けた非常に有効なアプローチになるのではないかと期待されている。しかし、もちろん社会環境問題の解決がSDGs の第一義であるのは間違いないが、SDGs のなかのSD は持続可能な開発（sustainable development）を意味しており、その概念は、開発（もしくは発展）という言葉が入っていることからも、そもそも社会環境問題の解決だけに焦点を当てたものではない。

　持続可能な開発が広く知られるようになったのは、1987 年に、国連の環境と開発に関する世界委員会（ブルントラント委員会）がその報告書の中で持続可能な開発を中心的な考えとして取り上げたことに端を発している（西谷、2021）。それによると、持続可能な開発は「将来世代のニーズを損なうことなく、現在世代のニーズを満たすような開発」と定義されている。もともとは、社会環境を犠牲にしない範囲で経済発展も図ろうという概念であった。その後、イギリスのサステナビリティ社創始者であるジョン・エルキントンが「トリプルボトムライン」を提唱し、それがサステナビリティ報告書の世界共通のガイドラインである「GRI ガイドライン」に反映されたことがきっかけで、経済・環境・社会の調和が不可欠であるとの機運が高まった。そして結果的に、持続可能な開発は、社会・環境・経済の両立を根幹として、社会・環境・経済全体のパイを将来にわたって大きくしていくことを目指した開

発と認識されるようになったのである。このことは、2030 アジェンダにおいても、「[SDGs の]の目標及びターゲットは、統合され不可分のものであり、持続可能な開発の三側面、すなわち経済、社会及び環境の三側面を調和させるものである」（前文、p. 1）と明示されていることからも明らかである（United Nations, 2015）。

　一方で、社会環境問題を引き起こしているのは経済なのだから、持続可能な社会のためには、社会環境は経済より優先されるべきであるという考えもあるかもしれない。このことは、社会環境問題の解決がSDGs の第一義であることとも整合的であるが、はからずも、2020 年に入って流行した新型コロナウイルスがもたらした世界情勢がそれを否定している。確かに、新型コロナウイルスが世界経済を停滞させた結果、ベネチアの水質や北京の大気汚染が改善した（ただし、世界全体の温室効果ガス排出量はそれほど削減されていない）ことは、経済を犠牲にすると社会環境問題が解決できる一端を示している。しかし、経済を犠牲にした結果、同時に貧困や雇用に関する新たな問題が引き起こされていることにも目を向ける必要がある。なお、これらの問題は経済との関連性が特に強いために顕在化しやすかっただけで、その他の問題に影響がないわけではない。つまり、経済が縮小することによって、社会・環境・経済全体のパイが小さくなってしまい、社会・環境・経済の側面間でパイの奪い合いが起こっているのである。

　このことからも、社会・環境・経済はそれぞれ独立した関係ではなく、相互依存的かつ相対的な関係にあることが理解できる。したがって、経済を犠牲にしたからといって必ずしも持続可能な社会がもたらされるといった単純なものではない。これが、持続可能な社会を作るための国際目標が持続可能性目標（SGs）ではなく、持続可能な開発目標（SDGs）である所以である。

　つまり、社会環境価値と経済価値はそれぞれ独立なものではなく、その相互依存的かつ相対的な関係から社会環境価値が実態化するということを持続可能な開発の考え方は強く支持しており、SDGs とは、それを踏まえて社会・環境・経済の全体のパイを大きくすることをその目的にしていると言えよう。

4. 企業が捉えるSDGs

　SDGs とは、持続可能な開発という観点からもわかるように、社会環境価値だけに焦点を当てて達成を目指しているものではない。社会、環境、経済の三側面をどう調和させるかが重要となってくる。では、SDGs 達成に大きな役割を担っている企業は、SDGs をどう捉えているのだろうか。本節では、2020 年 2 月 4 日～ 3 月 19 日に神戸大学 國部克彦研究室・西谷公孝研究室が東京証券取引所第一部上場企業 2,230 社を対象に実施した「日本企業のSDGs への取り組みに関する質問票調査」（有効回答数 267 社）の結果を抜粋して、その傾向を概観してみよう。抜粋した質問項目は、「SDGs の認知度」、「SDGs に対する見解」、「SDGs の各目標の重要度」であり、それぞれ 7 段階のリッカート尺度で尋ねており、数値が大きいほど質問に対して肯定的な回答となっている。

　表 11-1 は「SDGs の認知度」についてである。環境・CSR（Corporate Social Responsibility：企業の社会的責任）担当、経営陣、中間管理職、一般従業員それぞれの認知度を尋ねている。全体の傾向を見てみると、その平均値は、環境・CSR 担当で 6.33、経営陣で 5.83、中間管理職で 4.58、一般従業員で 3.82 となっている。このことから、SDGs が業務に直接関連する環境・CSR 担当や、SDGs への対応を最終決定する経営陣の SDGs の認知度が高い一方で、一般従業員の認知度はまだ半分強にとどまっていることが見て取れる。SDGs 達成には企業が大きな役割を担っているが、現場レベルではそのことがまだまだ浸透していないと言える。見方を変えれば、まだまだそのポテンシャルがあるということでもある。また、こうした傾向は産業別（製造業、非製造業、金融業）で見た場合でもそれほど変わらない。ただし、金融

	(1)全体					(2)製造業					(3)非製造業					(4)金融業				
	観測数	平均	標準偏差	最小	最大	観測数	平均	標準偏差	最小	最大	観測数	平均	標準偏差	最小	最大	観測数	平均	標準偏差	最小	最大
1 環境・CSR担当の認知度	265	6.33	1.08	1	7	140	6.48	0.89	2	7	105	6.15	1.29	1	7	20	6.25	1.02	4	7
2 経営陣の認知度	266	5.83	1.12	2	7	140	5.91	1.11	2	7	105	5.71	1.10	3	7	21	5.90	1.34	3	7
3 中間管理職の認知度	266	4.58	1.25	1	7	140	4.58	1.17	2	7	105	4.46	1.31	1	7	21	5.19	1.40	2	7
4 一般従業員の認知度	266	3.82	1.38	1	7	140	3.86	1.29	1	7	105	3.63	1.44	1	7	21	4.52	1.50	1	7

表11-1　SDGsの認知度

	(1)全体					(2)製造業					(3)非製造業					(4)金融業				
	観測数	平均	標準偏差	最小	最大	観測数	平均	標準偏差	最小	最大	観測数	平均	標準偏差	最小	最大	観測数	平均	標準偏差	最小	最大
1 ビジネスチャンスである	265	5.69	1.30	1	7	140	5.80	1.15	2	7	104	5.59	1.47	1	7	21	5.48	1.29	3	7
2 リスク削減である	264	5.51	1.25	2	7	139	5.60	1.18	2	7	104	5.38	1.39	2	7	21	5.62	0.86	4	7
3 社会的責任である	265	6.14	0.96	3	7	139	6.03	1.05	3	7	105	6.24	0.87	3	7	21	6.33	0.73	5	7

表11-2　SDGsに対する見解

業では、中間管理職や一般従業員の認知度が製造業や非製造業と比較して高い。

　表11-2は「SDGsに対する見解」についてである。SDGsが「ビジネスチャンスである」、「リスク削減である」、「社会的責任である」という見解についてそれぞれ尋ねている。全体の傾向を見てみると、その平均値は、「ビジネスチャンスである」で5.69、「リスク削減である」で5.51、「社会的責任である」で6.14である。「社会的責任である」であると考える企業の数が一番多いものの、「ビジネスチャンスである」や「リスク削減である」であると考える企業の数ともそれほど差はない。SDGsが企業にとって「社会的責任である」一方で、「ビジネスチャンスである」や「リスク削減である」でもあることを示している。また、こうした傾向は産業別で見た場合でもほぼ同じである。

　表11-3は「SDGsの各目標の重要度」についてである。SDGsの17の目標についてそれぞれどの程度重要かを尋ねているが、ここでは紙面の都合上、上位3位までを記載している。全体の傾向を見てみると、第1位は目標8(すべての人々のための包摂的かつ持続可能な経済成長、雇用およびディーセント・ワーク（働きがいのある人間らしい仕事）を推進する)、第2位は目標12（持続可能な消費と生産のパターンを確保する）、第3位は目標9（レジリエントな（災害リスクを低減するために備えるべき性質を持った）インフラを整備し、持続可能な産業化を推進するとともに、イノベーションの拡大を図る）である。それらの平均値はそれぞれ6.10、6.07、6.03となっている。雇用問題、持続可能な消費と生産（SCP）、持続可能な産業の創出といった内容から、どちらかというと、企業活動により直接的に関連する社会環境問題の重要度が高いと言える。

全体

	観測数	平均	標準偏差	最小	最大
1位 目標8：すべての人々のための包摂的かつ持続可能な経済成長、雇用およびディーセント・ワーク（働きがいのある人間らしい仕事）を推進する	265	6.10	1.00	3	7
2位 目標12：持続可能な消費と生産のパターンを確保する	266	6.07	1.16	1	7
3位 目標9：レジリエントな（災害リスクを低減するために備えるべき性質を持った）インフラを整備し、持続可能な産業化を推進するとともに、イノベーションの拡大を図る	266	6.03	1.10	2	7

製造業

	観測数	平均	標準偏差	最小	最大
1位 目標12：持続可能な消費と生産のパターンを確保する	140	6.29	1.01	2	7
2位 目標13：気候変動とその影響に立ち向かうため、緊急対策を取る	140	6.11	1.14	2	7
3位 目標8：すべての人々のための包摂的かつ持続可能な経済成長、雇用およびディーセント・ワーク（働きがいのある人間らしい仕事）を推進する	140	6.01	1.01	3	7

非製造業

	観測数	平均	標準偏差	最小	最大
1位 目標8：すべての人々のための包摂的かつ持続可能な経済成長、雇用およびディーセント・ワーク（働きがいのある人間らしい仕事）を推進する	104	6.17	0.98	4	7
2位 目標9：レジリエントな（災害リスクを低減するために備えるべき性質を持った）インフラを整備し、持続可能な産業化を推進するとともに、イノベーションの拡大を図る	105	6.11	1.04	3	7
3位 目標12：持続可能な消費と生産のパターンを確保する	105	5.92	1.22	3	7

金融業

	観測数	平均	標準偏差	最小	最大
1位 目標8：すべての人々のための包摂的かつ持続可能な経済成長、雇用およびディーセント・ワーク（働きがいのある人間らしい仕事）を推進する	21	6.38	0.97	4	7
2位 目標11：都市を包摂的、安全、レジリエント（災害リスクを低減するために備えるべき性質を持つ）かつ持続可能にする	21	6.19	1.12	3	7
3位 目標9：レジリエントな（災害リスクを低減するために備えるべき性質を持った）インフラを整備し、持続可能な産業化を推進するとともに、イノベーションの拡大を図る	21	6.05	1.12	3	7

表11-3　SDGsの各目標の重要度

　一方で、産業別に見ていくと、製造業では目標12、目標13（気候変動とその影響に立ち向かうため、緊急対策を取る）、目標8、非製造業では目標8、目標9、目標12、そして金融業では目標8、目標11（都市を包摂的、安全、レジリエントかつ持続可能にする）、目標9となっており、全体で見た場合と比べても概ね同様のことが見て取れるが、順位や項目に各産業の特徴が表れている。まず、目標8がどの産業においても上位3位内に入るということは、雇用問題がほとんどの企業にとって最も重要度の高いものであることを

示している。

　他方、製造業では製品の生産に起因するSCPや気候変動問題の重要度が
高いし、非製造業では、サービスを提供する観点から持続可能な産業化や
SCPの重要度が高い。また、金融業では投融資の観点から都市の持続可能
性や持続可能な産業化の重要度が高い。

　以上から、企業が捉えるSDGsの現状をかなり大まかではあるが見ること
ができた。SDGsはある程度企業内で認知されつつあるものの、特に一般従
業員の認知に関してはまだ十分ではない。また、企業にとってSDGsとは、
社会環境価値と同時に経済価値をも追求するためのきっかけとみなされてい
る。そして、SDGsの各目標については、企業は実務との関連が強いものを
重視する傾向がある。なお、こうした現状のうち、SDGsによって社会環境
価値と同時に経済価値をも追求するということは第5節で行う議論とも整合
的である。一方で、一般従業員の認知度が低いことに関しては、一般従業員
の認知度を高めることがSDGs達成に大きく寄与する可能性があることを第
6節で議論する。また、企業が実務との関連が強い目標を重視する点につい
ては、企業がSDGsに取り組むためのガイドラインである「SDGコンパス[3]」
が社会・環境・経済の両立の観点からそうするように推奨していることがその
理由として考えられる。しかし、社会・環境・経済が両立するところに対応す
るだけではSDGs達成に十分に寄与できないことを第5節で議論する。

5. サステナビリティ経営の考え方

　繰り返しになるが、社会環境問題を考慮した経営のことをサステナビリ
ティ経営という。これまでCSR経営などと呼ばれていたものと基本的に同
じものである。これまで多くの企業がサステナビリティ経営を行ってきたが、
現在SDGsが叫ばれているということはこれまでの取り組みでは不十分であっ
たということなので、SDGs達成のためには、より一層の取り組みが求めら
れている。

　では、なぜ企業はサステナビリティ経営に取り組むのであろうか。学術的
には経済学と経営学の視点から主に考察されている。経済学も経営学も企業
が営利を追求するのは当然と考える。しかし、経済学は企業の目的を利益の

最大化と考えるが、経営学では必ずしもそうとは考えないという点で異なっており、サステナビリティ経営に対してもそれが当てはまる。経済学が経済価値に焦点を当てている一方で、経営学では企業の存続が重要なので、長期的な観点から社会環境価値が考慮される余地が大きくなる。

　経済学では、企業の目的は利益の最大化であるために、サステナビリティ経営に取り組む必要はないとそもそも考えられていた。ノーベル経済学賞の受賞者でシカゴ大学教授であったミルトン・フリードマンが「企業の社会的責任とは利益を上げることである」と発言したことはよく知られている（Friedman, 1970）。市場経済至上主義に立った彼のこの発言は社会環境問題の元凶として広く批判されていたが、これには「社会環境問題の解決は政府の役割である」という続きがあり、企業と政府で役割を分担することが社会全体にとっては合理的だというのが真意である。

　しかし、社会環境問題が政府だけでは対応できないほど大きくなってしまったために、外部不経済であるそれを企業に内部化させて対応する必要が出てきた。その結果、フリードマンのような考えが社会全体にとっては合理的ではなくなり、企業にはサステナビリティ経営に取り組むことが求められるようになってきたのである。このことは、企業は様々な制約条件下で経済活動を行うが、そうした条件が以前とは変化してきていることを意味している。

　したがって、現在多くの企業がサステナビリティ経営に取り組んでいるのは、それに取り組むことが新たな制約条件下では利益最大化（少なくとも利益向上）のための合理的な判断（つまり、便益が費用を上回る）があるからということになる（西谷、2017a）。例えば、サステナビリティ経営に取り組むと、社会環境問題に対応しつつ、社会環境問題に敏感な顧客の購入がもたらす売り上げ増加、これまで見えなかった非効率の改善による費用削減、将来的な社会環境問題に起因するリスク軽減などが期待できる。一方で、以前とは制約条件が異なっているために、サステナビリティ経営に取り組む必要がなかった時代と比較して、それに取り組むことは追加的なコスト要因でしかないと考えることは誤りである。

　経営学では、企業の長期的な存続が重要であると考える。企業の存続は

「社会との契約」に依存しており、もし企業が社会に対して正統性を主張することができなくなれば契約が打ち切られてしまい、企業は存続できなくなってしまう。そして、正統性を主張するには社会（ステークホルダー）からのサポートが必要であり、サステナビリティ経営はそうしたサポートを得るために必要な手段として捉えられている。このように捉えられるのは、経営思想家のピーター・ドラッカーが言及するように、「［企業］は自分自身のために存在するのではなくて、ある特定の社会的目的を実現し、社会、地域、個人に必要な特定のニーズを満たすために存在する」ものという認識があるからである（ドラッカー、1993）。それゆえに利益は目的ではなく手段に過ぎない。

　こうした観点からは、企業経営とはそもそもサステナビリティ経営の要素を含んだものであるとも言える。経営の神様と呼ばれたパナソニック創業者の松下幸之助は、

> 「企業は社会の公器である。したがって、企業は社会とともに発展していくのでなければならない。企業自体として、絶えずその業容を伸展させていくことが大切なのはいうまでもないが、それは、ひとりその企業だけが栄えるというのでなく、その活動によって、社会もまた栄えていくということでなくてはならない。また実際に、自分の会社だけが栄えるということは、一時的にはありえても、そういうものは長続きはしない。やはり、ともどもに栄えるというか、いわゆる共存共栄ということでなくては、真の発展、繁栄はありえない。それが自然の理であり、社会の理法なのである。自然も、人間社会も共存共栄が本来の姿なのである。」（松下、1978、p. 42）

という語録を残しているが、彼の考えはまさにその本質を捉えている。また、企業の経営方針を表す社是において、表現は違うもののほとんどの企業で「社会の繁栄」を謳っている。このことも経営そのものがサステナビリティ経営と不可分であることを支持している。なお、こうした考えは、近江商人の心得である「売り手良し」「買い手良し」「世間良し」の「三方良し」に通

じていることから、すでに江戸時代には日本ではサステナビリティ経営的な素地が培われていたと言える。

　すなわち、社会との調和を図るということが、そもそも企業の存続にとって重要であり、かつ経営の本来のあるべき姿だと考えられる。これまでにも企業はそのための取り組みを行ってきたが、グローバルで経営が行われるようになった現在、企業を取り巻く社会（ステークホルダー）およびそのニーズが変化してきたことに伴って、それらがサステナビリティ経営として顕在化しているのではないだろうか。

　このように経済学と経営学では、サステナビリティ経営に対する考え方が異なっている。経済学的な考え方では経済価値、経営学的な考え方では社会環境価値との調和を重視していると考えられるために、「実態の社会環境価値」を「期待する社会環境価値」に近づけるには、経営学的な考え方を採用する方が望ましい。しかし、社会環境価値との調和を謳いながらも、むしろ経済価値を重視するような概念も出てきている。例えば、ハーバードビジネススクール教授のマイケル・ポーターらが提唱したCSV（Creating Shared Value：共通価値の創造）がそれにあたり、本業を通して社会に貢献しつつ企業の利益の追求（社会環境価値と経済価値のwin-winな関係）も狙うところにその特徴がある（Porter and Kramer, 2011）。そのために、別名として戦略的CSRなどとも呼ばれている。ただし、この概念の本質は、本業を通して社会に貢献することにある。それゆえに、必ずしも社会環境価値と経済価値のwin-winの関係を狙ったものとは言い切れず、経済価値を重視すれば戦略的CSRに近づくけれども、社会環境価値を重視するのであれば本業を通した通常のCSRに過ぎないと解釈することができる（國部・西谷他、2019）。このように、実務においては社会環境価値か経済価値かというような二者択一ではなく、どちらの傾向が強いかは別として、両方の要素を含んでいると考えられる。利益がなければ企業は存続できないが、利益だけが目的だと社会の中で存在する意味がないからである（國部・西谷他、2019）。その結果、「実態の社会環境価値」が経済価値との相互補完的かつ相対的な関係から形成されることはこれまでに見てきたとおりである。

　一方で、これまでと同じ認識でサステナビリティ経営を行っていたのでは、

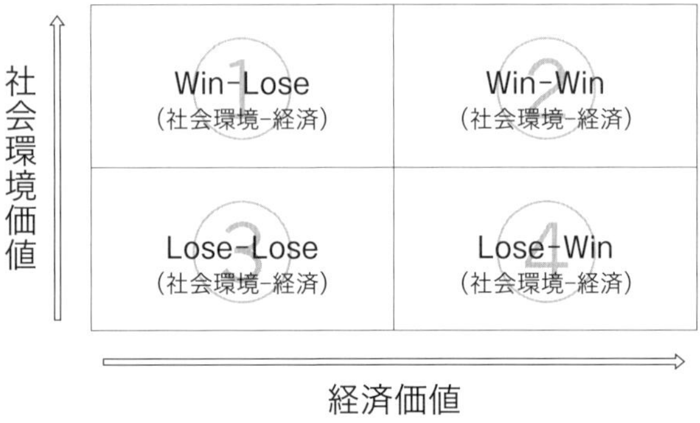

図11-1　社会環境価値と経済価値の関係
出所：西谷、國部（2019）

より一層の取り組みが求められているSDGsに対応するには不十分なので、有識者の中には、CSVがもたらすwin-winの関係を強調して、SDGsの達成に向けてCSVを推進していこうという意見もある。しかし、実際のところ、CSVに限らずwin-winの関係によって社会環境問題を解決するという考え方には、それだけでは社会環境問題を解決しきれないという概念上の限界がある。社会環境問題が、必ずしも社会環境価値と経済価値がwin-winになることによってのみ解決されるわけではないからである。

こうした考えは、社会環境価値と経済価値の関係を示した図11-1から明らかである。この図からは、まず経済価値を重視する企業にとっては、社会環境価値と経済価値がwin-winとなっているポジション②が唯一の均衡点でないことが見て取れる。そうした企業にとっては、社会環境価値を犠牲にして経済価値を優先するポジション④も均衡点となり得るからだ。他方、社会環境価値にとって望ましくても経済価値が犠牲にされるポジション①は均衡点とはならない。また、社会環境価値を重視する企業にとっては、結果としてポジション②となるならば何の問題もない。しかし、経済価値を犠牲にして社会環境価値を優先するポジション①となった場合では、経済的な余裕があるために経済価値の犠牲が他で相殺できるうちは問題ないが、そうでなくなれば、たとえ社会環境価値を重視するといっても長続きはしないだろう。これらのことは、必ずしも社会環境価値のwinが経済価値のwinに、また経済価値のwinが社会環境価値のwinになるとは限らないことを示している。つまり、社会環境価値と経済価値がwin-winとなればそれが一番望ましいが、そこだけに焦点を当てただけでは、社会環境問題を解決するには不十分であ

ると言うことである。したがって、社会環境価値と経済価値がwin-winとはならない状況における対応策が必要である。

この議論は、社会環境問題の解決が社会環境価値と経済価値の相互依存的かつ相対的な関係に依存することを説明する際にも適用できる。つまり、ほとんどの企業にとって、社会環境価値と経済価値がwin-winとなるポジション②、もしくは経済価値のみがwinのポジション④が選択しうる選択肢だとすると、そのポジション内における社会環境価値と経済価値のバランスをどうするかだけが、社会環境価値と経済価値の相互依存的かつ相対的な関係に大きな影響を与えていることになる。その結果、経済価値のみがwinのポジション④が重視される一方で社会環境価値のみがwinとなるポジション①が軽視されることにより、「期待する社会環境価値」と「実態の社会環境価値」にズレが生じてしまい、社会環境問題の解決（期待する社会環境価値＝実態の社会環境価値）が起こりにくくなる。したがって、社会環境問題を解決するには、win-winとはならないものがwin-winになるように社会環境価値と経済価値の相互依存的かつ相対的な関係の変化を促す、もしくはこれまでと違った別のアプローチをとるといったことが必要になってくる。しかし、社会環境問題は早急に解決すべきものであるし、それを目的としたSDGsは2030年までの目標なので、どちらかと言えばこれまでとは別のアプローチがより重要になってくるであろう。

6. SDGsを達成するには

「実態の社会環境価値」は、「期待する社会環境価値」ではなく、経済価値との相互補完的かつ相対的な関係から形成される。また、これは、企業活動に由来している。もちろん、「実態の社会環境価値」と「期待する社会環境価値」が同等であれば社会環境問題はすでに解決しているはずであるが、「実態の社会環境価値」は社会・環境・経済全体の価値に占める社会環境の価値であるから、必ずしもそうなるとは限らないし、実際に多くの社会環境問題がまだ解決していない。したがって、企業はSDGs達成のためにさらにサステナビリティ経営を推進する必要があるが、これまでのアプローチだけでは限界がある。そのために、「実態の社会環境価値」を「期待する社会環境価値」

に近づけるには、経済価値に影響を受けないようなアプローチを模索しなければならない。

SDGsは、社会・環境・経済の全体のパイを大きくすることを目的としているために、厳密に言えば社会環境問題の解決だけを目的としているわけではない。そのために、SDGsへの取り組みがイノベーションを引き起こし、その結果、社会環境問題が解決されるだけでなく、経済も発展できるという展開をもともと想定している。このことからも、社会環境価値と経済価値がwin-winとなるような課題に関しては、これまで通りに、もしくはより重点的に取り組むべきである。なぜならば、この方が合理的であるからだ。しかし、第5節で確認したように、win-winにならない課題があるために、それらに対しては、それを克服する「期待する社会環境価値」を「実態の社会環境価値」に近づける取り組みが必要であることは明らかである。ただし、その場合でも、それこそ経済価値に影響を受ける通常の考えとは異なる取り組みでなければこれまでと同じ結果になる。そこで、そうした取り組みを推進する概念として國部、西谷他（2019）が提唱した「創発型責任経営」を紹介する。

創発型責任経営とは、「無限責任の考え方に基づき、社員による主体的な活動を奨励して、創発的な実践を生み出す経営」のことである（國部・西谷他、2019）。創発型責任経営は、無限責任とは他者に呼びかけられると必ず応えなければならない人間の内奥から生じてくる限定されない責任であること、また、無限責任を果たせる主体は人間しかいないことを背景としている。

「責任」は本来無限であることから、Corporate Social Responsibilityと謳っているCSR経営、ひいてはサステナビリティ経営は、究極的には創発型責任経営と同じものになるはずである。しかし、経済が有限の世界でしか成立しない概念であるために、企業活動における責任は法律や契約や規則などによって限定される有限責任に留まってしまう。この有限責任がサステナビリティ経営にも適用されていることが、現在の「期待する社会環境価値」と「実態の社会環境価値」のズレの一因とも言える。

それゆえに、無限責任を果たせるのは人間であることから、創発型責任経営では、社員一人ひとりが主体的に行動することが重要であり、そうした行

動を通して他者と関わり、つながりを広げていくことでこれまでになかった社会環境価値が生まれることが期待される。つまり、サステナビリティ経営の取り組みを無限責任という観点から社員の主体的な判断に任せ、企業はそのサポートに徹するところに創発型責任経営の特徴がある。社員が主体的な行動をとる背景から、現在のところ、少なくとも企業理念主導型、社会問題志向型、自発性尊重型の三つのタイプがあることがわかっている。こうした取り組みはまさに創発的な実践であり、従来のサステナビリティ経営の範囲を超えるものである。

　したがって、創発型責任経営の観点に立てば、無限責任の対象としてサステナビリティ経営を捉えることができるために、その結果、SDGs の達成という社会環境価値をこれまでの経済価値との相互補完的かつ相対的な関係から独立して形成することができる。なお、創発型責任経営については、ここではあくまでも相互補完的な役割を担うことを想定しており、これまでの考えを代替するものではない。

　SDGs 達成には、経済価値以外の価値との関係にも焦点を当てることが重要であることは明白である。それに加え、SDGs は 17 の目標とそれらに付随する 169 のターゲットから構成されており、このような膨大かつ曖昧である対象に臨むためには、企業が主体になるよりも、多様な価値観を持っている社員一人ひとりがそれらを具現化するために主体的に取り組んでいく方が非常に効果的であろう。したがって、より多くの社員がSDGs を認知し、それぞれが主体的に取り組めば、SDGs 達成の可能性も無限に広がるはずである。

　また、経済価値を考慮したこれまでの考えのもとでは、「期待する社会環境価値」に辿り着く以前にSDGs への取り組みから撤退してしまうことは、社会環境価値と経済価値の相互補完的かつ相対的な関係から避けられない。その結果、SDGs が対象としている社会環境問題が十分に解決されない可能性は高い。そのために、創発型責任経営では、最小限度の枠組みとして、SDGs に 2030 年まできちんと継続してコミットすることを企業が約束すれば、通常の考えのもとでの取り組みともより明確に差別化できるし、SDGs 達成への寄与も高くなるはずである。少なくともこれまでの限界を外すという意味において、無限責任を果たす活動としての度合いが強くなることは確かで

あろう。そのことによって、つながりが横だけでなく時間にまで広がっていき、その社会環境価値への効果が一層高まるはずである。

　以上から、創発型責任経営は、SDGs達成に向けた非常に有効なアプローチだと言える。ただし、その一方で、経済価値を重視する企業でさえも創発型責任経営に取り組むインセンティブがあるのかという疑問が湧くかもしれない。しかし、國部・西谷他（2019）によると、企業事例から、創発型責任経営は、目的ではなく結果としての経済価値をももたらし得るものである。その意味では、創発型責任経営はこれまでとは違ったアプローチであるものの、図11-1のポジション①、④からポジション②へと変化を促すアプローチとしての側面も備えているのかもしれない。こうした点も、創発型責任経営が、SDGs達成に向けた非常に有効なアプローチであることを支持している。

7. おわりに

　本章の議論からわかったことは以下のとおりである。「実態の社会環境価値」が、社会環境価値と経済価値の相互補完的かつ相対的な関係によって形成されることは、人間が経済活動を行っている限り不可避である。それゆえに、社会環境価値と経済価値を対立させ、必要以上に煽るのは生産的ではない。まず、こうした関係があることを認識した上で、SDGsがもともと想定するように、社会・環境・経済を両立させることによって社会環境価値の形成（SDGsの達成）を目指すことが一番受け入れやすい考えであろう。

　一方で、そうした考えだけで取り組めば、「期待する社会環境価値」と「実態の社会環境価値」のズレが生じるのも事実である。したがって、SDGsの達成を本当に望むならば、そうした取り組みを促進する活動が必要である。そこで、その一例として創発型責任経営を紹介した。創発型責任経営は無限責任の下での取り組みのために、有限責任の下で行う企業活動とは独立して実施することができる。そのために、これまでと違うレベルでの活動が促進され、これまで取り組むことができなかった課題にも対応することが可能となる。そして、その結果、SDGs達成の可能性を高めることができる。

　このように、SDGs達成には、やみくもに取り組むのではなく、価値の観

点から社会環境問題が解決される仕組みを可視化し、SDGs 達成に向けた現
状、望ましい方向性、そのための手段をよりはっきりさせることが重要であ
る。そして、それを踏まえた上で取り組むことが、SDGs 達成を加速させる
ために今求められているのではないだろうか。

付記
本章の内容は、筆者が 2020 年 6 月 11 日に行った V.School 開講科目「価値創造サロン」で
の議論をベースに、筆者の著作物（川口、西谷、2011、西谷、2017a, 2017b、西谷、國部、
2019、西谷、2021）等で大幅に補完したものである。

注
1　ワークライフバランス施策やポジティブアクション施策といった女性を働きやすくする
　　施策がコーポレート・ガバナンスと女性の活躍を媒介する役割を果たしている。
2　他にも女性の学歴の上昇などとも関連している。
3　SDG コンパスの日本語版は地球環境戦略研究機関のサイトから入手可能。https://
　　www.iges.or.jp/jp/publication_documents/pub/policyreport/jp/5102/SDC_
　　COMPASS_Jpn_0318_30P.pdf

参考文献
川口章（2008）『ジェンダー経済格差』勁草書房。
川口章、西谷公孝(2011)「コーポレート・ガバナンスと女性の活躍」『日本経済研究』第 65 号、
　　pp. 65-93。
國部克彦、西谷公孝、北田皓嗣、安藤光展（2019）『創発型責任経営―新しいつながりの
　　経営モデル』日本経済新聞出版社。
ピーター・F・ドラッカー（1974）『マネジメント（上）―課題・責任・実践』野田一夫、
　　村上恒夫監訳、ダイヤモンド社。
西谷公孝（2017a)「環境経営にビジネスチャンス」『週刊エコノミスト』2017 年 4 月 18 日号、
　　pp. 54-55。
西谷公孝（2017b)「株主が関心高める社会・環境問題」『週刊エコノミスト』2017 年 10 月
　　24 日号、pp. 56-57。
西谷公孝（2021)「SDGs を価値から考える」『RIEB ニュースレターコラム』No.209。
西谷公孝、國部克彦（2019)「創発型責任経営で SDGs に挑戦する」國部克彦、西谷公孝、
　　北田皓嗣、安藤光展『創発型責任経営―新しいつながりの経営モデル』日本経済新聞出
　　版社。

松下幸之助（1978）『実践経営哲学』PHP 研究所。

山本勲（2014）「上場企業における女性活用状況と企業業績との関係—企業パネルデータを用いた検証」RIETI Discussion Paper Series 14-J-016, pp. 1-26。

Becker, G. S.（1957）. *The Economics of Discrimination*. The University of Chicago Press.

Friedman, M.（1970）. "*The social responsibility of business is to increase its profits,*" *New York Times*（September 13, 1970）.

Porter, M. E. and Kramer, M. R.（2011）. "Creating shared value," *Harvard Business Review* 89, pp. 62–77.

United Nations（2015）. *General Assembly, Transforming our world: the 2030 Agenda for Sustainable Development*, United Nation.

第12章

ダイバーシティの価値

—— アレキサンダー・ロニー ——

1. はじめに

　本章はちょっとしたロールプレーから始めよう。

　あなたは優秀で、明るい将来がある人材として期待の的となっている。ある日、あなたは上司に次のように言われた。「悪いけど、急な仕事がある。究極的な飲料水をつくらなければならない。あなたにチームリーダーとして関わってもらいたい。今日は金曜日なので恐縮だが、来週の木曜日までに企画書を出してほしい。」ノーとは言えないあなたは、仕事を引き受けた。そこでさっそく、チームをつくることにとりかかった。短い間に今まで誰も飲んだことがない究極の飲み物をつくるためのチームづくりはどうしたら良いだろう？　構成は統一性が高いメンバーにするか、多様性が高いメンバーにするか。要するに、効率性を最優先にするか、効率が悪くなる可能性を認識しつつも、様々なバックグラウンドや特徴をもっている人からチームを構成するか？　締切の木曜日までに企画書を仕上げるには、残業はもちろんのこと、土日も仕事をしないと間に合わない。だったら、チームは独身の人ばかりにする？　意思の疎通が大事だろう。だったら、みんなが同じ言語を話せるのがベストだろうか。キツイ仕事には若い人がいいね。でも、経験が…。さて、どうする？

　以上の問題は確かに極端な状況についての作り話だが、実際に起こり得ることでもある。男女共同参画や国際化、障がい者の雇用などが推進されている今日、どの職場にも目に見えて異なる特徴を持つ人がいるはずである。しかし、違いは目に見えるものだけではない。周りの人の心の底まで見ることができたら、みんなが「それって、私は違うよ」と言っているのが見えるだろう。何よりも仕事を大事にしたい人、一刻も早く仕事を終えて家に帰りたい人、スポーツや趣味も大切にしている人、付き合っている異性の相手がい

る人も同性と付き合っている人も、いろんな人がいる。日曜日に教会に行く人も、土曜日や金曜日に教会に行く人も、教会に行かない人もいる。それらの「違い」を明確な形で示さない限り、黙認されるかもしれない。あるいは堂々と示すか、それとも控え目に示すのか等々の対処方策は職場や学校を始めとして、国や社会の文化や環境によって異なるだろう。しかし、これらの「違い」は人々の大事なアイデンティティの一部であると理解すれば、隠すべきものでは必ずしもない、ということになる。むしろ、そういった「違い」を認め合うことが良いことであり、価値があると考えるのである。

　本章は、そういった「違い」に焦点を当てて、ダイバーシティについて批判的に考察していく。次節では、ダイバーシティの定義や歴史的変遷について述べる。第3節において、ダイバーシティとしての価値と、ダイバーシティの価値観について論じる。第4節では、ダイバーシティに対する批判に焦点を当てる。まとめとしては、価値を念頭に置きながらダイバーシティの課題と展望について述べたい。

2. ダイバーシティとは？

　最近、「ダイバーシティ」という言葉をよく耳にする。「多様性」と同義のような使い方もあれば、「男女共同参画」という限定された意味合いの場合もある。インターネットで検索すると、日本語であれば、その定義は「多様な人材」を中心とする経営やマネージメントといった文脈のものが圧倒的に多い。英語で検索するとむしろ、年齢や宗教、ジェンダーなど、人々の多様なアイデンティティに対して尊重するといった説明が多い。日本語圏と英語圏は文化的にも社会的にも異なっているので、「ダイバーシティ」の捉え方は違って当然だろう。特に、「違い」に対する考え方、つまり「違い」の価値や「違い」に関する価値観が重要かもしれない。

　日本語を使っても英語を使っても、最も単純な定義としては「ダイバーシティ」（diversity）とは「人々の違い」である[1]。しかし、それだけではあまり意味をなさない。社会的経済的な文脈に基づく「違い」と言葉を足しても、なお明確にならない。社会や状況によって異なるだろうし、今ひとつはっきりしない。そこで、この概念を理解するために「ダイバーシティ」が社会的

な戦略、価値観、あるいは価値として頻繁に登場してくる意味や背景を少し見てみよう。

　人間は自分や自分の仲間とそうでない他者とを区分するだけでなく、社会的にもキャストや位、階層や階級、ジェンダーなどのように、差別化や多様化を行なってきた。これらのカテゴリーやそれに基づく社会的役割分担は、社会内外の権力関係や支配関係に深く結びついており、時代によって具体像が変わることはあっても、規範や社会的言説によって「自然」で「普通」な関係性として広く理解されてきた。それらの区分や差異は不変なものではなく、「当たり前」とされてきたことが時代の変化とともに「差別」になることもある。例えば、一昔前に「当然」とされていた性的マイノリティの人々に対する嫌悪は、今日においては「差別的態度」と理解されている[2]。また、かつては同性婚はあり得ないものとして考えられていたが、現在、多くの国では合法になっている。人々は一人ひとり違う。しかし、それぞれの違いは、個人差だけではなく、時代や社会によって相対的に異なる意味が付与される。

　ダイバーシティは、人々の異なるアイデンティティや特徴を指す概念である。ジェンダー、人種などのように属性が分類され、分類されたカテゴリーのどれに入るかによって、個々人の特徴が判断される。例えば、願書やエントリーシートの性別欄に男性・女性・その他・答えたくないという選択肢のいずれかにチェックを入れると、そのカテゴリーに所属することになる。世界的にみると、ダイバーシティの関連で最もよく言及されるカテゴリーは、レイス（人種）、ジェンダー、エスニシティ・民族、社会的役割・機能、年齢、性的指向、心身的特徴、宗教という八つであるけれど、それらの中で重視されるものの順位は国、社会や状況によって異なる。例えば、アメリカで最も重要視されるのはレイス（人種）であるが、ヨーロッパでは文化やエスニシティが強調される。日本においてはジェンダーだろう[3]。

　では、歴史的背景を少しみてみよう。「ダイバーシティ」という概念は平等や公正・正義と密接に関係しており、移民国であり、奴隷の労働の上に建国されて、栄えたアメリカ合衆国が「ダイバーシティ」の発祥の地であるのは不思議なことではない。雇用における平等の法案がアメリカ議会に出されたのは1943年であり、その3年後のトルーマン大統領が発令した「大統領

命令（executive order）9981 号」（Truman 1948）により、軍隊における人種、肌の色、宗教、出身を対象とする差別が禁止された[4]。しかし、ジェンダーに関する言及はなかった。

　1960 年代になると、アメリカで公民権運動や女性運動が高揚した。これらの運動は人種やジェンダー間における機会の平等を要求しただけではなく、長年、抑圧に耐えざるを得なかったことをも考慮すべきだと主張した。要するに、チャンスだけではなく、長年の苦しみを償うこと、平等（equality）だけではなく、正義・公正（equity）も重要だという認識である。その要求に応えるために、アファーマティブアクション[5]という、積極的にマイノリティに目をむける施策が提唱された。アファーマティブアクションとは、たんに差別的なことを取りやめるだけではない。現在または過去の差別を償い、今後に差別が起こらないようにするためのすべての措置である（USCCR, 1977）。言い換えれば、雇用者や大学などは、差別をしないだけではなく、積極的にマイノリティの人たちにチャンスを与える、という意味である。例えば、神戸大学は、女性教員の採用比率を30％にするという目標を設定し、女性からの積極的な応募を歓迎することや、業績等の評価が同等であれば、女性を優先的に採用するなどのという「ポジティブアクション」を2008 年より実施している。

　アファーマティブアクションやポジティブアクションは、大学や企業などの組織や機関・制度内の人種差別や性差別を対象としており、措置対象とするグループ（アフリカ系アメリカ人や女性など）を明確にし、「平等」や「公正」を実現するためのものとして定位されていた。数量的目標を設定することはあっても、その主旨は歴史の中でさまざまな事情のためにチャンスを与えられなかった人々にチャンスを与えるためのものであり、「競技場を標準化する（level the playing field）」ための救済措置であった。アファーマティブアクションによって採用される人は、「資格がないのに採用される」のではなく、「優れているのにチャンスがなかったのでチャンスを与える」ということであり、このような是正措置によって救済は不要になることが期待されていた。

　しかしながら、現在日本で起こっているように、そういった政策に対する

反対はアメリカでも少なからずあった。マジョリティ（白人・男性）からの「逆差別」という批判も、マイノリティ（有色人種・女性）からの「自分の実力が評価されたのではなく、属性に対する評価にすぎない」という不満の声も 70 年代に入ってから次第に強くなってきた。その折に、一つのターニングポイントとなった事柄は、1978 年 6 月 28 日にアメリカ合衆国連邦最高裁判所が「カリフォニア大学理事会対バッキー」（Regents of the University of California v. Bakke）という裁判で下した判決である。当時、カリフォニア大学デービス校医科大学院は、大学のアファーマティブアクション制度の一環として、入学定員の 16％をマイノリティの志願者に当てていた。2 度も受験し、2 度とも不合格になった白人男性アラン・バッキーは、自分の成績や試験の評点は、合格できたマイノリティの受験生より高いとして、大学に対して訴訟を起こした。最高裁判所はアファーマティブアクションそのものを合憲としながら、厳格な人種別割り当て制度は違憲と判断し、バッキーの入学を許可するように命じた。つまり、人種を入学の判断基準の一つとすることは認められたが、16％という厳格な割り当てを適用したことが違憲とされたのである。この裁判では、裁判官の意見がわかれていて、結局アファーマティブアクションそのものは違憲とされなかったが、その後のアファーマティブアクションに大きな影響を与えた（Harris, 2018）。その後、最高裁のいくつかの判決によって同制度の範囲が制限され、やがていくつかの州では人種に基づくアファーマティブアクションが禁止された[6]。

　アメリカでアファーマティブアクションが禁止されるようになった背景には、複雑に絡み合っている国内的要因と国際的要因がある。国際的な要因として、まず挙げるべきはグローバル化であろう。物や金、人の移動のみならず、市場の再編成や産業経済からサービス経済への変化、IT の飛躍的進歩などによって、企業も大学も世界の舞台で競うようになった。その中で、人々の考え方を変える大きな契機となったのは、1987 年にアメリカ合衆国労働省が行った調査である。「ワークフォース 2000 ～ 21 世紀における労働と労働者」（Johnston, 1987）という報告書が出され、反響を呼んだ。同調査は、アメリカの経済的、人口統計学的トレンドを分析し、以下の 5 点を予想した。①人口や労働人口の増加率は 1930 年以来のどの時期よりも遅い、②

平均年齢の上昇、労働市場に入る若い労働者の減少、③労働人口に参入する女性の増加、④労働人口に占めるマイノリティの労働者の増加、⑤第一次世界大戦以来、人口および労働人口において最も多く増加するのは、合法及び非合法移民グループとなる。この報告書は、ダイバーシティを主張する人々の間で大きな反響を呼び、同時に、労働市場における白人男性の優位的な地位に対する警鐘となった。

　以上のことを受けて、多くの企業や大学などの経営者は女性やアフリカ系、ラテン系のマイノリティにのみ焦点をあてるのではなく、あらゆるマイノリティを含んだ「ダイバーシティ」に注目する必要を痛感した。それが現在の「ダイバーシティ・マネージメント」や「ダイバーシティ推進」の始まりである。

　しかしながら、差別や排除のインパクトを単一のカテゴリー（女性、アフリカ系アメリカ人など）ではかり、過去の受忍に対して何らかの機会を提供する形で是正することに対しては保守派からだけではなく、進歩的な立場の人々も限界を指摘するようになった。1989年にアフリカ系アメリカ人弁護士のキンバレー・クレンシャーが、ジェンダーや人種といったカテゴリーの人に対する偏見が交差する現象を「インタセクショナル」と形容し、交差点で四つの方向から行き来する車の状態に例えた。その交差点で起こった事故の原因はどの方向からきた車でもあり得るし、場合によってはすべての方向からきた車にもありうる。もし、その交差点でアフリカ系アメリカ人女性が被害を受けたならば、その被害の原因は性差別でもありうるし、人種差別でもありうる（Crenshaw, 1989, p. 149）。このような議論がやがて「インタセクショナリティ」と呼ばれるようになり、現在は多くの分野で使われるようになっている。

　インタセクショナリティが取り扱うカテゴリーは抑圧のカテゴリーであり、本章において特に重要である点は、複数のカテゴリーに属する人（外国人、女性等）が経験する差別は、ひとつのカテゴリーのみに属する人が経験する差別と異なり、多方面からの差別を受ける可能性がある、ということである。また、ひとつのカテゴリーに注目するとき、ほかのカテゴリーが視野に入らなくなることもある。例えば、「〇〇人」のカテゴリーに注目すると

き、多くの場合、差別の対象として「〇〇人」のジェンダーには目が向かない。逆にジェンダーのカテゴリーで同じ人を見たら、「〇〇人」であるということは取り上げられない。

さらに注目すべきは、同一カテゴリー内の差異の存在である。上述した〇〇人のことでいうならば、〇〇人のなかには男性も女性もそれ以外のジェンダーの人たちもいるだろう。しかしながら、「〇〇人」として考察の対象にした場合、ナショナリティ（〇〇人）という属性が最優先され、〇〇人の間での差異は注目されない。上記の〇〇人の場合、男性の〇〇人より下位にいる女性の〇〇人、そして場合によっては男女の〇〇人よりさらに下位におかれているクイアーの〇〇人といったカテゴリー内のジェンダーによるヒエラルキーは認識されず、単に社会の規範や言説の一環として受け止められてしまうだろう[7]。

差別・偏見・排除の対象となる特徴は必ずしも一つだけではない。こういう認識が広まり始めた頃は、逆差別を訴える声が強まってきた時期でもあった。そこで主張されたのは、抑圧を生むカテゴリーに専一的に対応するのではなく、包括的にすべての人間の「違い」を前提とし、それらの「違い」を受け入れるということである。反差別や是正といった言葉は次第に様々な違いを受け入れ、尊重するというふうに表現されるようになった。それが「ダイバーシティ」である[8]。

3. ダイバーシティの価値

上述したように、グローバル化や新自由主義経済の拡大によって、競争力を保つためにダイバーシティが重要だという認識が芽生え、多くの企業がダイバーシティ・マネージメントに乗り出した。一方、旧ソ連の崩壊や絶えないテロ、武力紛争、低開発などに対して、民主化やガバナンス、平和構築においてもダイバーシティが強調されるようになった。前者のマネージメント戦略としてのダイバーシティに期待されていた価値は競争力を高めることであり、後者の民主化やガバナンスに導入されたダイバーシティは民族や宗教等の対立を緩和する狙いがあった。人権擁護の促進の一環として、価値観としてのダイバーシティが重視されるようになったのである。以下、価値と価

値観としてのダイバーシティを検討したい。

　ダイバーシティ・マネージメントの戦略としては、クボタのCMシリーズが象徴的であろう。そのひとつ、「ホアンの夢は、私の夢」はベトナム人のホアンと日本人の高瀬という水の研究にかかわっている女性社員が登場人物である。ホアンは水質に妥協しない。それに対して少々、うんざりしている高瀬がその理由を聞くと、ホアンは故郷の汚れた川をきれいにしたいと答える。感動した高瀬は、ホアンと夢を共にする。異なる価値観や世界観を分かち合い、共により良い社会を作っていこうという物語である。クボタのCMの説明によると、「今後も、人種や国籍、性別を超えた、多様な知見や経験を発揮できる環境づくりを通じ、社会に最も貢献する企業ブランドを目指す」として、「ダイバーシティ＆インクルージョン」を推進するとされている（AdverTimes, 2020）[9]。

　このCMは短時間でいくつかのステレオタイプを壊す。技術に携わる女性たちの姿、日本人より熱心な外国人、環境破壊ではなく汚された川の水を元に戻すなどのイメージは新鮮である。日本に急増しているベトナム人技能実習生のことが話題になっているけれど、ここに登場するホアンは日本で差別や排除の対象となっているベトナム人のイメージに合致しないのも意図的であろう。ホアンの夢は、汚された川にホタルを戻すという故郷のおじいさんとの約束を守ること。日本ではそのような約束がもはやできないほど、ホタルもそれを記憶している人も稀になっている。素敵な話ではある。一方、日本とベトナムの開発レベルに差異があるからなりたっていることも事実である。先進国としての日本と途上国としてのベトナムのステレオタイプを巧みに利用して、クボタの価値をうたっているのである。

　この類のCMを作っている会社はクボタだけではない。世界中の企業、とくに先進国の企業は女性、外国人など、既存のネクタイ姿のビジネスマン風の男性とは異なるイメージを醸し出すモデルを使っている。そのような目に見える「ダイバーシティ」戦略にメリットは果たしてあるのだろうか。繰り返し述べているように、グローバル化や市場経済の変化・拡大などによって、先進国の企業は今までになかった相手と、今までと違う形で競争することを余儀なくされている。

競争力を高めるために多くの企業はダイバーシティに着目し、ダイバーシティ・マネージメントによる戦略を導入している。それによって得るものの一つは労働力である。日本の場合は特に顕著であるが、少子化、高齢化、グローバル化によって、優れた人材を十分に獲得することが以前より難しくなってきている。IT や機械化によってこの問題の解決をはかろうとしている面もあるが、それだけでは解決できない。労働力不足を克服するためには、今まで労働人口において大きな役割を果たしてこなかった人に労働者として活躍してもらうことも必要である。そこで、今まで十分に仕事の機会が用意されていなかった人—女性や移民労働者、障がい者—を労働市場に組み込もうとしている。彼ら彼女らが良き労働者として資本主義経済に参加できるようにするためには、子育て支援や言語の支援などが必要であるが、それだけでは不十分であろう。価値観や文化、生活のリズムが異なる人々が衝突せずに働くためには、互いへの理解や尊重を中心とする新しい文化を構築する必要がある。それはダイバーシティ・トレーニングをはじめ、学習や実践よって対応できる。

　日本でのダイバーシティ政策の主な対象は女性と外国人である。ベトナムやミャンマーなどの国から日本で技術を学ぼうとする若者を招聘し、安い労働力として働いてもらうことにより、労働力不足を補おうとする外国人技能実習生制度がある。狙い通りの場合もあるが、搾取的な状況で働かされているケースも少なくない。技能実習生は契約終了後に帰国する仕組みになっているが、日本に長期滞在し暮らしの基盤を日本に置いている外国人も増えている。学校や病院、住居など多くの課題がある中で、周囲から社会の一員として扱われていないことがダイバーシティ推進を阻む。形式的なダイバーシティ対策のみでは、労働力不足の問題は解決できないと考える。

　労働力不足を補う外国人労働者は確かにダイバーシティの一環ではあるが、ダイバーシティ・マネージメントが目的にしていることは、単純労働による労働力不足解決ではなく、新しい人材が職場に入ることによるイノベーションである。ジェンダーやバックグラウンドが異なる人たちが一緒に働くと誤解や対立が生じるだろう。一緒に生活すると、食べ物や生活様式なども異なるので、問題が起こる可能性が大いにある。社員としての仕事に対する考え

方、消費者としての志向や行動、市民としての態度など、生活のあらゆる面において摩擦が起こる可能性は決して低くない。けれど、その反面、そのような人たちのニーズに合わせることができれば、新たな商品開発や販売戦略ができるかもしれない。新しいものが生まれるかもしれない。今まで誰も創造したことがないようなものができるかもしれない。しかも、いろいろな特徴をもつ人が一緒に働いている職場に優秀な人たちが興味をもつかもしれない。才能ある人材を獲得する戦略として役立つかもしれない。ダイバーシティ・マネージメントによって、夢のようなことが現実になるかもしれない。

　夢は素敵だが、ダイバーシティの現実はかなり厳しい。日本のジェンダーランキングが153カ国中121位であることはそれを物語っている（JOICFP, 2019）。特に難しいことの一つは、採用比率が上がっても、組織の上に行けば行くほどダイバーシティが消えていく問題がある。シンポジウムの司会は女性であってもパネリストは男性ばかり。国会に占める女性の割合は少なく、重要な委員会の会長やビジネスリーダーのほとんどは日本人男性。スポーツ界は少し多様化しているように見えるけれど、それはまだ目に見える側面での違いだけである。性的少数者など、自らが告白しなければそうであることがわからないような人はほとんどカミングアウトしていない。杭が出ると打たれる現実が続く限り、ダイバーシティ尊重とは言えない。

　市場戦略でもあるダイバーシティはAhmad（2012, p. 53）によると、大学にとっても重要であり、市場価値を高めると同時に、大学を市場化する戦略にもなりうる。ダイバーシティをブランディングやスタイルとして使うという「ベネットンモデル」である（Lury, 2000, p. 147）。ダイバーシティについては、形式的な販売戦略として捉えるのみか、あるいは大学内部の構造的な不平等を核から是正するものとみなすかは議論が分かれるところであろう。

　2021年元日の晩にテレビをつけると、2020年に外国人が関心を持った日本のニュースのトップ15を紹介する番組が流れていた（NHK, 2021）。話題になっていたのは、日本の履歴書の様式のことで、性別や年齢、名前などの情報は不要だと、番組出演者である外国人の多くが主張していた。話は性別を中心に展開されていたが、指摘された問題はまず、男か女かという選択肢

しかなく、男女のどちらにも該当しない人や言いたくない人は不利になるということである。次に話題になったのは、仕事におけるジェンダー役割分担。応募者の能力や才能ではなく、性別欄を見て適応性が判断されることはよくないと指摘され、アンコンシャスバイアス（無意識の偏見・差別）によって決定が左右されることも言われた。イギリス、南アフリカ共和国、オーストラリア、アメリカ…。若者が次々と「おかしい」と発言した[10]。「今は、性別よりもその人の能力が仕事に合っているかどうかが大事。時代が変わったのよ」と。これらの指摘は人間を属性によって判断すべきではないという価値観に基づく発言でもある。

先述したように、ダイバーシティは差別や排除を是正し、競技場を平たんにすることにルーツがある。「世界人権宣言」（1948）の第1条にあるように、「すべての人間は、生れながらにして自由であり、かつ、尊厳と権利とについて平等である」ならば、ジェンダーや人種によって機会が異なるはずはない。この「平等」という考え方は、原則であり価値であり掟でもある。みんなが平等だから一緒に働き、一緒に勉強し、一緒に過ごすことができる。だが、現実はそうではない。

組織や機関、社会そのものは人間の関係性によって構築される。権力は関係性に組み込まれ、その関係を左右する。規範や文化、社会的言説によって、関係性はより平等あるいは不平等になるだけではなく、可視化・不可視化されたりもする。アファーマティブアクションは、差別という言葉を発することによって、不可視な差別を可視化し、過去の不平等の是正を含めて、より平等で公正な関係性の構築を目指す。これは、人間はみんな平等であるという原則と価値観に基づいた戦略である。だから、女性を女性であるがゆえに排除することはいけない、ということになる。大学は女性を増やさなければならないのは、女性は人間だから、である。結果的に大学教育の質向上にもつながるであろう。

繰り返しになるが、人間はみんな平等である。けれど、実社会において理想と現実は大きくずれている。ダイバーシティは、より平等な社会をもたらす源になるのか。それとも、構造的な不平等を隠し、差別や偏見、排除を再生産するのか。より良い社会をつくるための手段なのか、羊の皮をかぶった

狼に過ぎないのか。

4. ダイバーシティ

　繰り返し述べたように、市場経済に消費者としてあるいは生産者として参加することにつながれば、文化的な違いを含めて、「違い」は新たな知識や考え方、技術をもたらすものとして価値がある。また、すべての人は平等であるという原則をもとに「違い」を認め合うことは平和な社会づくりにつながるという点で価値観としては重要であり、しかも社会的政治的価値が大きい。しかし、その実現にはかなり難しい課題がある。最後に「平等」を中心にダイバーシティに対する批判を取り上げてみよう。

　平等は通常、「同じ」と理解する人が多いだろう。同じ教科書を使って、すべての学生に試験に合格する機会を与えるとか、同じエントリーシートを使って、すべての人に採用される可能を与えるなど、機会の平等を指すために使われることが一般的だろう。しかし、上述したように、アンコンシャスバイアスがあると同じエントリーシートが必ずしも同じように扱われるとは限らない。同じ教科書を使っても、そこで使われている言語が理解できなかったら、その言語を第一言語とする人たちと同じ立場で競争することができない。機会以外に公正や公平が不可欠である。これには権力関係もプリビレッジも関係する。

　2020年、アメリカで警察官によって殺されたアフリカ系アメリカ人男性のジョージ・フロイドのことは記憶に新しい。それに対する怒りがアメリカ中に爆発的に起こり、ブラックライブズマター（Black lives matter）という運動が日本を含めて世界中に広がった。警察から暴力を受けるのは圧倒的にアフリカ系アメリカ人という事実のみならず、生活のあらゆる面において白人より不当な扱いを受けることに対する怒りである。白人は肌の色が白いということだけで差別的な体験をしないことが白人にとっての「普通」、「当たり前」の現実である。肌の色が白くないがために全く違う「普通」、「当たり前」を体験するアフリカ系アメリカ人の状況が多くの白人には見えてこない、あるいは認識しなくていいと考える現実がある。日本で言えば、日本人だから体験する「普通」、「当たり前」は、外国人のそれと異なる。一人ひ

とりは差別しているわけではないかもしれないが、社会的に制度的に日本人は日本人であるから得している面がある。これはプリビレッジである。もちろん、このような問題はナショナリティだけではない。男性としてのプリビレッジはもちろんある。機会は平等かもしれないが、発揮できる権力には大きな差異がある。この権力の差異に直面し変革をもたらそうとするダイバーシティと、それを変えようとせずに表面的な理解に留まるダイバーシティもある。後者は見栄え良く、すぐにできるが、飾りのようなものにすぎない[11]。

　ダイバーシティは、不平等だけではなく、害を受けてきた人々の救済をはからなければならない。しかしながら、どの害が救済に値するかの判断が困難な場合はある。この判断に頻繁に引用されるものはYoung（1990, p. 64）が提示した「抑圧の五つの顔」、すなわち搾取、周辺化、無力、文化帝国主義、暴力である。しかし、これらのどれかに該当すれば、害の実態を問わずに救済されるというわけにはいかない。例えば、受賞者として積極的に女性を探すとき、選ばれない男性には残念だと思うが、救済に該当する状況ではない。また、禁煙文化が支配的になった今日において、喫煙者は気の毒ではあるが、救済対策の対象にすべきではない。ダイバーシティ対策の正当性は、「自然」や「当たり前」など、時代の社会的規範や文化などの社会的な関係性の中で判断される。批判的なまなざしは、そういった「当たり前」を検証し、その「普通」は関係性に組み込まれている不平等を存続させるものかどうかを見極めるものである（Cooper, 2004）。社会は変化するものだという前提に立てば、ダイバーシティはより多くの人にとって暮らしやすい規範をつくるツールになり得るが、それが許されるかどうかは、その社会の価値判断の問題かもしれない。

　アイデンティティの政治は厄介なものである。相対的に強い正当性を持つものも、声が大きいものもあるが、正当性と声は必ずしも連動しているわけではない。あるアイデンティティを浮き彫りにするためには、ほかのアイデンティティとの差異を主張しなければならない。多くのフェミニストが指摘しているように、このような二者選択はまず、平等な二項対立ではない。「男女、あるいは男性・女性」といった場合、女性より男性のほうがより多くの社会的資源にアクセスできるので、カテゴリーは対であっても平等ではない。

しかし、トランスジェンダーの人たちから見た場合、相対的な社会的地位や権力より生物学的な性を基準に構築されている選択肢が問題になる。実際には人間のジェンダーも性も二つだけではない。択一的なアプローチをとる限り、すべての人にとっての平等は難しい。より多面的なアイデンティティの捉え方は可能と思うが、ダイバーシティがそれを目指すかどうかも価値判断によるだろう。

5. おわりに

　本章では、ダイバーシティの定義を検討するにあたって、アメリカの公民権運動や女性運動から生まれたアファーマティブアクションを紹介し、ダイバーシティの焦点が「反差別」から「みんな一緒」にシフトしてきた過程を描いた。労働者の獲得やダイバーシティ・マネージメントによる競争力の向上、市場や消費の多様化としてのダイバーシティの価値を示した。また、人間が生まれながら平等であるという人権などの考えから読み取れる価値観を明らかにした。さらに、これらの価値に基づくダイバーシティを、社会的変革をもたらすものにするか、社会的な不平等の再生産に留まるかという価値判断の問題を「平等」の意味を探りながら提示した。

　ダイバーシティを積極的に追求すれば、マジョリティの圧力の下でひっそりと生きている人たちは堂々と自己表現でき、よりカラフルで生き生きとした世界が生まれる。しかしながら、それは容易いことではない。一人ひとりの違いを可視化し、択一的にカテゴライズをすれば、ますます偏見に満ちた社会になる危険性が大いにある。人間のアイデンティティは違いによるものだけではない。連帯もつながりもアイデンティティの一部である。最近は「インクルーション」（包摂）という言葉が、ダイバーシティと一緒に使われるようになったが、ダイバーシティ同様、誰が誰をどのようにインクルードするかははっきりしない。みんなが、積極的に複数の接点を探りながら協働すること。時々ケンカになるけれど、暴力を使わないで平和的に解決する。こうして一緒に歩むことは世界を変える力になるかもしれない。ダイバーシティだけでも、インクルーションだけでもない。ダイバーシティ＆インクルーションを出発点に新しい生き方へ旅立つ。冒頭の究極的な飲み物の開発

は、道のりは険しいかもしれないけれど、異なる者同士で未知の世界を目指したい。

注

1 英語には difference（違い）と diversity（多様性）という言葉がある。厳密に区別する研究者は、diversity をエスニシティなどの社会文化的な多様性とし、difference をジェンダーや人種などの社会的に構築されている不平等な二項対立関係に基づくものとして定義する。しかしながら、これらの意味は重なったりすることもあるため、本章では個人レベルの「違い」と、戦略や政策、価値・価値観としての「ダイバーシティ」を使用する（Cooper, 2004 p. 8）。

2 性的少数者に対する差別はなくなったわけではないが、同性愛やトランスジェンダーが「病気」として扱われることが少なくなったり、同性婚が合法になったりしていることが示すように、世界的に性的少数者の人権は擁護されるようになりつつある。一方、同性愛を非合法にしたり、死刑の対象にしたり国も存在する。（例えば、Cochran, 2014; UNICEF, 2015 を参照されたい。）

3 日本においては、国際的な批判や少子高齢化社会を背景として、現在のダイバーシティ政策の主な対象は女性である。しかし、ダイバーシティ的な平等が最初に問題視されたのは被差別部落出身者の権利についてであろう。長年、日本で支配的だった「単一民族論」にも見られるように、マイノリティを不可視化する傾向が強く、差別的な規範や言説がノーマライズされ、「普通」や「自然」だと思われたりする。今日においても、女性や被差別部落出身者、在日コリアンの人々、外国人、障がい者などに対する差別が存続しており、ヘイトスピーチやハラスメントが大きな問題となっている。

4 しかし、1953 年頃になると、アフリカ系アメリカ人兵士の 95％は混合部隊に所属していた（McCormick, 2007 p. 10）におけるダイバーシティについては Sayles（1998）を参照されたい。

5 アファーマティブアクションはイギリスのポジティブアクション、日本のポジティブアクション等と同義である。

6 トランプ政権になってからは大学のアファーマティブアクション制度に対する「逆差別」の主張が強まった。例えば、現在はアメリカ合衆国司法省がイエール大学は白人及びアジア系の受験生に対して差別的だとして訴訟を起こしている（Eustachewich, 2020）。

7 ハラスメントを考えるとわかりやすい。年配の日本人男性教授に対するハラスメントは少ないだろう。逆にいうと、そういう教授がハラスメントを犯す場合には、年上の人よりは若い人、同じ教授よりは職位が下の教員や職員、日本人よりは外国人、先進国出身の白人よりは途上国出身の非白人など、告発する可能性が低い複数のカテゴリーに属す

る相手を選ぶことが多い。

8　ダイバーシティについては前進として評価する立場だけでなく、反差別から政治性を抹消してきれいごとにすり替えたと批判する立場もある。大学については、Ahmad（2012）を参照されたい。

9　CM は YouTube で観ることができる。「壁がある。だから、行く。」For Your Wishes. 篇 - YouTube。

10　女性を増やす目的で設定された目標達成には性別等の把握の必要性は話されなかったが、性別役割を無意識にでも前提とされていることが平等を阻むものだとされていた。

11　2021 年 1 月 1 日の朝日新聞の一面に「朝日賞　4 件 5 氏に」という記事が載っていた。受賞した全員が日本人男性。全員が女性だったら注目する人はいるかもしれないが、全員が男性だということで文句をいう日本人はそれほど多くないだろう。朝日賞を受賞できる女性はいないわけではないが、探すのが大変だったかもしれない。選考の段階まで いて落選した女性がいたかもしれない。いずれにしろ、「男性のみでも良いと考える朝日新聞社」がいるのは間違いない。これも日本人男性のプリビレッジを示すものである。

参考文献

AdverTimes.（2020）「クボタ新企業 CM『ホアンの夢は、私の夢』ダイバーシティの推進を表現（12 月 22 日）」 https://www.advertimes.com/20201222/article332549/ （2022 年 1 月 1 日閲覧）。

NHK（2021）新春特集「世界が驚いた！これぞニッポンの NEWS」（1 月 1 日放送）。

NHK（2019）「性同一性障害を「精神障害」の分類から除外へ　ＷＨＯ」『ジェンダー／＃生き方 オンラインニュース』 https://www.nhk.or.jp/d-navi/sci_cul/2019/05/news/news_190526-4/ （2021 年 1 月 2 日閲覧）。

JOICFP（2019）「2019 年『ジェンダー・ギャップ指数』日本が 110 位から 121 位へ（153 カ国中）」https://www.joicfp.or.jp/jpn/2019/12/19/44893/ （2021.1.4 参照）

中村豊（2017）「ダイバーシティ＆インクルージョンの基本概念・歴史的変遷および意義」『高千穂論叢』52 巻 1 号、2017 年、pp. 58-84。

Ahmad, Sara（2012）. *On Being Included: Racism and Diversity in Institutional Life*. Duke University Press.

Cochran, Susan, Jack Drescher, Eszter Kismödi, Alain Giami, Claudia García-Moreno, Elham Atalla, Adele Marais, Elisabeth Meloni Vieira & Geoffrey M Reed（2014）. "Proposed declassification of disease categories related to sexual orientation in the International Statistical Classification of Diseases and Related Health Problems（ICD-11）." *Bulletin of the World Health Organization*, 92, pp. 672-679.

Cooper, Davina (2004). *Challenging Diversity: Rethinking Equality and the Value of Difference*, Cambridge University Press.

Crenshaw, Kimberle (1989). "Demarginalizing the Intersection of Race and Sex: A Black Feminist Critique of Antidiscrimination Doctrine, Feminist Theory and Antiracist Politics," *University of Chicago Legal Forum*, Vol. 1989, Article 8, pp. 139-167.

Eustachewich, Lia (2020). "DOJ sues Yale for alleged discrimination against Asian Americans, white people," *New York Post (online)* October 9, 2020.

Harris, Adam (2018). "The Supreme Court Justice Who Forever Changed Affirmative Action", *The Atlantic (online)*, (2018.10.13).

Johnston, William B., et. al. (1978). *Workforce 2000: Work and Workers for the 21st Century*, Hudson Institute.

McCormick, Kate (2007). "The Evolution of Workplace Diversity," *Hous. Law*. https://sites.psu.edu/nscivicblog/2016/01/27/the-evolution-of-diversity/ (Accessed 2020.1.2).

Lury, Celia (2000)."The United Colors of Diversity," in Franklin, Lury and Stacey, *Global Nature, Global Culture*, Sage, pp. 147-187.

Roberson, Quinetta (2013). "Introduction," Quinetta Roberson, ed. *Oxford Handbook of Diversity and Work*, Oxford University Press, pp. 3-10.

Sayles, Andre H. (1998). *On Diversity*, Strategic Studies Institute, US Army War College.

Truman, Harry S. (1948). "Executive Order 9981," https://www.trumanlibrary.gov/public/EO%208891%20Lesson%20Plan.pdf (Accessed 2021.1.1)

UNICEF (2015). "Ending Violence and Discrimination against Lesbian, Gay, Bisexual, Transgender and Intersex People," https://www.unicef.org/media/files/Joint_LGBTI_Statement_ENG.pdf (Accessed 2021.1.2).

U.S. Commission on Civil Rights (USCCR)(1977). "Statement on Affirmative Action," October 1977. https://www.aaaed.org/aaaed/About_Affirmative_Action__Diversity_and_Inclusion.asp (Accessed 2020.12.31).

U.S. Supreme Court (1978). "Regents of the University of California, Petitioner, v. Allan Bakke," Cornell Law School Legal Information Institute. https://www.law.cornell.edu/supremecourt/text/438/265 (Accessed 2021.1.1).

Young, Iris Marion (1990). *Justice and the Politics of Difference*, Princeton University Press.

第13章
レジリエンスの価値

── 鶴田 宏樹・浜口 伸明・齊藤 誠一・藤井 信忠・金子 由芳 ──

1. はじめに

　最近、あちこちで「レジリエンス」という言葉を聞くようになった。レジリエンスとは、ダメージからしなやかに回復するための力という意味で使われる。日本のように震災などの大規模災害を幾度ともなく経験し、何度も復興してきた国家や地域では、住民、地域コミュニティ・社会にレジリエンスという特性が備わっていると考えられている。レジリエンスとは何なのか、レジリエンスにどのような価値があるのかについて本章では考えてみたい。

　レジリエンスとは元来物理学の用語で、外圧による歪みを跳ね返す力として使われ始めたとされている。発達精神病理学の分野でもレジリエンスという言葉が使用されるようになり、これまでにレジリエンスとは何であり、何に起因するものなのかが研究されてきた。グレン・リチャードソンは、2002年発表の論文（Richardson, 2002）の中で、1950年代から始まったレジリエンスに関する研究に三つの大きな潮流があったと述べている。第一の潮流では、トラウマを乗り越えながら不都合な環境の中で自らを構築し続けていう能力がレジリエンスと定義され、レジリエンスとは個人の素質に帰するものであるとされた。レジリエンスとは生まれながらに持っている性質であるという考えが最初に導かれたのである。第二に、レジリエンスというものを素質ではなく過程（プロセス）として理解しようとする潮流が生まれた。レジリエンスとはトラウマ的状況の中で行動を起こし、その困難な状況を乗り越えることを可能にする過程（プロセス）であるとする動きであった。プロセスを支援する環境さえあれば困難な状況は打開でき、誰もが「レジリエント」な人材となれるという考え方が提示されたのである。第三の潮流は、レジリエンスそのものを力、適性、性向であるとし、誰もがこのような力を多少とも備えており、生まれ持った力もあれば環境の影響を受けて身につける力も

あるとするものである。この力があることによって、いつでも環境の急激な変化やストレスという内的動揺にも折り合いをつけることができる。ストレスは全て有害でというわけではなく、上手く付き合っていけば成長において有益なものもあるとされる。

2. レジリエンス概念の拡大

　現在、さらにレジリエンスの研究は新たな局面に入っている。人間に備わっていると考えられていたレジリエンスという力が、社会、経済、政治などにも備わっていると考えるもので、レジリエンスは「復興・再生」を導く力であるとの概念に至っている。「強靭な都市」や「打たれ強い会社」というように組織や集団に適用されるようになってきたのである。これがレジリエンス研究の第四の潮流となっている。発達精神病理学で「トラウマ」とされたダメージに、2011 年の東日本大震災による地震、津波、洪水などの自然災害や 2008 年のリーマンショックの金融危機など、都市や会社が受ける災害や株価暴落などによるダメージも含まれるようになった。

　国連国際防災戦略事務局（UNDRR）の発表によると、2018 年に世界で地震や津波、洪水などの被災者数は約 6,177 万人、死者数は 1 万 373 人であった[1]。さらに各地で発生する自然災害は大型化、多発化、複合化する傾向にある。例えば、令和元年の台風 19 号による被害のように、「これまでに経験したことがない」、「想定外」の規模の災害が、過去の記録に基づいて想定された種々の災害対策を上回り、結果として甚大な被害をもたらしている。

　都市や社会が備えるべきレジリエンスとは何なのか。フランスの精神分析医であるセルジュ・ティスロンによれば、人間のレジリエンスには四つの側面があるとされている（ティスロン、2016, p. 13）。それは、①トラウマへの準備、心構え：直面するトラウマの本質の把握、②トラウマに対する抵抗、③再構築：それぞれの能力や可能性を再構成することで、危機的状況への終止符をうつ。発生した動揺を利用して、また別の基盤での発展を目指す。④回復（復興）の強化：極度な状況変化の後、ひとまず危機の発生を阻止したとしても、その傷跡は実際には残る。回復（復興）の強化とは、未来の局面に対して新たな可能性を含んだ一歩を踏み出すとされている。この側面を都

市・社会に照らし合わせて考えると、都市・社会が受けるトラウマの本質であるダメージに、システムの脆弱性の理解と極度な状況変化の予測による把握、基本的機能を回復する復旧と復興プロセスで抵抗する。そして、都市・社会システムを再構築するのである。都市や社会が持つべきレジリエンスとは、単なる「外圧による歪みを跳ね返す力」ではなく、ダメージを受ける以前の社会システムの脆弱性を把握した上で、都市・社会が設定しているビジョンを実現するためのシステムを再構築できる力であると言える。

　世界全体でこれまで幾度となく大規模な自然災害や経済危機の影響を受けてきたが、今後も災害や経済危機を完全に回避することはできない。それゆえに、国家的にレジリエンスを備えた社会、つまりレジリエントな社会の構築が政府にとって重要事項となっている。日本においても、平成26年に発表された「国土強靱化基本計画（国土強靱化アクションプラン2014）」（内閣府、2021）では、「国土強靱化」の基本理念として「「強さ」と「しなやかさ」を持った安全・安心な国土・地域・経済社会の構築に向けた「国土強靱化」（ナショナル・レジリエンス）を推進することとする。」ことが宣言されている。さらに平成30年12月に閣議決定された計画では、アクションプランの方針として、ハード・ソフト両面での効果的な推進、自助・共助・公助の適切な組み合わせ、民間資金の活用、地域の特性に応じた施策の推進によるコミュニティのレジリエンス推進、非常時だけではなく平時での有効活用の工夫等が謳われており、これらの具体的な取り組みの推進によって多様なニーズと新たなイノベーション創出および日本の経済成長に繋がることが期待されている。

3. 経済学、心理学、工学、法学の視点からレジリエンスと価値を考える

　レジリエントとは何かについて、V.Schoolで開講された「価値創造サロン〜レジリエンスと価値〜（2020年12月10日）」での議論から考えていく。「価値創造サロン」とは、毎回異なるテーマで様々な分野の専門家が行う議論と対話から、学生、教職員がそれぞれ自らの中で咀嚼し、見えてくる「価値」を可視化する場である。価値創造サロン「レジリエンスと価値」では、

浜口伸明（経済経営研究所）、齊藤誠一（人間発達環境学研究科）、藤井信忠（システム情報学研究科）、金子由芳（社会システムイノベーションセンター）、鶴田宏樹（V.School）による議論・対話を展開した。大規模自然災害などからの復興に必要なレジリエンスという力は、一つの学問のみの視点で理解できるものではないと考えられる。議論は、復興に必要となるレジリエンスを様々な学問からの視点で見てみることに焦点を当てた。議論の内容は、Irodori 代表・グラフィックファシリテーターの有廣悠乃さんによって描写され、章末の図 13-5 として図示している。

3.1　経済学の視点

　経済を動かすのは市場である。図 13-1 のように需要と供給の関係の中で、それらの量が交わった均衡点で経済が釣り合っている。大災害が起こった時には、地震でいろんな工場が破壊されたりすることなどで同じ価格で供給できる量が少なくなる。それによって供給のグラフが左にシフトする。それにより均衡点は元の点（A）から左の（B）に移行する。一方、リーマンショックなどの経済ショックでは、需要が急速に失われるという現象が起こる。それにより、需要カーブが左側にシフトする。その結果、均衡点も左（C）にシフトする。2021 年現在におけるコロナ禍の状況下では、供給能力も低下し需要も低下する。このような場合に均衡点は（D）に移行する。いずれにしても元の水準から生産が少なくなる現象が起こる。この状態では同時に元の状況と比較して雇用の減少に伴う失業が発生することになる。

　経済学的な「復興」とは、市場メカニズムの中で、ある程度元の状態に戻ろうとする力である。災害によって生産設備が破壊されても、需要が元通りに残っていれば生産設備を回復しようとする力が働く。地理学者である山口弥一郎[2]による過去の三陸津波についての調査で

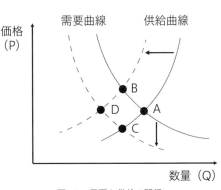

図13-1 需要と供給の関係

は、三陸沿岸には豊かな漁業資源が存在し、津波後のごく短期間で再びまた人がその資源を求めて集まることで非常に早期の復興が実現できたと報告されている。一方、東日本大震災では、自動車産業におけるサプライチェーンの寸断が起こったものの約6ヶ月後には完全に復旧した事例がある。このように、災害の直接的な影響は局所的・地域的であるが、需要がその地域だけではなく全国あるいは世界全体にあるような場合には、需要そのものは傷ついておらずその需要による産業の急速なV字回復が可能である。

　需要・供給曲線において元の均衡にたどり着けない場合もある。それは、ダメージで需要が量的には変化していないにも関わらず、質的に変化してしまう場合である。例えば、神戸港について考えると、阪神淡路大震災の後で、国際コンテナターミナルとしての神戸港の国際的地位が著しく低下したことは知られている。震災前後の港湾業界では、輸送量の拡大の要請に基づいた船舶の大型化に対応するために港湾インフラを拡充することが求められていた。神戸港の場合には、バース（船舶が着岸し荷役を行う岩壁や桟橋）を長くして大型の船が接岸できるように水深の深い港を作る方針をとることで国際競争力がさらに向上すると考えられた。それにも関わらず、当時の政府の方針は「元通りに戻す」であった。そして、神戸港は着岸する船の大型化に対応できず、多くのコンテナ船は釜山などの海外の港をハブとするようになった。それが、神戸港の国際的地位の低下につながったと言われている。

　需要の質的変化についての他の事例としては、東日本大震災で津波に襲われた三陸沿岸の水産業の復興が挙げられる。三陸沿岸は、震災前も震災後も変わらず漁業資源に恵まれている。しかし、日本全体で食生活が変化し、国民は魚より肉の方を好むようになった。そして、漁業資源の豊富とは関係なく地域の漁業は低迷した。復興が進められていた背景にはこのような需要の質的変化があったのである。このような漁業を含む一次産業の状況は三陸沿岸地域に特有なのではない。すでに人口減少に直面している多くの地方が毎年のように台風・洪水・地震などの大規模自然災害に襲われていることからも、この問題は多くの地域に共通するものであると考えられる。さらに、2021年現在の日本全体で新型コロナウイルスの影響を受けている状況においては、人が集まることを避けようとする意識や外国人の来日機会の低下により、観

光地としての需要の回復も見込めない現状にある。コロナ感染が収束したとしても、都会の飲食業やインバウンド観光が完全にコロナ禍以前の状態に戻るとは考え難い。ここにもやはり需要の質的な変化が見られるのである。

　このような予想される困難の中で今後消費者が何を必要とするのか、どういう国際情勢が需要の背景として展開されるのか、などの需要の変化やその背景をとらえた上で、既存の資源をうまく活用して新たな価値を創出するようなビジネス・活動が復興を成功させる鍵となる。例えば、神戸港の中核地区である神戸ポートアイランドのようにコンテナヤードになる予定だった土地に、国・自治体主導で医療関連企業を集積させて先端医療産業都市を形成する。これにより、神戸ポートアイランド地区を港湾関連産業の集積地域から医療産業集積地域へ移行させた。他の事例として宮城県気仙沼市に着目すると、海外輸出に対応できる機能を備えた漁港を構築し、地域の漁業を輸出産業に移行させる、新たな生産物のブランド化などによって地場産業の強みを変えて行く、といった試みが挙げられる。このように需要の質的変化を考慮したビジネス・活動を生み出すことが、都市・社会の回復力を高めることになるのである。

　2015 年に仙台で開催された国連防災会議では、復興を Build Back Better[3] と表現している。復興が進まずに被災地域から人がいなくなってしまうと、その地域に存在する豊富で多様な資源が使われずに放置されてしまう。これは日本にとって非常に大きな経済的損失であるとともに、技術や文化のような無形なものが消滅してしまうことにつながる。すでに存在する有形無形の資源に新たな価値を加えることによってその地域独特の文化を広めて発展させること、これを実現することが現在の人口減少時代に私たちに与えられた課題なのである。震災をきっかけに、都市に非常に人口がどんどん集中するようになり、地方の貴重な資源が無駄に使われずに残り、今まで存在した多様な文化や生活が失われていくようになることは誰にとっても受け入れにくいことである。一方、都市部にとっても、人口が増加する都市部の地価がさらに上昇したりすることはあるべき姿ではない。自然災害からの復興とは、都市部だけ、地方だけの局所的に考えるべきではなく、システムとして日本の国土全体を俯瞰した上で局所的な被災地の問題を同時に考えていくべきな

のである。

　経済学の視点では、災害などのダメージを受けても「需要」が存在すれば
また元に戻る。市場の中にレジリエンスという形で急速に元に戻るメカニズ
ムが市場に備わっている。ただ、人口減少がどんどん進んでいく中で、平常
時においても限界集落が増え、そして消滅してしまう地域は多く存在する。
人口の流出が起こっているような地域では、量的な需要の回復が見込めない
ために災害に対する経済的なレジリエンスは機能しない。地域が消滅する直
接的な要因は災害そのものにあるのだが、平常時からの人口流出という社会
システムの脆弱性がレジリエンス機能を低下させていると言える。そのよう
な地域のレジリエンス機能の向上には、地域資源の活用と人間の定着の促進
が重要である。

3.2　心理学の視点

　人間は逆境や困難に遭遇するとどうなるのであろう。例えば、ガンの罹患
など大病の経験、虐待やDV、事故、震災などこれまでの生活の中ではあり
えないような大きな困難に遭遇した時には、当然ながら受けるストレスは非
常に大きなものとなり、時には精神病的症状も発症しうる。このような困難
に対して、乗り越えられる人間もいれば乗り越えられない人間もいる。ここ
では、乗り越えることできるのはなぜか、について考えていきたい。

　心理学では、人間が困難に対する時には、「ハーディネス」、「レジリエン
ス」、そして「トラウマ後成長（Posttraumatic Growth: PTG）」という三つ
の力が働くとされる（図13-2）。

　例えば、木が強い風を受けた場合、その木が柳などであればすぐに倒れそ
うになるが、普通の木は「耐えよう」とする。この困難に耐えられる力、耐
えようとする力が「ハーディネス」である。そして、耐えきれなくなると戻
れなくなるくらいに曲がってしまったり、場合によっては幹が折れたりする。
しかし、柳の場合には、なんとか倒れそうになりながらも風をやり過ごす。
そして、風が止んだ時に元に戻る。この力がレジリエンスであると説明され
る。人間の場合には、困難な状態にさらされることで一時的に不健康な状態
だったとしても、それを乗り越えて精神的病気の症状を示さずに適応する状

態を意味する。

　このレジリエンスという力にも、元々持っている資質的なレジリエンス（楽観性、統御力、社交性、行動力）と後天的に獲

図13-2　レジリエンス・ハーディネス・トラウマ後成長の模式図
出典：仁平義明（2014）

得するレジリエンス（問題解決志向、自己理解、他者心理の理解）がある。獲得的レジリエンスとは、例えば、困難な状況に置かれた時にどんなふうにうまくやっていけるのか、自分の力だけではなく、他人との関わりの中で、自分の外にある資源を利用していく力でもある。また、心理学的には、ダメージからの回復において、困難を乗り越える経験することで成長するというPTGという概念が使われる。人生における大きな危機的体験や非常に辛く大変な出来事を経験する中で、色々心の闘いやもがきを通して、人間として成長を遂げるような方向の変化をすること、あるいはその実感を表すものである。単に元に戻るものではなくて、困難な経験をある種のバネにして成長するという感覚である。その成長は、他者との関係の変化、新たな可能性の認識、人間としての強さ、精神的な変容および人生に関する感謝などで表現される。心理学的には、自らの精神的状態を元に戻すのがレジリエンスであり、そこからもう一歩先へ踏み出して強くなる成長がPTGであると考えられている。

　震災から受けるダメージの影響を考えてみると、その影響には直接的なものと間接的なものがある。直接的影響とは、震災そのものの影響であり、恐怖体験をして死を感じ心的外傷後ストレス障害（PTSD）に至ってしまうなどの影響である。一方で間接的な影響とはダメージを受ける以前の問題が顕在化するものである。ダメージを受けるまでにはなんとかバランスを保っていた人間関係や家庭環境での問題が、ダメージ後に顕在化してしまう。例えば、過疎が進む地域において、東日本大震災によって地域外に避難する場合、そこに住む子供たちにとっては、そもそもその地域周辺には、大学などの高

等教育機関が少ないため避難のタイミングで都市に移住する。土地に代々住んで生活している世代は、住んでいた地域の近くに避難をすることを選択し、復興後に元の地域に戻る。この地域では、教育機関や企業が少ないことから地域に若者が戻る動機は弱い。そのために限界集落化が一気に進む。震災がなくてもいずれは限界集落化する可能性がある地域ではあるが、震災がトリガーとなって問題が前倒しで顕在化したのである。ダメージから影響を克服して元の状態に戻るためには、そもそもの問題がどこに隠れていて、ダメージによって何が顕在化するのか、を理解することが重要なのである。

　次に、人間の発達という観点でレジリエンスを考えてみる。福島で15歳（中学3年生）に東日本大震災を経験した青年にとっての復興とは何であろうか。復興を産業や都市機能でなく、人間を対象として考える時に重要となるのは、「時間」という変数である。復興についての議論では、これまでの「時間」というものの意味があまり考慮されてこなかった。つまり、壊れたものが元に戻るのにかかる時間にどんな意味があるのかということが考慮されていなかったのである。例えば、阪神淡路大震災で有名になったPTSDについて考えてみる。当時、震災の影響によるPTSDを、臨床心理的な処置で単に「治療」するための活動はされてきた。ここに「時間」を考慮に入れた場合にはどうなるであろうか。様々な状況下で被災したのち、社会・様々なインフラなどの物理的な回復に仮に3年かかったとする。例に挙げた15歳の子は18歳（高校3年生）になっている。その3年間という時間の意味はなんであろうか。この3年間という時間に、人間の発達というものは常に「動いている」。つまり、15歳の中学生にとっては、震災を経験した後も、その発達は継続し、震災があった事実の中で生きているのである。被災した「15歳」の中学生にとって、その後16歳、17歳になる時間の中での発達は、震災がなかった状況の延長として考えることはできない。すなわち、心の復旧・復興、つまり傷ついたものを「直す」ことは大事なことである一方で、発達という観点で考えれば、ダメージを受けた後の発達とは、本来経験するべきだった発達とは異なると考えなければならないのである。人間の発達というものは、心理学的なレジリエンスである「単に力強く元に戻りましょう」という考え方だけで考えることは難しく、むしろ、被災した経験をどう意味

づけるかも重要となると考えている。心理学だけではなく、どの学問領域でも震災を経験するということは後ろ向きに捉えられがちではあるが、積極的な観点も重要なのではないだろうか。様々な被害を受けた方がたくさんいることを考えると、表現の仕方は難しいが「どうせ」より「せっかく」という発想も大事なのかもしれない。

3.3 工学の視点

　工学では、安全工学という分野を中心にレジリエンスという概念が研究されている。この分野では現在、安全の定義そのものが「悪い方向へ向かうものことをできるだけ少ないようにすること」から「できるだけ正しい方向へ向かうこと」に変化している。ヒューマンファクターや人的要因という言葉の意味も、何か安全を脅かすものや責任の所在を明らかにすることから、正しい方向に向かうための有効な資源であるということに変化している。「防ぐ」ということから、「受け入れてうまく乗り越えていく」というような意味合いになってきているのである。工学者がレジリエンスという概念に着目したのは、日本の場合、やはり2011年の東日本大震災がきっかけであった。特に製造業では、経済学の視点でも述べられているが、サプライチェーンが寸断されてしまうという状況が起こった時にどのように維持すべきかが話題になり、工学者の間で、レジリエンスという言葉が日本では一気に広まった印象がある。

　工学的には、レジリエンスという言葉でカバーされる概念は広い。非常に発生確率の低い「非日常的」でインパクトの大きい出来事に対する復興・復旧だけではなく、日常における日々の変動への適応能力もレジリエンスと考える。つまり、システム内外の変動とか不確実性に適応しながら、その機能を維持あるいは発展し続けることができる性質のことをレジリエンスと捉えるのである。レジリエンスの概念を工学の分野に持ち込む時に、既存の関連概念との差別化とか関係性が曖昧であったことから、これまで様々な議論が生まれてきたのも事実である。ここで類似した概念の一部をあげると、アボイダンス、ウィズスタンディング、リカバリや、スケジューリングにおけるプロアクティブ、リアクティブ、リアルタイム、あるいはシステムのロバス

トネス、アジリティなど、が挙げられる。現在では、これらを包含して工学的なレジリエンスが考えられている。

　レジリエンスについて、二つのシステムモデル（環境モデル、人工物・環境・人–関係モデル）を考えてみる。「環境モデル」は、人間も含むシステムが作動する環境がどういう状況にあり、想定外の事象をどういう風に捉えて対応するのかを考えるモデルである。「人工物・環境・人–関係モデル」は、環境だけではなくてAIや自動化機器などの人工物や人が介在するとどのような関係になるかを考えるモデルである。まず、レジリエンスの環境モデルについて考えてみる。システムというものは、ある環境 e のもとで出力を最大／最小化する入力 x を決定するものである。f がシステムの振る舞いのを規定するモデルとなり、

$$y=f\,(x, e)$$

と記述できる。この場合、x は入力として与えるものであるが、実現環境である e については、事前に全てを把握することが不可能である。どこまでを実現環境の範囲とするか、どこまで f に反映させるか、これがシステムを構築する際の安全性に寄与するポイントになると考えられる。図 13-3 のように環境の全体をベン図の枠（E^+）で表すと、潜在的に起こりうる環境（E）の中で、何かを作って動かす時に人間が想定できる環境（E_S）が存在する。

　その想定環境（E_S）の中で、実現環境（e）をどこまで含むかを考慮したモデル化環境（E_M）の範囲が決められるはずである。モデル化環境（E_M）、想定環境（E_S）、潜在的環境（E）の中で、実現環境（e）としてのインスタンス[4]がモデル化環境の中に入っていれば想定内で動いている状態なので、人間が介在しない状態でシステムを適切に動かしたりできる。あるいは、想定環境 E_S の中、つまりモデル化環境の外に出てしまうとシステム内に何らかの変化が起こるので、その変化をシステム的あるいは人の動きや能力を使ってリカバーすることを考えなければならない。実現環境 e が潜在的環境 E に入ってしまうと、システム的な対応は困難になり、人間の適応能力に頼らざるを得ないような領域に入るのである。システム工学的な視点とし

ては、モデル化環境
E_M、想定環境 E_S の
範囲を実現環境 e が
往来するのをいかに
して扱うかに着目し
ている。

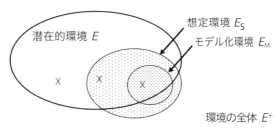

図13-3　レジリエンスの環境モデル

　その前提で考える
と、レジリエンスを実現する方策について上述した類似概念と対応づけて考
えることができる。実現環境 e が、モデル化環境（E_M）内であれば、アボ
イダンス（回避すること）、プロアクティブ（事前に対策すること）、ロバス
トネス（頑強にすること）というような言葉がシステムの能力・性質として
備えられているべきである。モデル外であれば、ウィズスタンディング（耐
えること）、リアクティブ（その都度変化に対応すること）、アジリティ（迅
速に何か対応すること）という能力・性質が求められるであろう。想定外に
なってしまうと、リカバリーやリアルタイムに人間が意思決定せざるを得な
いということになるであろう。実現環境 e がどういうものかによって、考え
ておくべきレジデンスの方策というものが変わってくるのである。

　次に、人工物、人、環境の関係性を考慮した人工物・環境・人 – 関係モデ
ル」を考える（図13-4）。操作者であると同時に変動を生み出す要因でもあ
る「人」というものを考えた場合、定常状態、つまり実現環境 e がモデル化
環境（E_M）内にある場合には起こりうる全ての変動が予測可能である。こ
こでは、ある意味人工物は人の関与なく作動し続けられるので、人的な要因
は環境の変動要素になり、人工物に影響を及ぼすという形になる。ただし、
モデル化環境（E_M）が想定環境（E_S）に出てしまったような「非定常」な
状態の時には、変動に適応して機能を維持する必要がある。その場合は、そ
のシステムと人間が協調するための人間の介在が不可欠になり、人工物と人
間が関係しながら解決策を見出すことが重要となる。つまり、人工物を含む
システムにおいては、人間に対して開かれたシステムをどのように構築して
いくかという視点が必要となる。そして、実現環境 e が潜在的環境 E に出
てしまった場合には、もうその人工物の制御は人間の経験や勘によるヒュー

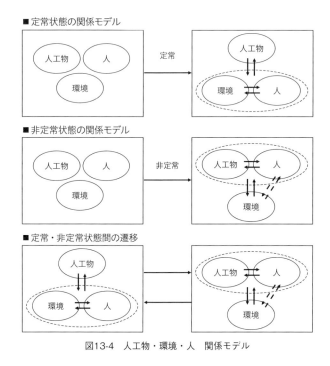

■定常状態の関係モデル

■非定常状態の関係モデル

■定常・非定常状態間の遷移

図13-4　人工物・環境・人　関係モデル

リスティクスに頼らざるを得ない。ただし、この定常・非定常というのは、実は独立した状態ではなくて相互に変化するものである。状態変化が起こると何らかの作用で安定状態にまた戻る状況もあり得る。その安定状態への移行をいかに誘導するについて、人間とシステムの関わり合いで考えていくのがシステム工学的なアプローチである。

　レジリエンスを考える上では、最近のコロナ禍についても考えなければならない。震災などに対するレジリエンスは、時定数が短く、比較的静的な安定性、つまりあるところに回復すべき到達点が見えている性質を持つ。一方で新型コロナウイルスの影響というものは非常に時定数が長い。震災であれば発災後に、その影響から復旧・復興とするというプロセスが動くが、コロナ禍というのは人間がいかに介在しようが常に変動し続ける。コロナ禍からの復興とは、時定数が長く、外的要因に起因する安定逸脱からの回復であることを考えなければならない。例えば、経済学の視点において、需要が減少するとか、工場停止、人員不足、在宅勤務というコロナ禍における環境あるいはシステムを構成する要素がどんどん変化している中で、どのようにレジリエンスを考えるかが、コロナ禍における課題となっているのである。

3.4 法学の視点

　法律と聞くと「すでにあるもの」というイメージがあり、法律家はそれを丸暗記して、歩く辞書のように伝えることができる人だと思われているかもしれない。しかし、法学というものは、法律がどう変化しているかを考える学問である。法律と人との関係は、システム工学におけるシステムと人との関係によく似ているものであり、すでにある法律というものが、実際の紛争過程での新しい判例から作り直されていく、法律家というものはそういうことを学んでいるのである。人々の納得と正義という観点で、帰納法的に皆が納得するまで裁判が起こされ、最終的に判決が出るまで続けていくという過程が新しい法律に変化を与える。ただし、法律の世界でも変えて良い部分と変えてはならない、変化から守らなければならない部分がある。一時的にその形が歪んだとしても根本的となる規範、人間の権利に基づいて必ず元に戻ってこなければならないのである。この点が法律のレジリエンスであると考えられる。

　例えば、本書が出版された2021年現在の新型コロナウイルスの影響で、企業が活動を継続することが非常に困難である状況でも、民法419条3項で金銭債務はいかなる場合でも返さなければならず、損害賠償責任を免除されない。企業が置かれている状況がいくら不可抗力であっても、想定内であろうと想定外であろうと、その債務は返還しなければならない。このような法は日本法の特色であり、東日本大震災の時にも日本経済にとって厳しい結果を引き起こしてしまう要因の一つであったとされる。このような現在の状況にそぐわない法の規定は、当事者の交渉や裁判を通じて適切なものに変化していくはずである。

　また、「3.1 経済学の視点」において記述した、レジリエンスの結果としてのBuild Back Betterという概念、そして、「3.2 心理学の視点」でのレジリエンスおよびPTGを考えると、元に戻る、あるいはより良い状態になる、ということを、法という人とシステムとの関係性の視点から考えると、誰にとっての"better"なのかを考えなければならないのである。例えば、地域経済の活性化において、将来的に"better"であるものとして港湾整備を行ったとする、その一方で、地域の住民の方にとっては、それよりも今すぐ自宅を

再建したい、店を再開したいと思う場合もあるであろう。「誰にとって」、「いつ」の"better"なのか、それがレジリエンスという性質を備えた社会を作るためには考えなければならないポイントである。そのための合意形成の制度を作り出して行くことが法律の視点では重要となるのだが、特に国家主導、いわゆるトップダウンでいくのか、住民参加によるボトムアップ的な決定を進めるのか、その対策がどのくらいの時間がかかるのか、その期間の損失保障はどうするのか、など、「誰」と「いつ」ということを同時に考えていかなければならないのである。

3.5　レジリエントな社会を構築するためには

　議論のテーマとした、レジリエンスという力を行使した結果としての「復興」とは、非常に主観的なものである。例えば、大規模自然災害における被災地の自治体で、自らの自治体での復興の成功を高らかに宣言する自治体もあるだろう。しかし、行政としては成功しているけれど実際にその住民たちから取ってみると、実は成功といえるほどの「復興」は実現できていない場合もあるだろう。価値創造サロンの議論では、「3.4. 法学の視点」でも述べたように行政主導での復興と住民参加による復興、これらのゴール、つまり「誰のために」復興するのか、そして、人間の発達、復興する地域の外の社会の変化も考慮する時間軸も考えないといけないと指摘された。つまり復興には「空間的」「時間的」な概念を取り込まなければならないのである。

　さらに、ダメージ後においてより良い状況に変化していくためには、ダメージを受ける前、自然災害であれば発災前の社会システムのどこに課題があるのかを理解することも重要であることが話題となった。一つの考え方ではあるが、「復興」とは、自然災害によって破壊された社会システムを回復・発展させること、というよりも既存の社会の問題を理解した上で震災というダメージを「きっかけ」としてより良い社会を構築することと考えることができる。これが、「3.2. 心理学の視点」での、「どうせ」ではなく「せっかく」という記述の意味である。その場合、レジリエンスとは、過去から現在における社会課題を顕在化し、ダメージに対応し、未来社会を構築する力と考えることができると考えられる。社会の問題とは、例えば経済的な視点など、

ある単一のだけで考えることではできない。

　東北のある漁村を例に考えてみる。その漁村では若者の地域離れから高齢化が進んでいる。震災後に漁村を復興させるためにダメージを受けた港湾施設を5年かけて復旧した。しかし、その地域の高齢化はさらに進み労働者人口は激減し、復興も実現には至らなかった。ここで問題とすべきは、この漁村の復興を妨げたものは、港湾施設の機能不全による水産業の低迷ではなく、高等教育機関の不足、水産業以外の産業の欠如などにより、若者の定住を実現していないことが原因でもあったはずである。社会のレジリエンスを高めるためには、「時間軸」を意識しながら、ある特定の視点だけでなく様々な視点を持つこと、人間の心の動き、コミュニティや社会の動きを捉え、政治、法規制、経済、技術、環境、文化、人間生活といった複眼的な視点を持って対応策を考えるべきである。

4. レジリエントな社会を創る人材を育てるために

　当然のことながら、これからの社会においても私たちは様々なダメージを経験していくのである。2021年現在の新型コロナウイルスの影響や今後必ず起こると言われている南海トラフ大地震もそうである。これらのダメージにしなやかに対応し、発展していくレジリエンスが社会に備わっていることが必要であるとこれまでに述べてきた。では、そのレジリエントな社会を構築する担い手は誰であり、どのような知識・能力を持った人材であろうか。

　レジリエンスとは、過去から現在の社会問題を理解した上でより良い社会を構築するための力である。その社会問題は、社会システムの脆弱性に起因すると述べてきた。そもそも社会とは、人間が集まって共同生活を営む集団であり、諸集団の総和からなる包括的複合体である。要素となる個人の集合である家族などの血縁集団から、地域コミュニティ、国家など、それぞれの価値観や規範、伝統などで拘束された集合である。一方、システムとは、定義された目的を成し遂げるため、相互に作用する要素を組み合わせたものである。社会システムの中で、人間と人間が作り出す機能が結びついているのである。システムズ・エンジニアリングのISO27000規格では、脆弱性とは一つ以上の脅威によって「つけ込まれる可能性がある」資産または管理策の

弱点とされている。社会システムの脆弱性とは、震災などの大規模自然災害によって容易に破壊されうる弱点であると言い換えることができる。このような脆弱性を理解して、ダメージを受けた社会に新しい価値を創造できる人材が「レジリエント人材」と定義できる。

　レジリエント人材の育成にはどのような教育を考えれば良いだろうか。レジリエント人材には、現在の社会システムの脆弱性を理解し、大きなダメージを受けた際にもその極限状況の変化を冷静に捉える力が求められる。その力を醸成させることは現在の大学の講義や演習のみで可能であろうか。本章での経済学・心理学・工学・法学に関わる教員による議論からも分かるように、震災などのダメージで「つけ込まれる」ような社会システムの脆弱性とは、ある特定の学術分野の知識のみではなく、様々な知識を獲得することによって身につける複合的視点で初めて見抜けるものである。この複合的視点に必要な知識は広範囲で量的にも膨大であり、レジリエント人材が直面するであろう状況もそれぞれ異なることから、現在の知識伝達重視の講義や演習のみから必要な知識を獲得することは現実的ではない。講義や演習に加えて知識獲得に対する動機を誘発するような仕掛けが重要とされるのである。

　このことは、現在の教育における課題とされているが、20世紀初めにおいても、知識伝達型教育に加えて学生の「経験」を重視した教育の必要性が問われていた。この「経験」が知識獲得の動機を誘発させるのである。このような教育の外部環境との関わりの中で質の高い「経験」を通じた学びについて、教育哲学者ジョン・デューイが20世紀初めに『経験と教育』の中でその重要性を説いている（デューイ、2004）。レジリエント人材の育成の場合には、この外部環境とは、社会システムの脆弱性と大きなダメージによる極度な状況変化を理解できる「現場」となる。現場での社会の状況の理解、潜在的課題の顕在化、そして、そこに住む人間の心理・行動などに「共感」することを盛り込んだ問題解決型学習（PBL）が有効なのである。震災などのダメージを受けた社会に直接触れ、その住民やコミュニティが持つ「期待」共感した上で必要となる知識を収集し、社会にレジリエンスという力を与えるための事業や取り組みを考案する。この過程の中で、問題の本質を見抜く複合的視点の重要性の理解と様々な知識の獲得、価値創造に必要な考え

方の理解を経験できる。現在、この経験型学習を含む教育プログラムを、神戸大学、東北大学、北海道大学、小樽商科大学、宮城大学、徳島大学が共同で文部科学省・次世代アントレプレナー育成事業の支援を受けて「レジリエント社会の構築を牽引する起業家精神育成プログラム」として2019年から設計・開講している[5]。このプログラムでは、全国の大学生が神戸、東北、北海道をめぐり、自然災害からの復興についてのフィールドワークを実践し、社会的価値と経済的価値を両立する事業を立案する。その過程において、参画大学に蓄積された、人間、コミュニティ、社会が有すべきレジリエンスに必要な知識の獲得を試みるものである。神戸大学では、V.School が提供する共通教育総合科目「Creative School 応用編」として、この大学連携プログラムを本学の学生に提供している。

5. おわりに

　本章では、レジリエンスとは何か、そして、レジリエンスが高い社会の構築を牽引する人材（本章

図13-5　サロン概要（グラレコ）

では、「レジリエント人材」と定義した）を育てるためにはどうすれば良いかについて議論した。今後、神戸大学、東北大学、宮城大学、北海道大学、小樽商科大学、徳島大学で共同開発している「レジリエント社会の構築を牽引する起業家精神育成プログラム」に、価値創造サロンをきっかけとして始まった議論の内容を取り入れ、さらに質の高い経験型教育を実現するつもりである。

注

1 国連国際防災戦略事務局プレスリリース参照。https://www.undrr.org/news/2018 extreme-weather-events-affected-60m-people（2021年2月9日閲覧）。

2 昭和期の民俗学・人文地理学者であり、三陸地方において歴史的に繰り返された津波と復興のプロセスを調査研究した実績を持つ。

3 Build Back Better という言葉は、2020年のアメリカ大統領選挙でもジョー・バイデン候補が選挙スローガンとして使用していて別の意味で有名になった言葉であるが、オリジナルは仙台宣言の方である。

4 ソフトウェア関連分野で、あらかじめ定義されたコンピュータープログラムやデータ構造などを、メインメモリに展開して処理・実行できる状態にしていたもの、実体という意味も持つ。

5 文部科学省 次世代アントレプレナー育成事業 EDGE-NEXT 共通基盤事業「レジリエント社会構築を牽引する起業家精神育成プログラム」https://edge-next.eng.tohoku.ac.jp/category/activities/activities1/

参考文献

セルジュ・ティスロン（2016）『レジリエンス−こころの回復とはなにか』白水社。

ジョン・デューイ（2004）『経験と教育』講談社学術文庫。

内閣府「国土強靱化基本計画」(2021) https://www.cas.go.jp/jp/seisaku/kokudo_kyoujinka/kihon.html（2021年2月9日閲覧）。

仁平義明（2014）「レジリエンス研究の現在」『児童心理』68巻11号 , pp. 909-916。

Richardson, G. (2002). "The Metatheory of Resillience and Resiliency," *Journal of Clinical Psychology*, Vol. 58, No. 13, pp. 307-321.

第14章
医療機器の価値創造

─ 福本 巧 ─

1. はじめに

　医療機器における価値創造とは何か。この問に対して「趣味」として医療機器開発に30年余り携わってきた大学外科医が独断と偏見で回答してみたい。なぜ趣味かは後に述べるが、筆者は専門家ではないので、自分の経験のみに基づく内容や十分に検証されていない内容が含まれることを了解願いたい。

　ここでは「医療機器の価値創造」を理解しやすいように価値、医療の価値、医療機器の価値、医療機器の価値創造の順で考えてみたい。まず、価値とは『広辞苑』では、「①物事の役に立つ性質・程度。経済学では商品は使用価値と交換価値とをもつとされる。ねうち。効用。「貨幣─」「その本は読む─がない」、②〔哲〕「よい」といわれる性質。「わるい」といわれる性質は反価値。広義では価値と反価値とを含めて価値という。③人間の好悪の対象になる性質。④個人の好悪とは無関係に、誰もが「よい」として承認すべき普遍的な性質。真・善・美など。」と記載されている。医療の価値とは上記の価値の中で①の物事の役に立つ性質・程度のことで、医療に当てはめると患者の健康に役立つことを意味する。V.Schoolは価値の再定義が重要な使命であるが、医療の分野ではその余地はあまりないので、如何に価値を創造するかが重要なテーマとなる。

　では、医療の価値と医療機器の価値はどこに違いがあるのか。基本的には両者に違いはないが、医療機器の価値はより社会的な要因、つまり保険などの医療経済のシステムや医療機器開発会社のあり方などに影響を受ける。日本医療機器産業連合会は、医療機器・医療技術の価値を生産者の視点から社会や行政に認知してもらうために、患者享受価値、医療者享受価値、社会的価値の三つに分けて詳しく解説している[1]。患者享受価値は個別患者の便益

性を高める価値と公共性の高い患者便益を高める価値の2種類あり、個別患者の便益を高める価値は最終的には患者の生活の質（QOL: Quality of Life）の改善に繋がる。医療者享受価値は診断・治療などの医療行為を行なう機器使用者又は医療者が享受できる価値を指す。この価値は医療全体の質を高める価値と医療機関の経営効率を高める価値の2種に分類される。最後に、社会的価値は患者および医療者が享受する短期的かつ限定的な価値を長期的且つ広域的な視野で捉えた価値を指す。つまり、医療機器の価値は直接的に社会の幸福に繋がるべき価値で、前例のない長寿社会を迎える日本では、医療機器の価値創造の重要性が高まっているのである。

2. 日本の医療機器開発の現状

　日本における医療機器開発の重要性は増大しているが、近年、様々な要因から医療機器、特に、世界の医療機器開発の主戦場である高度管理医療機器（クラスⅢ、Ⅳ）の開発力が低下し、国際競争力を失っている。（図14-1）その結果、国内で使用されている高度管理医療機器の大半は欧米製となり、毎年1兆円を超える貿易赤字を生じ、国民の健康寿命への期待や次世代の成

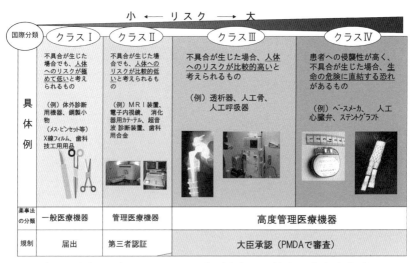

図14-1　医療機器の分類と規制　出所：厚生労働省医薬食品局審査管理課資料より改変

長産業としての役割からその開発体制の整備が必須の社会的要請となっている。筆者が外科医になった35年前には手術に用いる電気メスの国内製造会社は数社存在し、実際にそれらの会社の製品を手術室で使用した経験があるが、ここ10年以上国産の電気メスを手術室で見たことはない。動物実験で用いる低機能な製品は国内で製造されているようだが、欧米の企業に技術開発で遅れを取り、実質的にはこの領域から国内の医療機器開発会社は撤退している。

それでは、なぜ日本で高度管理医療機器が作れなくなったのであろうか。その原因を考えるためまず医療機器の世界市場および医療機器開発会社の動向について触れたい。世界の医療機器の市場規模は、2020年には4500億ドルを突破している。国別では、アメリカが最大の市場で日本はアメリカに次ぐ世界2位の規模だが、中国やアジア諸国が急迫し、結果的に拡大傾向の世界市場において日本の地位は相対的に低下している。

医療機器開発会社の世界ランキングでは、2019年の1位は アイルランドのメドトロニックで売り上げ総額は305.5億ドル、2位はアメリカのジョンソンエンドジョンソンで260億ドル、3位はイギリスのGE ヘルスケアの211億ドルで特に治療系のクラスIII、IVの医療機器を中心に積極的に研究開発費を投入し、新製品を発売することで売り上げを伸ばしている。日本企業のトップは21位のオリンパスの57.4億ドルで、日本国内上位7社（テルモ、オリンパス、東芝、ニプロ、HOYA、日本光電、フクダ電子）の売上高を合わせても、メドトロニックやジョンソンエンドジョンソンの売上高に満たないのが現状である[2]。この状況は世界の成長点であるAppleやAmazonなどのテック企業の絶望的な日-米中格差と酷似しており、日本における医療機器産業の成長点である高度管理医療機器開発の停滞とその困難さを示している。

3. 医療機器開発の二つの流れ

医療機器開発には大きな二つの流れがある（図14-2）。一つは、臨床で必要なこと（ニーズ）を起点として、その解決策を模索し、それに必要な技術を集めて医療機器を作り出すニーズドリブンの開発で、もう一つが先端的な

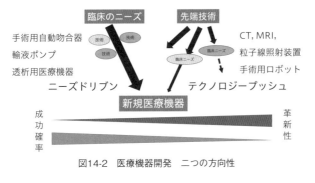

技術の医療における使い道を探索し、医療機器を開発するテクノロジープッシュの開発である。どちらも重要な医療機器の開発方法だが、

図14-2　医療機器開発　二つの方向性

日本は今までテクノロジープッシュ型の開発、つまり先端的な技術を医療に応用する医療機器開発を得意としてきた。この開発には粒子線の放射線治療への応用や産業ロボット技術の手術ロボットへの応用、新規生体適合材料の医療応用などが含まれる。確かにこの開発方法は先端的な医療機器の開発が可能なのであるが、問題点として、先端的技術が医療現場の解決方法のないニーズ（Unmet Needs）になかなか繋がらないこと、また開発に長い期間を要し初期に想定したニーズが他の方法で解決され消失する可能があること、また開発期間が長いため多額の費用が必要なこと等が挙げられる。また、この方法による医療機器開発は成功確率が低く、日本の医療機器開発停滞の理由のひとつと考えられている。地域の商工会議所が中小企業の振興策として主催している病院の臨床ニーズと企業の技術シーズのマッチング会も、中小企業の技術を世に出すという点が重要視されているので、どちらかというとテクノロジープッシュ型の開発で、それ故に成功率は高くない。

4. 臨床ニーズを起点とした医療機器開発

4.1　スタンフォード大学バイオデザイン

　臨床ニーズを起点とした医療機器開発で有名なプログラムはスタンフォード大学（カリフォルニア州）のバイオデザインである。（図14-3）バイオデザインは2001年にポール・ヨック博士らがデザイン思考の問題解決プロセスを医療機器開発に応用し開講した。元になったデザイン思考はデザインのプロセスを公式化し、本来デザイナーではない普通の人々が適切なプロセスを経ることで、デザイナー（天才）のように最適な解決方法を見出す（課題に

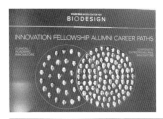

デザイン思考でニーズドリブンの開発および創造的人材の教育を積極的に推進

図14-3　バイオデザイン（スタンフォード大学）

出所：筆者撮影（2019）

対して創造性を発揮する）ための思考方法である。この方法の目的は、物を作ることではなく問題解決のプロセスを「デザイン」することで、見出した解決策が物になる場合もあるし、全く別の形になることもある。それ故にバイオデザインで新規の医療機器開発のプロセスを進めた結果、見出した解決策が医療機器でなかったということも起こり得る。デザイン思考は課題に仮説を立てて検証し、論理的に解決策を探るロジカル思考の対極にある問題解決のアプローチと言われている。

　バイオデザインの基本的なコースは10ヶ月で医学部と工学部の医工連携を企図して建設されたジェームス H. クラーク・センターにおいて開講されている。定員は12名でコース参加中は大学の所属となり大学から給与が支払われる。世界各国から応募があり20倍弱の倍率でフェロー（参加者）の選考はバイオデザインのスタッフと現在のフェローがビデオ審査等で決定している。選ばれたフェローは元の職を辞してバイオデザインプログラムに参加している。フェローの背景は医師やエンジニア、コンピューターの専門家、デザイナー、経営の専門家などだが、背景の異なる4名でチームを組み、臨床のニーズを起点とした医療機器開発に必要な実践的能力を学ぶ。講師は

バイオデザインのスタッフであるスタンフォード大学の医師、工学部教員や学外からは実業家、医療機器のコンサルタントやFDA（アメリカ食品医薬品局）審査官などが務めている。

　バイオデザインのプロセスは大きく三つのフェーズで構成されている。①医療現場の未解決ニーズの特定（Identify Unmet Needs）、②問題を解決する医療デバイスの開発（Invent）、③事業化を通じたイノベーションの実現（Implement）。バイオデザインの詳しい内容は成書に譲るが、その特徴的な点は臨床現場から解決方法のないニーズを見出し、その解決策をできる限り（数百以上）掘り起こし、実際にそのアイデアが有効かまたその実現のためにはどのような技術が必要かを専門家の知恵（集合知）を借りて絞りこむプロセスである。思考を発散させ、それを絞り込んでいくプロセスこそが、まさに普通の人が天才のように発想する（凡人が思いつかないことを思いつく）手法を提供しているのだと思われる。

　一昨年（2019年）バイオデザインを訪ねた際に、バイオデザインにとって何が最も重要かを尋ねたところ、彼らの回答は「レストラン」であった。その理由を再度尋ねたが、バイオデザイン、デザイン思考にとってフェロー同士、またはフェローと上記の講師陣が気軽に論議できる場所が最も重要で、そのためにまずレストランの整備を行ったとの回答であった。レストランで目的なく出会った多様性のある研究者とのテーマのない何気ない論議や突然発生した論議が新たなひらめきにつながると考えているようである。近年、デザイン思考自身には賛否が渦巻いているが少なくともバイオデザインは医療機器開発の分野では成功を収め、これまでに日本、インド、シンガポール、アイルランド、イギリスで導入されるなど、世界中に展開されている。デザイン思考の基本がひらめきと徹底した観察・インタビューに基づく人間中心の思考法であることが医療機器開発との親和性が高い理由と考えられる。

4.2　その他の医療機器開発プログラム

　一昨年のアメリカ視察ではいくつかの医療機器開発のプログラムを訪問したが、そのうちのひとつにトーマス・フォガティ氏が2007年に設立したフォガティ・インスティチュート・フォー・イノベーション（FII: Fogarty

Institute for Innovation）がある。医師にとって、Fogarty は治療に使用する血管カテーテルの代名詞となっているが、フォガティ氏は医療機器開発におけるユーザーイノベーションの草分けで、多くの革新的な治療機器を発明し、また多数の医療機器開発企業の創設にも参加している。FII では病院の中にこそ医療機器開発の拠点を置くべきであるという考えから、シリコンバレーの地域中核病院であるエル・カミーノ病院の敷地内にオフィスとラボを有している。FII はバイオデザインとは異なりプログラムの対象はベンチャー企業で FII はそれらの企業にオフィスとラボを貸し出し、早期の自立を目指し、医師、起業家、薬事の専門家等による手厚い支援を行うことで医療機器開発のエコシステムの一翼を担っている。

5. アメリカと日本の医療機器開発の相違

5.1 アメリカの医療機器開発の現状

　近年、アメリカでは医療機器開発で最も重要で独創性が必要な初期開発段階（ニーズ探索〜試作）を大学やベンチャー企業が担い、それをメドトロニックのような巨大な医療機器開発会社が買収するという大きな流れができている。その流れを支えるために、大学および大学病院などが中心的となり多数の医療機器の産業クラスターが形成されている。シリコンバレー（スタンフォード大学）やボストン（ハーバード大学）などが有名だが、このクラスターでは大学、医療機関、医療機器開発会社などが緊密に連携し、クラスター内で基礎研究から試作、臨床試験、上市まで一貫して実施できる体制が構築されている。臨床のニーズは大学のバイオデザインなどのプログラムで初期の医療機器の概念に昇華され、それらはベンチャー企業で開発の過程を進める。既存の医療機器開発会社がこれらのベンチャー企業を買収することで医療機器開発の成功率を高めており、既存の医療機器開発会社は M&A を繰り返すことで巨大になっている。

　クラスターに存在する強力な業界団体（サンディエゴのバイオコム等）、ベンチャー企業、政府の助成、税制などがこれらの過程を支えている。また成功した起業家が、再び起業したり、インキュベーターやベンチャー・キャピタルなどを立ち上げるなど新たに起業家をサポートする側に回ることで全

体として医療機器開発のエコシステムを形成している。このように医療機器開発に重要なクラスターだが医療機器産業は地域の雇用や税収への貢献が大きく、州政府はクラスターの強化を図り、企業進出を促している。その結果、クラスター間で激しい競争が起こり、それがさらにクラスターの強化に繋がっている。カリフォルニア州、ミネソタ州、マサチューセッツ州、インディアナ州、フロリダ州、オハイオ州、ノースカロライナ州、テキサス州、ジョージア州、ミシガン州のクラスターが有名である[3]。

5.2　日本の医療機器開発停滞の原因

　ではなぜ、日本の医療機器開発は欧米に大きく遅れをとったのであろうか。その原因は家電や造船などの他の衰退産業と同様に複合的であるが、最も深刻な問題は高度経済成長期には最大限に効果を発揮した日本の社会や教育システムが、情報化社会（Society 4.0）の変化に対応できなかったことと考えられる。特に責任の所在を曖昧にするために多くの会議を開催し物事の決定が遅延することや、そもそも医療機器開発の成功率は高くないので失敗を許さない社会のマインドセットが新しい医療機器開発への取り組みを阻害している。

　その結果、アメリカでは大学やベンチャーが担当している初期開発が日本では機能せず、新いし医療機器の種が決定的に不足している（図14-4）。現

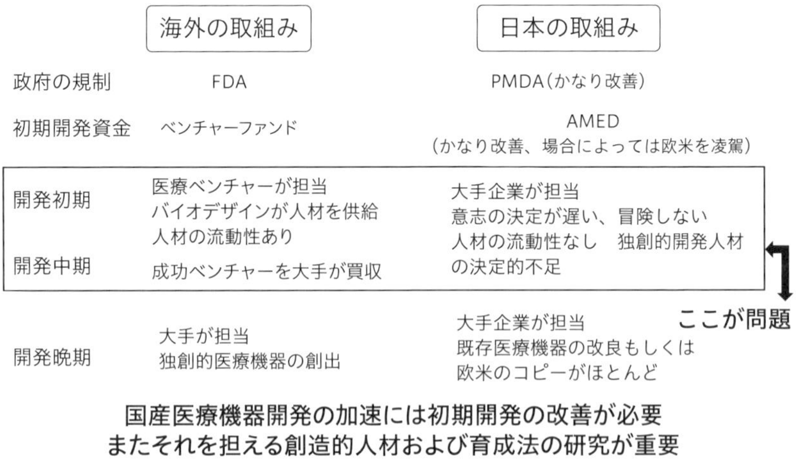

図14-4　医療機器開発：海外および日本の取組み

在の日本のIoT、ビッグデータ、人工知能（AI）、ロボット技術などによる
Society 5.0への対応の遅れを考えると付け焼き刃の対策で遅れを取り戻すこ
とは不可能にすら思えるが、可能性を信じて産、官、学における課題につい
て私見を述べたい。

　まず産業界の課題としては、①他の業種と同様に自前主義で開発を続けて
きたため、開発力の停滞を招いている、②テクノロジープッシュの開発を長
年続けてきたため上市の確率が低い、③その結果、欧米の企業に比較し圧倒
的な規模の差が生じている、④医療機器会社はリスクを取りたくないので高
度管理医療機器開発の停滞を招いている、⑤減点主義となり創造的な開発人
材が不足している、⑥企業内ベンチャーなどの試みもなされているが実質的
には権限の移譲ができておらずベンチャーとは言えない、⑦ラインの稼働率
5％アップなど中小企業はすぐに利益を求める、⑧中小企業はそもそも医療
機器開発を理解していない、⑨投資に保証を求める（名ばかりベンチャー・
キャピタル、銀行）、⑩保証を求めない場合もベンチャー・キャピタル、銀行
の中に医療の目利きが少なく利益を得ていないので利益による再投資が行わ
れていない、などの点が挙げられる。

　国の課題は、①欧米に比較して医療機器産業の育成環境の整備に遅れ
を取っていた、②しかし近年、国立研究開発法人日本医療研究開発機構
（AMED: Japan Agency for Medical Research and Development）や独立
行政法人医薬品医療機器総合機構（PMDA: Pharmaceuticals and Medical
Devices Agency）を設立し、開発環境は急速に整備されている、③その結
果、初期開発資金の調達や開発伴走ではすでにアメリカの環境を凌駕してい
る、④しかし資金投下の割には成功事例はまだ多くない、⑤開発速度を高め
るためオープンイノベーションを推進しているが、まだ大きな成果を得るま
でに至っていない、⑥今後に強化すべき点については模索中で日本型の医療
機器開発のモデルが確立されていない、などの点がある。

　さらに大学の課題としては、①大学教員に医療機器開発の知識が乏しい、
②医療機器開発が評価の対象となっていない、③自分で開発した医療機器を
用いた臨床論文の作成には最低5年以上が必要で、論文による業績が毎年求
められている大学教員は「趣味」でしか開発に関与できない、④大学教員は

業務が過重で、現在でも通常の法定労働時間をかなり超えた残業をこなしており医療機器開発に時間を割けない、⑤大学内に特許戦略に精通した人材が不足している、⑥兼業規制で学生や教員の企業への自由な出入りが困難で実質的な産学連携が成立しない、⑦最も根元的な問題は小学校以来の教育の失敗で医療機器開発に必要な創造力が不足している、などの点がある。

　また、産官学に共通する課題として医療機器の産業クラスターの形成や産官学に精通した人材の不足が挙げられる。

　国産の医療機器開発を促進するには上記の課題を克服することが必要であるが、他の重要な視点は国際競争力である。医療の中でも医療従事者はドメスティックで、たとえば日本の医師免許は欧米では通用しないので医師が国境を超えることは難しい。しかし、医療機器はグローバルで容易に国境を超えることができるので、生き残るためには世界で一番の製品を作る必要がある。そのための開発人材もグローバルで、どこで開発しても世界中で販売できるため、能力のある人材は高い賃金や良い開発環境を求めて、欧米やアジア先進地域に移り、医療機器を開発している。また、オリンパスなどの有力な医療機器会社も、より良い環境を求めて開発のセンターを海外に移転している。現在の日本の会社や大学が提供できる給料や開発環境では有能な人材の雇用は困難であり、この問題の解決策は思いつかない。

6. 日本の教育の問題点

　独創的な医療機器を開発することができる自ら考える力や批判的な精神を身に付けた人材はどのようにすれば育成できるのか？　日本でこのような人材育成が困難な理由は、教育の成り立ちと義務教育のあり方にあると思われる。日本の学校教育は藩校や寺子屋に始まるが、朱子学の影響が強くなって以降（この状況は本家の中国でも同様であるが）、古典である四書五経をひたすら正確に暗記することが教育の目的となり、考えたり批判したりすることが否定され、その影響が今も色濃く残っている。その結果、日本の教育はその核心が欧米とは全く異なるものとなっている。

　作家の佐藤優氏は、『君たちが知っておくべきこと』の中で、日本の中学校とイングランドのパブリックスクール（中学校相当）の歴史の教科書の違

いを説明している（佐藤、2016）。日本の中学校の歴史教科書は皆さんご存知と思うので詳しくは述べないが、通史、年表が記載され、その記憶の程度を試験で問うことで成績評価を行っている。一方、パブリックスクールが採用している歴史教科書に通史はない。歴史のターニングポイントの記述とそれに関する問いが記載されているのみである。たとえばインド独立の項ではその問いとして英国にインド統治を諦めさせたのは何か？　マウントバッテン卿（インド総督）にインド独立を認めさせる手紙を書きなさい、という課題を与え、それに対する回答を深く考えさせることで自分たちのたどってきた歴史を理解させ、将来の新たな事態に対応する力を育てている。教育評価は問いに対するレポートで行い、穴埋めの試験問題などはない。非常に興味深いのは教科書の最後に教科書自身の批判を求めている点である。上記のような佐藤氏の説明は、彼らの教育の核心を示していると思われる。朱子学を背景に持ち、なおその影響を排除できない義務教育を経て、さらに試験問題を条件反射のように解くことをひたすら求める予備校のような高校を卒業し、人生のゴールにたどり着いたような気持ちで大学に入学した学生に、いかに世界で闘うことに必要な考える力や批判的精神を身につけさせるか、その根は深く、大学教育のみでなんとかできるのか、本当に難しい問題である。

　筆者は教育では知識や理論を覚えることではなくそれらを理解し、自ら課題を設定し、解決策を見出す力を養成すべきであると考えている。知識や理論が一部の限られた人のみが独占できた時代は多大な利益をもたらしたが、一般的な知識となった時点ではそれらの習熟度を競ったところで得られる利益は限られている。洗濯機の製造を例に出すと、顧客のニーズを収集、論理的に解析し、洗濯機を作った場合、全ての会社の洗濯機が似通った製品となり、結局は価格競争しか残らず、利益を生み出すことが難しくなると考えられていたが、実際にそうなっている。一世を風靡したロジカル思考を代表するMaster of Business Administration（MBA）も今や不要論が台頭している。さらに近年では人工知能（AI）により簡単に高精度にロジカル思考が可能となっており、新しい知識や理論の賞味期限は著しく短くなっている。このように欧米ではロジカル思考の限界を認識し、次の方向を真剣に模索しているようだが日本では未だロジカル思考が声高に叫ばれている。日本でロジカ

ル思考が重宝されている理由はいくつかあると思われるが、まず日本では合議制で物事を決めることが多いので、ロジカル思考による評価の数値化が対外的な説得に有利なこと、ロジカル思考は現状の改良なので劇的な変化を好まない日本では親和性が高いこと、ロジカル思考の限界が認識されていないことなどが挙げられると思う。

　教育に話を戻すと、教育評価や教育改革のカタカナ言葉もそのほとんどはロジカル思考の延長線上にある。そもそも教育評価は負担者（納税者）に対する説明責任を果たすために導入された側面が強く、そのため短期指標を用いた評価（ロジカル思考）を必要としている。注意すべきは真のエンドポイント、医学教育で言えばどれくらい良い医師、良い研究者を育成できたかではなく、短期で評価可能な代用エンドポイント、つまり授業の出席率やアンケート調査、自己評価や国家試験の合格率などを用いて教育の評価を行なっている点である。私たち医学を学ぶものとして、代用エンドポイントを用いて真のエンドポイントを判断することの危険性を十分に理解しているはずであるが、こと教育に関しては無関心である。

　それでは大学ではどのような教育を行えばよいのか？　両極の考えが存在しているように思われる。短期のエンドポイントを重視する派は、予備校や職業訓練校のようにすでに確立した知識や理論の日々の習熟度の改善に重きを置き、将来の可能性を重視する派は、教育に学生の資質や能力の向上に重きを置いている。前者は教育評価や教育改革を指導する教育の実務者に、後者はGAFA（Google, Apple, Facebook, Amazon）などのトップやノーベル賞受賞者など実社会のリーダーに多い。ノーベル賞受賞者の野依良治氏は「創造性のある科学者に必要なのは、良い頭ではなく、強い地頭、自問自答、自学自習、感性と好奇心」と述べている。アップル創始者のスティーブ・ジョブズはスタンフォード大学の卒業式で"Stay hungry, stay foolish"を卒業生に送り、常識に囚われず自ら渇望することの重要性を説いている。私は日本の現状や日本の周囲を取り巻く環境を考えると、日本は今後、後者の考え方をより取り入れるべきであると考える。その理由は、第一に日本では創造的人材が不足し、それが日本および日本企業停滞の原因となっていること、アップルのスティーブ・ジョブズやフェイスブックのマーク・ザッカーバーグ

はそもそも大学には入学したが卒業しておらず、前者の教育ではいくら日々の習熟度を上げてもこのような革新的な人材が育つとは思えない。第二に日本は一定水準の人材を大量に育成することを得意としてきたがその価値が低下している。このような画一的な人材が得意としてきた仕事はすでにAIで置き換え可能となっている。第三に科挙の伝統を持ち、日本と同様に「知識偏重」「暗記」教育を行なってきた中国では毎年1000万人以上が大学の統一テスト「高考」を受験しており、同じような教育システムでは数の力で絶対に勝てないことなどが挙げられる。大学では自分で考え行動する力、面白いと感じる力、失敗を恐れず挑戦する勇気、既存の知識や常識を疑う力を涵養すべきで、管理を強化し、短期の成績向上を追求する職業訓練校のような教育では後世に禍根を残すような気がしてならない。

7. おわりに―神戸大学の挑戦「医療機器開発の新専攻設立」

　日本の大学教育における問題点を克服し、医療機器開発での価値創造を実現するために我々は何をすべきなのか。神戸大学は2019年度「地方大学・地域産業創生交付金事業」に採択され、自ら課題を設定し、解決策を見出す力を養成するための教育プログラムの開発と実践による医療機器の創造的開発人材の育成を目的として新専攻を設置する予定である。また、将来的に新学科設置も視野に入れている。そこでは、図14-5に示すように、育成された人材が独創性を発揮できる初期開発段階の場の提供および医療機器開発のエコシステムの形成を目指している。これらの挑戦、すなわち新学科、新

神戸医療産業都市における緊密な連携

医療機器関連企業

神戸大学医学部
統合型医療機器研究開発・創出拠点
(MeDIP)

医療センター駅

神戸大学医学部附属病院 国際がん医療・研究センター(ICCRC)
神戸大学 未来医工学研究開発センター(CAMED)
神戸大学医学部附属病院 臨床研究推進センター(分室)

図14-5　神戸ポートアイランドの地域産学官連携拠点

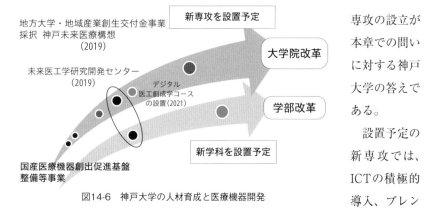

専攻の設立が本章での問いに対する神戸大学の答えである。

設置予定の新専攻では、ICTの積極的導入、ブレン

図14-6　神戸大学の人材育成と医療機器開発

ド型授業、学部大学院一貫体制、現場主義、創造性教育、集合知、キャリアパス、アントレプレナーシップをキーワードとして医療機器開発のリーダーとなりうる創造的開発人材を育成する。学生のみならず、企業人材を積極的に受け入れることで神戸大学を医療機器の初期開発および実践教育の場とし、欧米に負けない医療機器の価値創造を行いたいと考えている（図14-6参照）。

注

1　医療技術産業戦略コンソーシアム戦略会議「医療機器の適正評価」報告書2012年より。

2　Medical Design & OUTSOURCING の The 100 largest medical device companies in the world , 2019 より。

3　日本貿易振興機構（JETRO）調査レポート「米国医療機器産業と産業集積地域の動向」2015年より。

参考文献

佐藤優（2016）『君たちが知っておくべきこと—未来のエリートとの対話』新潮社。

Yock, P. G., et. al.(2015). *Biodesign: The Process of Innovating Medical Technologies*(2nd edition), Cambridge University Press.

第15章
学生起業による価値創造

—— 熊野 正樹 ——

1. はじめに

　日本経済を活性化させる上で、開業、中でもベンチャー企業[1]の開業を促進することは重要な課題である。現在、起業家を志す人々の裾野を広げることを目的として、多くの大学で起業家教育が行われている。しかし、日本の開業率は依然低調な水準で推移しており、必ずしも成果が上がっているとはいえない状態である。

　日本政府は、日本のベンチャー創出力の強化を図るため、「ベンチャー・チャレンジ2020」（2016年4月19日　内閣官房日本経済再生本部決定）を策定し、また「日本再興戦略2016」（2016年6月2日閣議決定）でも、ベンチャー育成を国家戦略の重要な柱として位置付けている。この中で、政府は、日本が目指すべき姿として、「日本の経済成長の起爆剤」となり、「世界共通の社会課題の解決に貢献」するベンチャーが、自発的・連続的に創出する社会を実現することを掲げている。そのためには、世界市場への展開、海外との連携強化を徹底して、世界に通用するベンチャーの創出が求められており、世界に先駆けて顕在化する日本の地方の課題は、イノベーションに直結するビジネスニーズがあるため、地域と世界をつなげることの重要性を指摘している。日本政府は、地方創生の観点からも、地域での有望ベンチャーの発掘に可能性を見出しており、地方から世界市場を目指すベンチャーへの期待は大きい。また、これらの実現のために、大学・研究機関の潜在力を最大限に発揮することが強く求められている。

　このような状況下、九州大学では、2017年6月に大学公認の部活動として「九州大学起業部」を設立し、起業家教育と起業家の輩出・育成に取り組んでいる。野球部が野球をするがごとく、起業部は起業することを理念に活動しており、したがって、入部条件は、学生起業の意志がある九州大学の学

生（大学院生含）とし、学生時代に起業する意思のない学生の入部は認めていない。なぜならば、起業部に入部して起業しないということは、野球部に入部して野球をしないと言っているに等しいからである。いささか厳しい条件ともいえるが、設立時には、起業の覚悟をもった総勢150名の学生が入部し、国内最大規模の学生起業家予備軍が集う組織が誕生した。部員は、ビジネスプランコンテスト等でも目覚ましい実績をあげ、わずか半年の活動期間を経て、2018年1月には、九州大学起業部から、第一号の学生ベンチャー「メドメイン株式会社」が誕生した。

　これは、一大学のささやかな話ではあるが、この現実と活動を注意深く考察すると、日本の起業家教育が抱えるいくつかの問題点とその打開策が浮き彫りになる。本章では、学生起業による価値創造について、九州大学起業部の事例を通して、起業家の輩出を前提とした大学における起業家教育のあり方を考察する。

2. 起業家教育とは何か

　そもそも、起業家教育とは何だろうか。大江（2004）は、起業家教育について、起業マインド（起業家精神）を育成することを広義の起業家教育、起業家を育成することを狭義の起業家教育と定義した。寺島（2015）によれば、現在、大学で行われている起業家教育は、広義の起業家教育が中心であり、起業家を育成しようとすることそのものよりも、起業家精神と形容されるものを育成することに主眼を置かれる場合が多いという。一方で、起業家精神という理論化も客観化もできない教育者の信念を教授すること、すなわち、科学的手法とかけ離れた属人的手法が大学教育として相応しいのかという問題点について言及し、さらには、「ハンマーを一度も持ったことがない大工の下で、大工になれと勧められても現実感が湧かないのではないか」という例えをあげて、起業家教育に携わる教員についても問題提起的に述べている（寺島、2013）。日本経済を活性化させるために、起業家の輩出が不可欠であるならば、広義の起業家教育だけでは不十分であり、狭義の起業家教育を行う必要である。そもそも、文字通り、起業家教育とは起業家を育成することが第一義であるべきであり、起業家精神など、起業家にならないと身につか

ないものであろう。

　一方、日本における起業を取り巻く環境は、格段に整備されている。磯崎（2010）は、10年以上前とは異なり、日本の起業環境は整備されており、ベンチャー企業は資金調達しやすい環境にあると分析している。ただし、磯崎によれば、起業に対する情報が不足していることから、ベンチャービジネスに対するイメージや全体像がわからずに、苦戦している起業家が多いという。磯崎は、ベンチャーファイナンスとビジネスプランに関する知識、情報の習得が極めて重要であることを詳細に説明し、「日本は起業家に冷たい国」「ベンチャー企業に資金がつかない」などの定説を疑問視する。磯崎によれば、日本に足りないのは、ベンチャービジネスを志す起業家やベンチャー企業の絶対数である。同時に、ベンチャービジネスのエコシステムをつくり、育て、次々にベンチャー企業が現れる好循環を生み出すことの重要性についても強調している。これは、大学のみでなく社会全体として起業家教育の果たすべき役割の大きさを示すものである。

　起業家教育やベンチャーの創出に関する経済界からの要請は強く、日本政府も様々な起業家育成に関する取り組みを行っている。とりわけ、文部科学省が実施している、次世代アントレプレナー育成事業事業（EDGE-NEXT）は、大学における起業家教育に焦点をあてた施策で、起業家の輩出に向けた実践的なプログラム開発を支援するものである。

　これにいたる近年の状況を概観すると、経済界からは、大変革時代におけるアントレプレナー育成に関し多くの提言が出されていることが背景にある。例えば、日本経済団体連合会（2015）は、「新成長分野の開拓、新たな雇用・産業育成の重要な担い手であるベンチャー企業の創出・育成をより活発化していくことが必要」であり、また、「大学は知の創出拠点であり、欧米では大学をベンチャー・エコシステムのハブとする地域クラスターが多数存在している。日本においても、国立大学改革の動きと連動しつつ、大学をベンチャー創出・育成のハブとして確立することが重要である。」との方向性をベンチャー企業の創出・育成に向けて提言している。

　このような日本を取り巻く社会・経済情勢や社会的要求を踏まえ、日本政府は、ベンチャー創出への取組みをより一層強化している。「日本再興戦略

2016」においては、「政府や地方自治体、企業、大学・研究開発機関、金融機関、経済団体等に至るまで関係機関全てが、グローバル・ベンチャーが自然発生的に連続して生み出されるベンチャー・エコシステムの構築を共通の目標と認識し、各々が上記のような課題を解決しなければならない当事者であるということを強く自覚する必要がある。」とし、「今までとは次元の異なるベンチャー創出」「本格的な産学連携」「地域ベンチャーの発掘」を促すとともに、ベンチャー企業の増加に向けて、起業に挑戦する人材の増加に向けた人材育成を推進することを明言している。

　このような問題意識や社会背景のもと、筆者は一貫して起業家の輩出を目的とした起業家教育の在り方を研究、実践している。熊野（2014）では、起業家教育の実践例として、同志社大学の起業サークルにおける事例を検討したが、熊野（2016）では、学生主体による起業サークルの限界を克服するために、教員監修による実践的な起業家教育を行うべく、崇城大学起業家育成プログラムを開発・運営するに至り、それを発展させる形で九州大学起業部を設立し運営している。

3. 起業家教育の課題
3.1　起業家の輩出を目的としない起業家教育
　現在、多くの大学で起業家教育が実施されているが、起業家の輩出状況は芳しくない。なぜならば、日本の大学における起業家教育は、必ずしも起業家の輩出を目的としていないからである。それは、起業家精神の涵養に重きをおいた、リーダーシップ教育と言い換えてもよい。このような教育の中からは、起業家は生まれにくい。一方、受講生は、必ずしも起業家を目指していない。起業家を目指していない学生に起業家教育を行っても、その効果は乏しいだろう。さらに、講義を聞いただけで起業家が生まれるはずもなかろう。体育の授業だけを受けて、プロ野球選手になった事例がないわけであり、プロ野球選手を目指す学生は、体育会野球部という課外活動で日々鍛錬して、プロ野球選手になっていく。考えてみれば、起業家も同じである。
　起業家を取り巻く環境は格段に整備されているが、現在のベンチャー・エコシステムは、画竜点睛を欠く状況である。技術もある、資金もある、支援

者も充実してきた。しかし、肝心の起業家が不足しているのである。とりわけ、大学発ベンチャーの創出においては、技術、資金的な課題よりも、技術シーズを事業化する起業家が圧倒的に不足しており、その役割を研究者に求めることの限界が指摘されている。一方で、起業家を志す学生が一定数存在し、その数は無視できない。起業を志す学生に向けて正しく起業家教育を行うことが何よりも重要である（熊野、2018）。起業家教育で重要な点は、起業家教育の目的を明確にし、マーケティングの基本である教育対象をセグメンテーションして、ターゲットを定めてそこに適切な教育を施すことである。そして、適切な起業家教育を施す上で重要な点は、起業のタイプの選択である。

3.2　起業のタイプ

　起業家の輩出を目的とした起業家教育に取り組むにあたり、明確にしないといけないことは、起業のタイプの選択である。教育や人材育成において、その前提とする対象領域の活動モデルが異なれば、そのモデルにおいて活躍すべき、したがって育成すべき人材像が異なってくる。起業家教育について論じるときにも、どのような起業モデルを前提にするかによって、それを担う起業家像は違ってくるはずである。本章の対象はベンチャー起業家であるため、ベンチャービジネスとは何かを再確認した上で、起業一般とベンチャー起業について、明確に区別することが重要である。

　ベンチャー企業とは何であろうか。一般に、ベンチャー企業に対する共通の理解がなされていない。実際、何か起業をすればベンチャー企業だといわれることがあるが、起業することがベンチャー企業ということであれば、日本の中小企業のすべてがベンチャー企業ということになってしまう。ベンチャー企業は、法的あるいは学術的な定義が未だ確立されておらず、様々な定義が存在するが、アントレプレナーの存在、イノベーションの創出が、その定義に含まれることが多い。また、ベンチャーキャピタル（Venture Capital、以下 VC）[2] に由来するとも、ベンチャー精神を重んじる企業とも解釈されている。本章では、ベンチャー企業とは、米倉（2001）が指摘するように、VC が投資対象としうる企業であることが条件であり、合理的な定義

	ベンチャー型	中小企業型	自営業型
資金調達	投資	融資	融資
雇用	大	中	小
成長性	急成長	低成長	低成長

表15-1　起業のタイプ
出所：筆者作成

であると考え、「VC が投資する企業」をベンチャー企業の条件とし、「ベンチャー企業とは、アントレプレナー（起業家）を中心とした、イノベーションの創出、新規事業への挑戦を行う企業であり、VC を中心とした外部からの資金を積極的に受け入れて急成長を志向する企業」と定義する[3]。

　ベンチャービジネスに関する共通の理解がなされていないがために、起業家教育の現場では、混乱が生じている。起業には、その成長の志向性によって、三つのタイプが存在する[4]。それは、「ベンチャー型起業」、「中小企業型起業」、「自営業型起業」の三タイプである。「ベンチャー型起業」は、VC 投資を受け、かつ、雇用が伴うもの、「中小企業型起業」とは、VC 投資は受けず、雇用が伴うもの、「自営業型」は、VC 投資を受けず、雇用も伴わないものである。起業家教育においては、起業の三タイプを正しく教育した上で、起業の志向性を選択させる必要がある。清成（2005, p. 9）が、「創業一般とベンチャー企業の創業とは区別すべきである」と指摘するように、ベンチャー起業家教育においては、この点を強調しなくてはいけない。

　本章が焦点を当てるのはベンチャー型起業であり、ベンチャー型起業のための教育である。ベンチャー企業を生み出すことは、経済成長のエンジンという視点からも、雇用創出という視点からも、日本の喫緊の検討課題といえる。忽那（2011）が指摘するように、これまでの「小さく産んでゆっくりと大きく育てる」という姿勢では限界があり、「大きく産んで急いで大きく育てる」という姿勢に転換する必要がある。ここでいう「小さく産んで」とは、中小企業型起業のことである。創業者の自己資金で事業を立ち上げ、事業がある程度順調にキャッシュフロー（現金収支）を生むようになると銀行借り入れを利用し、外部株主資本は基本的に利用せず、内部留保資金で地道に企業成長を達成するというのが、中小企業型起業の姿勢である。逆に、「大

きく産んで」とは、ベンチャー型起業のことである。創業時から大規模な外部株主資本をVCなどから導入し、創業から成長初期段階において、グローバルな競争環境で圧倒的なポジションを築くように模索するというのがベンチャー型起業の姿勢である。

　しかし、日本のベンチャー企業がこうした姿勢に転換するためにはいくつかの課題がある。第一に、起業の段階で起業のタイプを選択する必要がある。そのためには、エクイティファイナンス（新株発行を伴う資金調達）を利用するための知識を起業家が習得する必要がある。エクイティ資金の提供者はVCに代表されるプロの投資家である。外部投資家からの資金調達にあたっては、ビジネスプランが重要であり、その詳細や要諦について熟知する必要があるし、ベンチャーファイナンスの全体像についても理解しておく必要がある。ファイナンスの知識が欠如していては、投資のプロと対等に渡り合えない。ここで重要なことは、外部投資家を導入することはリスクが高いので自己資金や銀行借り入れを利用しながら地道に成長しようと、リスク回避的になることではない。ベンチャー型起業は、起業家個人にとって、必ずしもハイリスクではない。そもそも、ベンチャー企業がハイリスクというのは、投資家からの視点である。VCからの資金調達が前提となるため、起業家個人のリスクは小さい。一方、中小企業型起業や自営業型起業を選択した場合、銀行借入に伴う個人保証をすることで、企業が倒産した際には、個人まで再起が困難になる。これをもって、起業に失敗すると再起ができないとされ、ベンチャー型起業は危険な賭けであるとの誤解が広く一般に浸透している。これは、ベンチャー起業家教育において改善すべき重要なポイントであり、教育によって解決できる問題である。少なくとも、若い起業家の知識不足による五里霧中の試行錯誤を未然に防ぐことができる。

　第二に、短期間で急成長を実現しようと思えば、ベンチャー起業家は、ベンチャー起業を取り巻く外部環境やベンチャー企業を育成する機能について理解しておく必要がある。たとえば、VCの機能は、ファイナンスだけにあるのではない。投資先企業に多額のリスク資金を提供し、企業が順調に成長するように監視するとともに、経営にも深く関与し価値を付与していく。ベンチャーキャピタリストの役割が世界的に注目される理由の一つが、この価

値付与を可能とする彼らの能力、専門性、ネットワークである。

　一方、同時に外部環境の整備は、日本におけるベンチャー企業育成の大きな課題でもある。そのためには外部環境をエコシステムと捉えて、その基盤をなす政策、投資、人材の三つの側面を強化し機能するように構築していく必要がある。特に、日本のVCは、グローバルなイノベーション企業の創出という視点からすれば、ベンチャーキャピタリストの投資先企業に対する価値付与はまだまだ不十分であり、能力向上が欠かせない。

　このように、起業段階において、ベンチャー型起業を選択することは、大きく成長するための重要な意味を持つ。どのタイプの起業を志向するかによって、その後の経営のあり方は大きく変わってくる。ベンチャー起業家を志す若者は一定数存在する。ベンチャー型起業に対する知識習得、支援や環境次第では、ベンチャー企業経営者になり得たと思われる起業家が、知識の欠如によって中小企業型や自営業型にとどまってしまうことは避けなくてはいけない。ベンチャー起業家を志す者の可能性を潰してはいけない（熊野、2014, pp. 66-69）。

4. 九州大学起業部
4.1　九州大学起業部の概要
　2017年6月、九州大学では、学生ベンチャーの創出と育成を目指して、大学公認の部活動である九州大学起業部を設立した。野球部が野球をするがごとく、起業部は起業することを理念にしている。入部条件は、在学中に起業する意志のある九州大学の学生で、入部費は1万円（年間）とした。このような条件のもと設立時に

図15-1　九州大学起業部結成式
出所：九州大学起業部Webサイト　http://www.qdai-startup.com
（2019年1月10日）

は、150 名の部員が入部し、記者会見や結成式を行うなど大学の期待も大きく、本腰を入れて起業家育成に着手した。

　起業部では、チームでビジネスプランを作成し、国内外のコンテストに応募しながら、ビジネスプランをブラッシュアップし、起業に向けて実践的な活動を行っている。筆者が顧問として指導にあたるほか、国内外の一流の起業家やベンチャーキャピタリスト、弁護士、公認会計士といったベンチャー支援の専門家を 50 名ネットワークし、起業支援を行っている。九州大学起業部では、10 年で 50 社の学生ベンチャーを創出し、うち 5 社の上場企業創出を目指している。2021 年 1 月現在、18 社が起業している。

4.2　設立の背景

　筆者は、2016 年 6 月に、九州大学 学術研究・産学官連携本部のベンチャー創出推進グループに着任した。当グループは、学生から研究者までの起業の支援と大学発のベンチャーの上場までを支援をすることをミッションとしている。その中で学生の起業支援という位置づけで、九州大学起業部を創設し、顧問に就いている。

　一方、九州大学では、2010 年に九州大学・ロバートファン／アントレプレナーシップ・センター（以下、QREC）を設立し、アントレプレナーシップ教育を推進してきた。ここでは、30 科目を超える講義科目の開設や、学生の自主的な取り組みへの支援、九州大学独自のシリコンバレーへの短期留学プログラムなどを行っており、日本の大学におけるアントレプレナーシップ教育のモデルケースとして高い評価を得ている。

　しかし、QREC は、広義の起業家教育を行っており、そもそも起業家の輩出を目的としていないこともあり、起業家の輩出状況は芳しくなかったことが課題として議論されていた。別の見方をするならば、学生起業家の輩出や学生ベンチャーの創出に向けて、通常の講義だけでカバーできる点には限界があり、より実践的な起業家教育の場が必要になっていたともいえる。一方、通常の起業家教育の講義は、必ずしも起業したい学生が受講しているわけではない。一般教養的な科目でもあるために、単位取得を目的として受講している学生も少なくないのである。

これらの課題とまだ見ぬ大きな可能性を秘める日本の大学における起業家教育であるが、これらの解決の場を課外活動に見出し、九州大学起業部を設立したわけである。起業したい学生は起業部で毎日、起業家を目指して活動している。九州大学起業部は、非常に斬新な取り組みであるとの評価も頂くが、大学に従来からある仕組みを利用した、古くて新しい手法である。

4.3　活動状況

起業部設立後3年半程の活動であるが、九州大学起業部は順調に立ち上がり、大きな成果を出しつつある。例年、ビジネスプランコンテストは秋から冬にかけて集中して開催される。8月に夏合宿を実施し、ビジネスプラン作成とチーム編成を行い、10月は毎週、各ビジネスプランの応募書類を作成して提出する。11月になると書類選考の結果が出て、11月、12月は毎週のようにビジネスプランコンテストの決勝大会でプレゼンテーションすることとなる。

2017年度の九州大学起業部の、国内外におけるビジネスプランコンテ

チーム	プラン名	主な実績
Medmain	AIによる病理画像診断ソフトの開発	表15-3参照
NOVIGO	ワクチンシールの開発販売	StartupGoGo 2017優勝 NEDO TCP 2017採択 ・認定VC賞、 ・オーディエンス賞 文科省EDGE-NEXT優勝
GAiTE	歩容認証を用いたセキュリティシステムの開発	NEDO TCP 2018採択 第2回九州大学ビジネスプランコンテスト　優勝 Tech Sirius 2019 採択
nanoFreaks	半永久稼働可能な紛失防止シールと位置管理アプリの開発・販売	NEDO TCP 2018採択 北九州市IoTプログラム採択
MOFilt	日本酒のえぐみ除去フィルターの開発と販売	NEDO TCP 2018採択
PLACTHICS	浅海底3Dマップによる情報提供事業	NEDO TCP 2018採択
WPS	ワイヤレス給電式の体内植込み型医療機器の開発・販売	NEDO TCP 2018採択
Healtz	オンライン・ファーマシー事業	StartupGo!Go! 2018 NICT賞

表15-2　九州大学起業部の主なビジネスプランコンテスト実績
出所：筆者作成

ストの主要実績は次のとおりである。九州最大のピッチコンテストである Startup GOGO での優勝を皮切りに、国立研究開発法人新エネルギー・産業技術総合開発機構（以下、NEDO）が実施する起業家育成プログラム（NEDO Technology Commercialization Program、以下 NEDO TCP）における決勝大会進出及び認定 VC 賞、オーディエンス賞受賞、米国シリコンバレーで開催されたスタートアップイベント Live Sharks Tank での優勝、Asian Night での準優勝、文科省・次世代アントレプレナー育成事業（EDGE-NEXT）シンポジウムのピッチコンテストにおける最優秀賞受賞等である。

2018年度は、NEDO TCP に採択された全国の26件の中で、5件が九州大学起業部のプランである。大半がスタートアップや研究者が採択されている中で、学生のプランが採択されていること自体も特筆すべき点であろう。

4.4　九州大学起業部発ベンチャー1号

九州大学起業部設立後、半年の活動期間を経て、2018年1月には第1号の学生ベンチャー、メドメイン株式会社が誕生した。メドメイン株式会社は、福岡に拠点を構える九州大学発の医療 IT のスタートアップであり、九州大学医学部生の飯塚統氏が代表取締役を務める。同社では現在、国内外の

2017年 6 月	創業メンバー　九州大学起業部入部
2017年11月	Live Sharks Tank（米国）優勝、Asian Night（米国）準優勝
2018年 1 月	メドメイン株式会社設立（本社：福岡市、代表：飯塚統）
2018年 5 月	Medmain USA Inc.（米国法人）設立 Startup Thailand 2018　出展 Latitude 59 Estonian Award（エストニア）優勝 エストニアのユリ・ラタス首相と会談
2018年 6 月	総理大臣官邸にて、安倍総理大臣にプレゼン
2018年 8 月	VCより1億円の資金調達　広島オフィス設立
2018年10月	病理画像診断ソフト「PidPort」α版リリース
2018年11月	東京オフィス設立
2018年12月	経済産業省「飛躍Next Enterprise」採択
2019年 6 月	経済産業省「J-Startup」採択
2020年 8 月	VC、複数の病院グループ等より11億円資金調達

表15-3　メドメイン株式会社の沿革
出所：筆者作成

複数の医療機関と共同で人工知能（Deep Learning）による病理画像診断ソフト PidPort の開発を行なっている。本ソフトの提供により、病理医が慢性的に不足する現状を打開し、世界中の誰もが高精度で迅速な病理診断を受けられる環境の実現を目指す。

開発にあたっては、九州大学病院や九州大学医学部と連携し、九州大学のスーパーコンピュータを活用している。さらに、会社設立時には、九州大学総長立ち合いのもと大学内で記者会見を開くなど、九州大学の支援を受け、学生ベンチャーならではの強みを発揮している。同年 5 月には米国法人も設立し、グローバル展開に着手した。さらに 8 月には、VC から 1 億円の資金調達に成功している。主軸となる PidPort は、同年 10 月にアルファ版をリリースした。九州大学病院、広島大学病院、順天堂大学病院をはじめとした国内外の医療機関 20 施設と共同開発を行なっており、現在はタイのバンコク市内の病院を中心に試験運用を開始している。同年 12 月には、経済産業省主催の飛躍 Next Enterprise に採択された。2019 年 6 月には、経済産業省の J-Startup にも採択され、同年 8 月には、VC や病院グループ等から 11 億円の資金調達を実施している。

同社は、起業時からグローバル展開を進め、エンジニアもフランス人 2 名、韓国、香港、イギリス人を採用し、人材も国際色豊かな顔ぶれであり、社内の公用語は英語である。創業 1 年で約 60 名の雇用を生み出していることからも、同社の急成長ぶりがうかがえる。

ベンチャーを取り巻く環境は良好であり、第四次産業革命の進展など、ビジネスモデルや技術の革新により、ベンチャーが成長する好機とされている。また、少子高齢化や労働力不足など社会課題の解決に向けたビジネスニーズも多い。このような中、迅速かつ大胆な挑戦が可能なベンチャーは、次世代の経済成長の中核となりうるため、ベンチャーの創出と育成は日本の成長戦略と直結した重要な課題となっている。このような時代の要請に応えるべくメドメイン株式会社は順調に立ち上がり、総理大臣官邸に招かれるなど政府からも注目されている。飯塚統社長は、「九州大学発ベンチャーとして、医療界を代表する世界的な企業に成長したい」と意気込んでいる。

5. 起業支援体制
5.1　産学官連携とメンターの組織化

　起業家教育と起業家の輩出・育成において、産学官が連携した起業支援体制が不可欠である。ベンチャー支援策には、資金供給、人材育成、技術開発支援、販路開拓支援、大企業との連携促進、大学との連携促進、政府調達、規制緩和などのさまざまな方法があるが、これに関して、政府は様々な支援策を講じている[5]。

　九州大学起業部では、NEDO TCP や国立研究開発法人　科学技術振興機構（JST）の大学発新産業創出プログラム（START）、国立研究開発法人情報通信研究機構（NICT）の起業家甲子園、起業家万博など政府の起業家育成プログラムに挑戦し、採択されることをひとつの目標であり通過点にしている。これらのプログラムは、政府の視点からは起業家の発掘という位置づけであるが、九州大学起業部としては、ビジネスプランを表舞台にあげる絶好の機会といえる。いくら素晴らしいビジネスプランがあっても、ベンチャー関係者の注目を集めなくては前進もおぼつかない。このような支援策や実施機関との連携により、九州大学起業部の各チームは短期間で飛躍的な成長を見せている。とりわけ、2018 年 5 月には、NEDO と九州大学との間で、起業支援に係る相互協力の覚書を締結し、九州大学起業部では、NEDOによる起業支援を受けるなど産学官連携を強く意識した起業支援体制を構築している。

　九州大学起業部が、グローバル創業都市として勢いづく福岡市に所在することも幸運といえる。九州大学起業部は、福岡市の中心地にある、官民共働型スタートアップ支援施設 Fukuoka Growth Next に拠点をおいている。同施設は、福岡市のベンチャー・エコシステムのハブとして機能しており、九州大学起業部もここに集うスタートアップ、大企業、専門家、行政等と連携した活動を行っている。今後も、産官学連携を一層推進するとともに、福岡ベンチャー・エコシステムの一翼を担えるよう、積極的に活動を行っていく所存である。

　不確実性が高く、リスクが高いベンチャービジネスの支援においては、行政だけではなく、産業界の力も不可欠である。特に、経営面の支援や、先端

分野へのリスク資金の投入などの分野では、民間のビジネスパーソンの知恵や経験が重要となってくる。そこで、九州大学起業部では、政府や福岡市の支援を受けるだけではなく、ベンチャー起業家やベンチャーキャピタリスト、弁護士や公認会計士といったベンチャービジネスの専門家を50名規模で組織化した。起業を志す学生といえども、学生には「お金」も「人脈」も「経験」もない。そのような学生が起業する上で、起業のプロフェッショナルの力が必要になる。そこで、九州大学起業部では、学生のコーチ役として、50名のメンター陣が、起業部の部員（チーム）に対して、ビジネスプラン、マーケティング、ファイナンス等の実践的な指導に当たっている。そして、起業後は、メンターのVCが投資を行うなど教育的側面と起業支援が連動した形で機能している[6]。

5.2　資金の確保

　九州大学起業部は大学公認の部活動であるが、大学からの予算措置は10万円である。したがって、「お金がない」ことは極めて大きな課題であった。東京や海外から起業家やベンチャー関係者を招聘するためには、当然、予算を確保しておく必要があるし、学生を東京や大阪のコンテストに派遣したり、プロトタイプを開発したりするためには、ある程度の資金がなくては活動できない。起業家の輩出を目指した起業家教育を大学で実践する場合において、資金の確保は極めて重要な課題である。

　これを解決するために、九州大学起業部設立の2か月後、2018年8月に一般社団法人QU Venturesを設立し、筆者が代表理事を務めている。本法人は、九州大学起業部を支援することを目的に設立され、財務、経理の透明化を図り、活動資金、寄付金募集による長期にわたる自主財源を獲得することで、「九州大学起業部」の安定した運営を支える基盤となっている。とりわけ、本法人の設立によりプロトタイプ開発資金を確保できたことは大きい。これにより、VCとの投資交渉の席に着くことができるようになり、エコシステム全体が機能しはじめる。初期段階の資金を起業家予備軍に与えることで、彼らは予備軍から起業家に脱皮するのである。また、外部資金の確保において、九州大学は、文部科学省のEDGE-NEXTに採択されており、こち

らの予算も活用している。

　九州大学起業部は、組織自体がスタートアップそのものである。起業資金の調達を教える教員が、満足な資金調達ができなければ、その教育に説得力もない。この資金があってこそ、起業家教育と起業支援が連動し、起業家輩出の好循環を創出するものと考えている。

6. おわりに

　本章では、学生起業による価値創造について、九州大学起業部の事例を通して、起業家の輩出を前提とした大学における起業家教育のあり方を考察した。起業家の輩出において重要なことは、本気で起業を志す学生に対して、機会と環境を整備し、機能させることである。具体的には、部活動等の課外活動の場を用意し、外部専門家によるメンターの組織化や産学官連携の促進、そして、試作品開発等の資金提供等、起業家育成のための予算を確保して、起業家教育と起業支援を連動させる必要がある。

　幸いなことに、学生の成長は著しく、九州大学起業部は順調に立ち上がり、成果を出しつつある。初年度は、50を超す新聞記事掲載[7]がなされるなど多くのメディアに取り上げられ注目を集めた。これらの報道を見て、九州大学起業部に入るために九州大学に入学した学生も現れている。さらに、2018年5月には、九州大学起業部及びメドメイン株式会社が地方創生の優良事例として、総理大臣官邸に招聘され、安倍首相はじめ閣僚の方々を前に活動報告を行う機会も得た。さらに2020年2月には、内閣府「第2回日本オープンイノベーション大賞」で文部科学大臣賞を受賞した。九州大学起業部が、大学内外における多くの理解と協力の上に成り立っていることに感謝したい。

　一方、2017年度に設立された九州大学起業部は、まだ緒についたばかりであり、これ自体がスタートアップそのものである。つまり、ヒト・モノ・カネ、といった経営資源に大きな制約がある中で、同部を運営しているのである。ベンチャー起業を教える教員が、このスタートアップともいえる九州大学起業部を成功させることは、学生のよきお手本にもなるであろうし、教員のアントレプレナーシップも問われていることを忘れてはいけない。

　九州大学起業部は、学生ベンチャーの創出のみならず、大学の技術を応用

した大学発ベンチャーにおける経営人材の育成をも視野に入れるものである。九州大学の枠にとどまらず、日本のベンチャー創出における先駆的な役割を担いつつ、日本経済に貢献していくことを標榜している。海外に目を向けると、アメリカシリコンバレーでは、起業家、起業支援者、企業、大学、金融機関、公的機関等が結びつき、ベンチャーを次々と生み出し、それがまた優れた人材・技術・資金を呼び込み、発展を続けるベンチャー・エコシステムが形成されている。近年、イスラエルなど世界各地でも、特徴あるエコシステムが生まれており、相互のネットワークづくりも急速に進展している。日本においても、世界のベンチャー・エコシステムとも直結し、経済成長の中核となり、社会課題解決に貢献するベンチャーが、自発的・連続的に創出される社会を実現していく必要がある。

　最後に、筆者は、九州大学起業部の顧問として、肝に銘じていることがある。それは、若者を過小評価してはいけないということである。いつの時代も未来を創ってきたのはエネルギーにあふれた若者たちに他ならないからだ。学生とともに未来を創っていきたい。

注
1　本章では、熊野（2016:67）の「アントレプレナーを中心とするイノベーションの創出・新規事業への挑戦を行う企業であり、VCを中心とした外部資金を積極的に受け入れて急成長を志向する企業」をベンチャー企業と定義する。
2　VCとは、ベンチャー企業に投資することを主たる業務とする組織や会社である。VCは、高い成長性が見込まれる未上場企業に対して、資金を株式投資の形で提供し、投資先企業が株式公開や企業売却を達成したのちに投資額と売却額の差額であるキャピタルゲインを獲得することが目的である。
3　ベンチャー企業の定義に関しては、熊野（2014）に詳しい。ベンチャーという用語についても厳密な使用規定はなく、本章では、「ベンチャー企業」を優先的に使用するが、他の文献との整合性を考慮し、文脈によって、「ベンチャー」「ベンチャービジネス」「スタートアップ」を同義で使用する。
4　起業のタイプに関しては、熊野（2014, pp. 62-69）に詳述している。
5　ベンチャー・チャレンジ2020では、内閣官房、内閣府、金融庁、総務省、文部科学省、厚生労働省、農林水産省、経済産業省、国土交通省、防衛省などの関係省庁が連携のために集まり、政府機関コンソーシアムを形成。また、各省庁には、NEDO、JST、

NICT、中小企業基盤整備機構などの関係機関が政策の実施部隊として存在する。

6 メドメイン株式会社は、資金調達先として、メンターの VC である株式会社ディープコ
　アと株式会社ドーガン・ベータから 1 億円調達している。

7 日本経済新聞、2017 年 6 月 24 日、2017 年 10 月 26 日、2017 年 11 月 25 日、2017 年 12
　月 27 日、2018 年 1 月 19 日、2018 年 2 月 27 日。他多数。

参考文献

磯崎哲也（2010）『起業のファイナンス―ベンチャーにとって一番大切なこと』日本実業
　出版。

大江健（2004）「地域と一体となった、明日の日本を担う「生きる力」を育む起業家教育」『中
　小商工業研究』第 79 号。

清成忠男（2005）「ベンチャー企業総論」『一橋ビジネスレビュー』第 53 巻第 1 号、pp.
　6-15。

忽那憲治（2011）『ベンチャーキャピタルによる新産業の創造』中央経済社。

熊野正樹（2014）『ベンチャー起業家社会の実現―起業家教育とエコシステムの構築』ナカ
　ニシヤ出版。

熊野正樹（2016）「ベンチャー企業の創出と起業家教育―崇城大学起業家育成プログラム」
　『日本政策金融公庫論集』日本政策金融公庫総合研究所、pp. 63-82。

熊野正樹（2018）「九州大学起業部」『日本政策金融公庫調査月報』日本政策金融公庫総合
　研究所、pp. 2-3。

熊野正樹（2019）「起業家教育と起業家の輩出―九州大学起業部の事例」同志社商学第 70
　巻 6 号、pp. 1009-1023。

寺島雅隆（2013）『起業家育成論―育成のための理論とモデル』唯学書房。

日本経済再生本部（2016）「日本再興戦略 2016」https://www.kantei.go.jp/jp/singi/
　keizaisaisei/pdf/2016_zentaihombun.pdf　（2021 年 1 月 10 日閲覧）。

日本経済再生本部（2016）「ベンチャー・チャレンジ 2020」https://www.kantei.go.jp/jp/
　singi/keizaisaisei/venture_challenge2020/pdf/venture_challenge2020_pamphlet.pdf
　（2021 年 1 月 10 日閲覧）。

日本経済団体連合会（2015）「新たな基幹産業の育成に資するベンチャー企業の創出・育成
　に向けて」https://www.keidanren.or.jp/policy/2015/118_honbun.pdf　（2021 年 1 月 10
　日閲覧）。

米倉誠一郎（2001）『イノベーション・マネジメント入門』日本経済新聞社。

第16章
プロフェッショナルの価値創造

―― 上田 浩史

1. はじめに

　V.School では、各業界、各分野にて志を持ち、今までの常識を疑い、新しい道を切り拓き、価値創造するプロたちをプロフェッショナルバリュークリエイター（Professional Value Creator: PVC）と名付け、ゲストを2ヶ月に一度のペースで招待をし、講演、および受講生たちとディスカッションをするプロジェクトを「PVC セミナー」として実施している。PVC セミナーは、企画運営の学生も参画してもらって、セミナー当日の司会や内容の取りまとめなどは、学生が担当している。

　本章では、筆者自身の価値創造経験も含めて、PVC セミナーで議論したプロフェッショナルの価値創造について紹介する。

2. 連続的挑戦×価値創造

　最初に、筆者の経験をもとに新しい価値を創造する過程を考えていきたい。筆者は、「企業と関わる若者の志に貢献する」ことをミッションに、人事家（人事コンサルタント）×教育家（大学客員准教授）×投資家（エンジェル投資家）という三つの顔を持ち、関わる人・組織に新たな価値創造できるように日々精進している。

　著者が価値創造の実践にあたって大切にしていることは三つである。

　　①一点突破すること

　　② AND 発想をすること

　　③意義、視座を高めること

以下、過去の経験も含めてお伝えしたい。

2.1 一点突破すること

　新卒で世界初のモチベーションに特化した組織人事コンサルティングファームに入社し、入社当初に尊敬する上司から頂いた言葉がある。それが、「一点突破・全面展開」（『鬼滅の刃』で表現すると全集中！）である。この意味はまずは何事も目の前のことを磨き続け、まずは一つの道を極め、自他共に認めるプロフェッショナルになること。その価値を磨き続けることで自然と他者との競争において独自性、優位性を発揮することにつながってきたのである。

　なぜなら、多くの人たちが一点突破をする過程で志なかば様々な理由で自分から磨くことをやめてしまう、もしくは脱落してしまうからである。「継続は力なり」という言葉があるが、これを実際に行うことは本当に難しい。何事も継続すること自体が価値を創造する小さい種になるのである。

　この一点突破が新しい価値につながることを私の経験で具体的に伝えたい。この上司の言葉に対して、当初は半信半疑ではあったが、数多くの成果を出してきた人物であったので、まずは教えを素直に聞き入れることにした。私はファーストキャリアを採用コンサルタントからスタートをし、教えである一点突破の精神で組織においての同志集めである人材採用というテーマに対して徹底的に意義を考え、愛情を持ち、学び、顧客に価値貢献をするために何ができるのかを向き合い続けた。

　そもそも組織は何のために人を採用するのか？

　どのようにすれば優秀な人材が採用できるのか？

　そのためには具体的に何が必要なのか？

　ＷＨＹ→ＨＯＷ→ＷＨＡＴを徹底的に考え抜き、様々な事例を大量にインプットし、自分なりのクリエイティブなアウトプットを出す。その繰り返しを続けた。その結果、採用であれば誰にも負けないという自信が生まれ、顧客の期待を上回る努力が成果につながった。

　採用のプロとしてひとつの分野を極める、つまり一点突破をすることで、まずは相手から信頼され、採用だけでなく、入社後の人材育成まで一貫してサポートしてもらいたいというオファーがきた。

　最終的には採用、育成だけに止まらず、次は評価、定着など人事の分野で

あらゆる方向性から相談されることが日に日に増えていった。その相談に対して期待に応えようと必死で努力した結果、振り返って点と点が線になり、気づくと採用や育成を越えて、人事家（人・組織のプロフェッショナル）になっていたのである。

ここまでの内容で伝えたいのが、何事も一点突破する、まずは与えられた場所、環境に感謝し、継続的に努力をし、花を咲かせるだけで他者と比較して、知識と知恵と多くの経験が競争優位になり、価値を創造するきっかけになるということである。

これからの時代は組織から個の時代にますますパラダイムシフトしていく。読者の皆さんにも、ぜひこれだけは負けない、もしくは自分の強みと言えるものを一点突破で磨き、オリジナリティを発揮できるまで努力し続けることをお勧めする。

2.2　ＡＮＤ発想をすること

20代前半は全てが「ＯＲ発想」で何事も慎重で挑戦ができなかった。しかし、「ＡＮＤ発想」という考え方に出会ったことで、多くの挑戦をすることができ、価値創造の実践に繋がったと考えている。

ＯＲ発想はどちらかを選ぶ発想であり、AND発想は取捨選択せず、両方を掴み取る発想である。

現在、30代後半を迎え、振り返ってみると多くの体験、経験、挑戦をしてきた。26歳で起業し、一度挫折してからは激動の繰り返しであった。社会人家庭教師、コーチング就活予備校の設立、フィリピンセブ島での留学スクール経営、シンガポールでのインターンシップ経営、人事コンサルタント、教育アドバイザー、ベンチャー企業CHRO、エンジェル投資家など、多様な職種を経験した。

大きく分けると20代後半は対個人である大学生、若者支援、30代前半は対企業であるスタートアップ、ベンチャー企業、中小企業支援というように、今になって振り返ってみると綺麗に分けることができるが、20代は目の前のこと、特に起業したての時は生きることにただ必死であった。

現在は人事家（コンサルタント）としてスタートアップから東証一部上場

企業支援、教育家として非大卒生、大学生、社会人へのキャリア支援、最後に投資家として志や夢、ロマンのある起業家支援に関わっている。「AND発想」で言えば、合計15社程を、同時並行で関わっており、日本一好奇心旺盛な人事家ではないだろうか。そして30代後半に入り、ご縁を頂き、V.School客員准教授に就任し、ここに関わらせて頂けていることは大変光栄である。

　ここでご紹介したいのが、スタンフォード大学の卒業式辞で、アップルの創業者であるスティーブ・ジョブズの言葉 "Connecting Dots" である。

「将来をあらかじめ見据えて、点と点をつなぎあわせることなどできません。できるのは、後からつなぎ合わせることだけです。だから、我々はいまやっていることがいずれ人生のどこかでつながって実を結ぶだろうと信じるしかない。運命、カルマ…、何にせよ我々は何かを信じないとやっていけないのです。私はこのやり方で後悔したことはありません。むしろ、今になって大きな差をもたらしてくれたと思います。」
スティーブ・ジョブズ「ハングリーであれ。愚か者であれ」
米スタンフォード大卒業式（2005年6月）にて
（日本経済新聞2011年10月9日スピーチ全訳より）

　スティーブ・ジョブズが上記を卒業生に語っていたのは非常に有名で筆者も何度か視聴したが、当時は本質的な意味が理解できていなかった。その時は自分の人生の鮮明な未来など先を見通すことができなかったのである。今になってようやく理解ができるのが、価値創造の一つの考え方として、未来に向けて価値を創造しようと描き、目の前のことを一生懸命、一所懸命やることが後々つながり、新しいアイデアや事業のきっかけになる可能性が高い。

　世の中に新しい価値を創造し続けるアップル社の原点とも言える考えではないだろうか。前述のとおり、筆者は三つの肩書に加え、大切な家族の父という顔、趣味であるサウナ・スパ健康アドバイザー（資格）という顔、と五つの顔を持っている。父同士で仲良くなる中で、仕事につながることもあり、また趣味のサウナの話から仕事になることもある。

ぜひ、物事を「ＯＲ発想」という何か一つだけに絞るという考え方ではなく、興味・関心の赴くままに「ＡＮＤ発想」で同時に挑戦していただきたい。そうすればその点と点はきっと未来に向かう線となり、新しい道（価値創造）につながるであろう。

2.3　視座を高め、意義を深める

　新しい価値創造というと、何か世の中に大きなことを成し遂げる手法、手段に目が行きがちであるが、物事の本質は「何のためにするのか？」という使命感、意義、志であり、やり方（手法、手段）の前にあり方（意義、視座）が重要なのである。

　いつもイソップ逸話３人のレンガ職人の話をよく引用するので、紹介したい。

【レンガ職人の話】
　ある教会の建築現場には３人のレンガ職人がいた。１人の初老が通りかかり、全員に「あなたは何をしているのですか」と同じ質問をした。
　１人目の職人は「食べるために仕方なく働いている」と答えた。
　２人目の職人は手を休めずに「職人としてレンガの壁をつくっている」と答えた。
　３人目の職人は目を輝かせて「国で一番の教会をつくり、国民の心の拠り所をつくっている」と答えた。

　つまり、同じレンガ職人でも自分の仕事に対して目的や意義を持って仕事をする人と目的や意義も考えずに仕事をする人が存在するということである。
　筆者自身の経験として、企業理念の再構築（ミッション、ビジョン、バリュー）からお手伝いすることもあるが、うまくいく会社はレンガ職人でいうと３人目の視座の高さ、意義の深さがあり、うまくいかない会社はレンガ職人でいうと１人目、２人目の視座の低さ、意義の浅さである。
　企業の理念度外視で目先の売上、利益のみを追っている企業はやはり一時的にはうまくいく時はあるが、多くの会社が事業では次の事業を生めず、組

織では大量の離職が生まれてしまう。これは個人においても同じように思える。

　個人としても新しい価値を創造するためにはただ自分の給与や生活だけに意識を向けるのではなく、使命感やビジョンを持ち、世の中の課題や問題を発見し、解決しようという意志と行動が求められている。

　自身の視座（目線）を高めることで、今まで見えなかったやりがいや顧客に対する価値提供に創意工夫が生まれ、新たなマーケットや市場が生まれ、結果として新しい価値を創造するきっかけになりえる。ぜひ3人目のレンガ職人のように自分が向き合う仕事、物事に新しい価値、意義を深め、価値創造できる人たちを増やしていきたい。

3. プロフェッショナルが実践する価値創造の方法

　仕事柄、戦略人事顧問として、新しい価値創造が生まれる瞬間に立ち会うことは人よりも多く、世の中に新しい価値創造のできるプロフェッショナルに共通するポイントがあるように感じている。ここではその五つのポイントを紹介したい。

3.1　熱い志と夢

　何より大切なことはこの二つのキーワードに尽きる。志は自分以外の人のため（利他の精神、for you）、夢は自分のため（自利の精神、for me）とよく表現している。価値創造はどこまで行っても過程であり、大切なことは価値創造をした先に何が生まれるのかである。アプローチとしては以下の二つがある。

　一つ目は志を実現させようとする情熱を持つことである。自分以外の人ために現状の社会や企業、個人が抱える課題や問題を解決するために今までにない、もしくは新しい手法、方法が必要になり、結果として価値創造が生まれている。

　二つ目は夢を実現させようとする情熱を持つことである。自分のために豊かさや幸福度、自己実現に正直になり、そのありたい姿を実現する過程で新しい手法、方法が必要になり、結果として価値創造が生まれている。

しかし、新しい価値を創造することは単純ではい。既存のパラダイムや慣習を変えることは非常に険しい。その険しい道を突き進むためには情熱が必要であり、熱い志や夢なくして新しい価値を創造することは並大抵なことではない。

3.2　連続的な挑戦

上記とも関係するが、新しい価値創造実践者（プロフェッショナルバリュークリエイター）に共通するのが連続的挑戦の数である。今まで、簡単に新しい価値を創造している人は見たことがない。社会や顧客の声に寄り添い、何度も何度もアイデアと実践の試行錯誤を繰り返しながら、ようやく新しい価値を創造しているように思える。

一度の挑戦で失敗したからといって諦めてはいけない。世の中には物や情報が溢れている中で、新しい価値を創造することは強いプレッシャーやストレスがかかるが、諦めずに連続的に挑戦したものだけが価値を創造できる。心理的なモチベーションマネジメントやストレス耐性、身体的なタフさ両方も求められるので、心技体ともに鍛えることが必要である。

日本では一度挑戦して失敗したらセカンドチャンスが与えられない、失敗のレッテルが貼られる文化がまだ根強く残っているように思えるが、プロフェッショナルバリュークリエイターを日本に増やしていくためには失敗をしても、誰もが何度も挑戦（連続的な挑戦）ができる文化、環境、ルール、機運を高めることも一方で非常に大事である。今日では日本にも多くのベンチャーキャピタルやファンドが増え、起業家精神の醸成、志ある若者への投資も増えているので、連続的な挑戦をサポートし、新しい価値創造する人材の芽を摘まない環境整備が引き続き必要である。

3.3　課題を発見する力

価値創造にはどこまで行っても対象、相手がいる。それは社会であり、企業であり、個人であり、その存在を語らずして価値創造はない。顧客視点、相手視点で物事を考えることが必要で、これが「課題を発見する力」である。「新しい商品、サービスを考えよう」という話はどこにでもあるが、本気で

顧客の本質的課題に向き合い切れている企業、人たちはどこまでいるのか。

　これから時代は資本主義社会ではなく、共感資本主義社会にパラダイムシフトすると言われている。共感資本とは言葉の通り、どれだけ多くの人から、心の底から賛同してもらえるかという目に見えない価値が資本となる。ではその共感はどこから生まれるかといえば、キーワードに含まれている顧客の課題、悩み、不安などにどこまで向き合えているかがポイントになる。価値創造するためには顧客のニーズ（目に見える課題）とシーズ（目に見えない課題）にとことん向き合い、発見することができれば、その課題を解決するための手段が結果として新たな価値創造のきっかけになる。

3.4　言葉の力

　「言葉には未来を創り出す力がある」といわれている。プロフェッショナルバリュークリエイターたちに共通するのが言葉に対して、非常に強いこだわりがある。一番わかりやすいのが、会社の経営理念である。自分たちの存在意義、実現したいビジョンなど大切なことを言語化しており、その言葉を通して関わる人たちを巻き込み、共感を集める。

　クラウド、AI、ブロックチェーン、シェアリングエコノミー、デジタルトランスフォーメーション、ニューノーマルなど10数年前は存在しない言葉であった。今までにない言葉を創造することで新たな経済、産業、市場、ビジネスが実際生まれている。自分がどんな世界を作りたいのかについて、自分自身で新しい言葉や概念を作ることで今までにない世の中を創る挑戦をしてほしい。

3.5　発信する力

　発信力とはシンプルに様々なＳＮＳ、ウェブサービスを介して、自分たちの志や夢、取り組みなどを常に発信し続けている。筆者は尊敬するメンターに「世の中に実施していること、伝えたいことを発信しなければ空気と一緒」という言葉を頂き、まさにそうであると感じている。

　どれだけ価値のあることを実践していても誰も知らなければ共感が生まれることがない。デジタルネイティブ世代だけでなく、老若男女全員がスマー

トフォンを持ち、Youtube、フェイスブック、インスタ、ツイッター、クラブハウス、自社サイトなどでどんどん発信していくことが大切である。発信することで自分自身にとっても覚悟（コミットメント効果）が生まれ、周囲への情報提供、そして周囲からのフィードバックをもらうことにつながる。

4. プロフェッショナルの価値を生み出す志事術

　本章では、PVCセミナーで登壇してもらったプロフェッショナルバリュークリエイター3名が、どのような考えで仕事に向き合っているか、どのように価値を捉えているかについて紹介する。それは「仕事」というよりも、まさに「志事」である。

4.1 「次世代リーダー育成×価値創造」（株式会社リンクアンドモチベーション　エグゼクティブディレクター　樫原洋平氏）

　2025年に開催予定の世界が注目する大阪・関西万博。「TEAM EXPO 2025」は、その大阪・関西万博の大きなひとつのプロジェクトである。テーマである「いのち輝く未来社会のデザイン」を実現し、SDGsの達成に貢献するため、多様な参加者（TEAM）が主体となって理想としたい未来社会を共に創り上げていくことを目指す取り組みである。リンクアンドモチベーションでは、SDGsを達成するためには、「様々な機関と連携し、協働を牽引する"共創リーダー"が不可欠である」という背景から、「次世代共創リーダー育成プロジェクト」を推進しており、樫原氏がプロジェクトリーダーを務めている。

　プロジェクトのポイントは大きく三つある。一つ目は、「実行機会の提供」である。本プロジェクトでは、評論家的にSDGsを捉えるのではなく、当事者として、どんなに小さな取り組みでも「実行」することを求めている。SDGsという言葉が一般化している現在、様々な場所でSDGsに関するワークショップや課題解決型プログラムはあるものの、「提案」で終わっている場合が多い。机上の空論で終わらせないためにも、「実行」の機会を与えられるかどうかは、育成プロジェクトを考えるうえではとても重要である。

二つ目は、「長期視点でのプロジェクト設計」である。本プロジェクトの期間は、「一年間」としている。その理由は、「リアルな葛藤」を経験してもらうためだ。たとえば、一週間以内のインターンシッププログラムなどであれば、参加学生のモチベーションダウンはほとんど見られない。しかし、一年も期間があると、個々人の状況は変化する。当初はモチベーションが高くても、時間の経過とともに低下することは日常茶飯時であり、それを起点にプロジェクトメンバー内でさまざまな葛藤が生まれる。また、一年間のプロジェクトのうち、初期メンバーは事務局側で採用するものの、途中からは自分たちで新たなメンバーを採用することを求めている。新たなメンバーが入れば、組織の関係性は変化し、人数が増えるとともに、意識統一も困難となる。その過程をすべて「学び」の機会と捉え、人間関係や組織での「生きた課題」に向き合ってもらい、さまざまな葛藤や対立を乗り越え、まさに「共創を実現する力」を磨いている。

　三つ目は、「社会人のコミットメント」である。SDGs の達成に向けては、企業だけでなく、さまざまな関係者を巻き込み、最適な体制づくりが不可欠である。だからこそ、学生に対峙する社会人も、企業だけでなく、産官学連携で準備をしている。2020 年のトライアル期間中はパナソニック、川崎重工業、関西電力、ヤンマーの 4 社に構想段階から協力してもらい、各社から「メンター」を出してもらった。各チームに 1 名ずつメンターがつき、学生のフォロー役として、一年間併走してもらっている。メンターは提案に対するアドバイスはもちろんのこと、学びの内省化や強み・弱みの指摘など、多方面に関わってもらっている。さらに、学生の提案内容によっては、自社のリソースを提供してもらい、それによって学生の「実行」を進める支援もいただいている。

　このプロジェクトを通じて実現したい「夢」は、2050 年時に「本プロジェクトに関わった学生たちが、日本、世界をリードしている」という状況をつくり出すことである。現在、世界が直面する問題は複雑化しており、自国のみで解決することは不可能になってきている。だからこそ、さまざまな対立や利害を乗り越えて、共通の目的のもとに、課題解決に向けて共創を実現できる「リーダー」は不可欠である。「教育は国家百年の計」と言われるが、

特に資源の乏しい日本において、「共創リーダーの創出」は、喫緊の課題であることは言うまでもないだろう。

4.2 「ミッション×価値創造」（株式会社エンリッション（知るカフェ）代表取締役 柿本優祐氏）

「我々がやるべき事業か？」社会課題の解決を実現したく、ゼロから事業を作り出し、ターゲット顧客が喜ぶ顔を想像しながらようやくサービスをローンチした先には現実が待っていた。それは顧客からのサービス改善や機能追加の要望である。決してクレームではなく、サービスに対してもっとこうして欲しい、これを加えるともっと流行る等のありがたいアドバイスだ。これはサービスをバージョンアップできる貴重な声である。ベンチャーは少人数でスタートするため、顧客からのこうした声は経営者にスピーディかつダイレクトに届くケースが多い。

ここで大事なことは、顧客第一に考えながらも、顧客の声を聞きすぎて、会社が本来成し遂げたい課題解決から離れたり、ミッションに反してしまいそうなことが少なからずあることである。実際、このようなシーンは創業から何度も経験している。経営者としては顧客の声に応えて売上を作りたい、ただそこにはミッションと真逆の領域であり、さらに競合がたくさんいるレッドオーシャンというケースがある。その際に「これは我々がやるべき領域か？」「これは我々でなく他社がやればいいのでは？」という考え方も非常に大切だと考えている。

もちろんお客様からの要望に精一杯応える必要はあるが、会社の原点に立ち返りながらサービスを作っていくという強い信念がなければ、エンリッションのようなベンチャーは存在意義が無くなり成り立たないと考えている。ただ、これには現場社員に対して創業者の思いを理解してもらうことが必須となる。なぜなら現場はお客様の声を直接聞く立場であり、その分お客様の期待に応えたいという強い想いがある。

一方的にその声には応じないという姿勢ではなく、会社の実現したいミッションを社員に時にはお客様にも共感してもらいながら、会社の独自性や成

長性を一緒に作り上げることができるようなディスカッションが必要であり、エンリッションの行動規範（バリュー）のひとつに"side by side"というものがある。これは「一緒に走ろう、思いやりとホウレンソウで最強のチームになれる」という内容であり、筆者も常に心掛けている。一人では会社経営は成り立たない。この行動規範を意識して社員とお客様と一緒に会社を成長させ、社会の課題解決を実現しながら顧客に喜んで頂くことを実現していきたいと柿本氏は考えている。

4.3　「不易流行×価値創造」（株式会社パラドックス　代表取締役鈴木猛之氏）

　ドラッカー曰く、イノベーションを起こすためには、「予期せざる顧客の要望に耳を傾けること」であるという。そのためには、経営者がいかにリアルな顧客接点を持つか、ということが大切である。また、同時に、それを感じ取れる「姿勢」が大切だと言えるだろう。人間はとかく常識や先入観に支配されやすい生き物であると言うことを、肝に銘じておかなければならない。人は人生を重ねていくうちに、様々な知識や経験を蓄えていく。一方で初心という物を忘れ、謙虚さや素直さを忘れていくことも少なくない。松下幸之助氏もよく言っていた、「あるがままを受け入れる」という姿勢。これはマインドフルネスや禅と言ったものにも共有する考え方で、フィルターやレッテルを外して、フラットな気持ちでものごとを眺めることが肝要であるということ。この境地に達するには、それなりのメンタルトレーニングが必要になってくる。目の前に現れる困難から逃げずに誠実さを尽くし続けられるか。二宮尊徳翁の言うところの「至誠と実行」によって、精神は磨かれていくのだと思う。時代は変わり、易きに流れることも咎められない世の中で、この姿勢を貫いていくことは、より確固たる強い意志が必要となることだろう。

　日々の「至誠と実行」を重ねていくことができれば、その人の「強み」もさらに増幅していく。それによって独自の貢献ができる人材としての価値も高まっていくこととなる。やがてその先に、自分が何のために生まれてきたのか、何のために命を使っていくべきか、という、自分だけの「使命」＝

「志」が姿を現してくることだろう。あたかもそれは、運慶が仏像を彫る時に、元々そこに埋まっていたものを彫り出すだけだと言ったように。

「吾十有五にして学に志す。三十にして立つ。」と孔子は言った。日々一所懸命に誠意を尽くし続ければ、結果的に30歳前後で志が立ち、唯一無二の価値貢献ができる人材の素地ができあがるのだと思う。

5. おわりに

人生には大きく変わるきっかけが五つあると言われている。人（誰と出会うのか？）、環境（どんなコミュニティ、場所、組織に出会うのか？）、言葉（どんな言葉出会うのか？）、本（どんな本と出会うのか？）、最後に時間（どんな時間を過ごすのか？）。このPVCはそういう意味では人生に大きく変わるきっかけ、衝動を与える存在でありたい。五つの中で、三つにまたがるのが『人』の存在である。

引き続きPVCでは人生に大きな影響や変わるきっかけを与えてくれるような人をゲストでお招きしたいと思う。

自分の人生に本気で向き合い、自ら道を切り拓いていく人たちと出会いはプライスレスな価値がある。人生の時間は有限である。だからこそ、その時間をどのように生きるのか？どうせなら、なんとなく過ごす日々とは別れ、志のある大人や仲間と出会い、自分自身のらしさや最高価値に気づき、他人の人生ではなく、自分の人生を情熱的に生きることをお勧めしたい。

＜謝辞＞
PVCを設立にあたり、V.Schoolの先生方、事務の皆様、信頼する羽瀬彩乃さん、宮前りささん、執筆にあたり大変お世話になった鈴木猛之さん、樫原洋平さん、柿本優祐さんに感謝の意を表したい。

〈コラム〉PVC インターン生２名による熱いメッセージ

V.School が発足してこのPVC というプロジェクトに共感し、一緒に創造してくれているスクール生の２名からのこのプロジェクトにかける想いを伝えたい。講演会の詳細は、V.School のホームページに、彼女たちが学生ライター記事として掲載している。

神戸大学国際人間科学部３年　羽瀬彩乃

　はじめまして。PVC のインターン生をしております、神戸大学国際人間科学部子ども教育学科の羽瀬彩乃と申します。この度は、本のご出版おめでとうございます。また、このような機会を頂きまして誠にありがとうございます。ここでは、私がPVC の活動に携わる中で感じたこと、そして私が将来実現したい「価値」について、僭越ながらお話させて頂きたいと思います。

　新型コロナウイルスの感染拡大により、大学の授業や活動がすべてオンラインとなってしまっていた2020 年の６月末、V.School のプロジェクト説明会で上田さんのお話に魅力を感じたことがきっかけで、私はPVC への参加を決めました。

　PVC の活動に携わるようになってから、まだ７ヶ月程しか経っておりませんが、その間に三人のゲストスピーカーの方からオンラインでお話頂きました。記念すべき第１回講演会では「大企業×価値～仕事はもっと楽しくできる～」というテーマで、濱松誠様にお話頂き、組織を変革する原動力やその志に感銘を受けました。第２回講演会では、山下貴嗣様から「チョコレート×価値～価値を生み出す心の向け方とは～」についてお話頂きました。講演会を通じて、チョコレート文化の刷新を図り、生産過程において新たな価値を創造されている山下様に大きな刺激を受けることができました。そして第３回講演会では、柿本優祐様より「カフェ×価値～アイデアを形にする『実現力』を探る～」でお話頂きました。「知るカフェ」の創設者である柿本様のお話からは、信念を貫く精神力、そして周りを巻き込む行動力を感じ取ることができました。

　このように、素晴らしいゲストスピーカーの方々から「価値とは何か」「価値を生み出すには何が必要か」といった熱いお話を伺ったことで、私の価値創造への想いはますます膨れ上がっています。講演会に参加して下さった皆様にも、同

じような想いをお届けすることができていたら幸いです。

　私は将来、日本の教育の発展に資する人材になれたらと考えています。日本の教育には、後世に引き継ぐべき素晴らしい点が数多くありますが、一方で解決・改善を図るべき課題も山積しています。「すべての子どもが経済的・社会的障壁に因らず、進路を選択できる世の中にしたい」という思いが、私が現在大学で勉学に励むひとつの原動力です。そしてPVCを通じて沢山の方と出会い、パッションを感じ取りながら、先に述べた私なりの「価値」を達成することで、未来を担う子どもたちを一人でも支えることができたらと考えています。

　最後になりましたが、PVCという素晴らしいチャンスを下さり、常に私たちインターン生の話に耳を傾けてくれる上田さん、いつも気にかけて下さっているV.Schoolの先生方と教務の方々、ご多忙の中、講演会で貴重なお話をしてくださったゲストスピーカーの皆様、参加者の皆様、そして一緒にインターン生として活動している宮前りさちゃん、本当にありがとうございます。一つ一つのご縁を大切に、支えて下さる方々への感謝の気持ちを忘れず、日々精進して参ります。

神戸大学経営学部3年　宮前りさ

　今回このような形で本の出版に携われたことを大変嬉しく思います。ここでは、PVCに参加を決めたきっかけと活動を通して刺激を受けたこと、そして私が今後提供したい「価値」についてお話いたします。

　PVCに出会ったとき、ワクワクが止まらなかったのを覚えています。講演会の設計を学生である自分が主体的に行えることがとても衝撃的で魅力を感じました。また、講演会で様々な業界で活躍されているゲストの方々にお話を伺い「面白そう！」「やってみたい！」と感じるものを見つけることで、将来の可能性を増やしたいと思いPVCに加わることを決意しました。

　今まで3回ほど講演会を実施させていただきましたが、毎回が学びの連続です。その中でも特に印象に残っている出来事があります。少子化が進む日本の今後について議論しているとき、私は学校で少子化が労働力不足や社会保険料の増加などマイナスなことばかりもたらすと学んだことから、「少子化が深刻化する未来

の日本は明るいとは言えない」と意見を述べました。しかし、V.School 長の國部教授は少子化が将来にもたらす利点も多くあると説明すると共に「教科書に書いていることばかりが正解ではない」とおっしゃったのです。ハッとしました。私は教科書で学んだことが正しいと疑っていなかったのです。

　そして、考えてみるとPVCに来て下さるゲストの方々のスタート地点は自身の想いと現実にギャップを感じ、これでいいのかと現実を疑うことから始まっていました。世間の当然を疑うこと、周りの情報を鵜呑みせず自分で一度考えること。PVCでの対話を通して、当たり前に見えても実は実現できていない大切なことに気づきました。このように学生が価値創造を実践するゲストや教授の方々と意見を交わせるところはPVCの大きな魅力の一つです。皆さんにもぜひ彼らから新たな視点や学びを得て欲しいです。

　まだまだ課題のある私ですが、これからはもっと力を入れ、一人でも多くの大学生に未来の選択肢を提供し、人生を面白くするお手伝いができればいいなと考えています。今はゲストの方々や講演のテーマに興味を持って下さる方がイベントにいらっしゃいますが、今後はPVCがやっているなら、という理由でイベントに来て下さるようなこのプロジェクトのファンも増やしていきたいです。

　終わりにチャレンジの場を創り出し、背中を押してくれる本プロジェクト代表の上田さん、いつも講演会をサポートして下さる心強いV.Schoolの先生方、事務の方々、学生の私たちと真っ向から向き合って下さるゲストの方々、イベントに来て下さる参加者の方々、そして一人ではなしえないこのプロジェクトを一緒に創り上げてくれるインターン生の羽瀬さん、全ての方に感謝でいっぱいです。皆様の期待を超えられるようなイベントにできるよう努力してまいりますのでよろしくお願いいたします。

資料　神戸大学V.Schoolの活動

1. 教員体制と学生

　V.School は「価値創発部門」と「価値設計部門」をもち、表 17-1 に示すように、スクール長 1 名、部門長 2 名、副部門長 4 名、専任教員 3 名の他、15 学部・研究科等から協力教員 23 名、客員教員 8 名で、V.School の教育研究活動を担っている。

職名	所属	氏名
スクール長	経営学研究科・教授	國部 克彦
価値創発部門長	システム情報学研究科・教授	玉置 久
価値設計部門長	経営学研究科・教授	忽那 憲治
価値創発部門 副部門長	経営学研究科・教授	内田 浩史
	システム情報学研究科・教授	菊池 誠
価値設計部門 副部門長	産官学連携本部・教授	熊野 正樹
	システム情報学研究科・准教授	藤井 信忠
専任教員	V.School・教授	坂井 貴行
	V.School・准教授	祇園 景子
	V.School・准教授	鶴田 宏樹
協力教員	大学教育推進機構・教授	近田 政博
	人文学研究科・教授	長坂 一郎
	国際文化学研究科・准教授	板倉 史明
	国際文化学研究科・准教授	西田 健志
	人間発達環境学研究科・教授	岡田 修一
	人間発達環境学研究科・准教授	齊藤 誠一
	人間発達環境学研究科・准教授	原田 和弘
	法学研究科・教授	大内 伸哉
	経済学研究科・講師	山崎 潤一
	経営学研究科・教授	保田 隆明
	経営学研究科・准教授	宮尾 学
	経営学研究科・准教授	森村 文一
	医学研究科・教授	福本 巧
	工学研究科・教授	喜多 隆
	工学研究科・教授	小池 淳司
	工学研究科・准教授	槻橋 修
	農学研究科・教授	中塚 雅也
	国際協力研究科・教授	Alexander Ronni
	科学技術イノベーション研究科・教授	山本 一彦

職名	所属	氏名
協力教員	経済経営研究所・教授	西谷 公孝
	経済経営研究所・教授	浜口 伸明
	都市安全研究センター・教授	飯塚 敦
	社会システムイノベーションセンター・教授	金子 由芳
客員教員	The Phronesis Design Institute（客員教授）	小森 尚子
	株式会社 Japan&India Project Design（客員教授）	佐藤 正和
	アーカス総合法律事務所（客員教授）	寺田 有美子
	株式会社パソナグループ（客員教授）	南部 靖之
	合同会社イキナセカイ（客員教授）	安川 幸男
	株式会社 LeaGLO（客員准教授）	上田 浩史
	株式会社パソナグループ（客員准教授）	塩谷 愛
	一般社団法人コード・フォー・ジャパン（客員准教授）	砂川 洋輝

表17-1　教員一覧（2021年6月1日現在）

学部・研究科		学部1年	学部2年	学部3年	学部4年	学部合計	前期課程1年	前期課程2年	後期課程1年	後期課程2年	後期課程3年	大学院合計	総計
文学部・人文学研究科		1			1	2							2
国際人間科学部		3	4	3	4	14	–	–	–		–		14
国際文化学研究科		–	–	–	–	–	1					1	1
法学部・法学研究科		3		1	1	5	1					1	6
経済学部・経済学研究科		1	2		3	6				2		2	8
経営学部・経営学研究科		2	2	8	16	28	1	1	2	2		6	34
理学部・理学研究科				2		2							2
医学部保健学科・保健学研究科					1	1			1			1	2
工学部	工学研究科		3	1		4	3	1				4	8
	システム情報学研究科						2	3				5	5
農学部・農学研究科		1		1	4	6	3	1				4	10
海事科学部・海事科学研究科			2		1	3	1			1		2	5
科学技術イノベーション研究科		–	–	–	–	–					1	1	1
計		11	13	16	31	71	9	8	1	4	5	27	98

表17-2　V.School生の学年と所属（2021年6月1日現在）
（標準在籍年数を超える学生は最終学年に含めている。）

　2021年6月1日現在、表17-2に示すように98名 学部71名、大学院27名（博士課程前期課程17名、後期課程10名）の学生がV.Schoolに入校し

ている。所定の科目を修得したスクール生には V.Diploma の称号を大学卒業もしくは大学院修了時に付与するとともに、特に優れた成果を上げたスクール生に対しては、V.Diploma Honours（神戸大学バリュークリエーター）の称号を付与する。

2. 教育活動

V.School の教育は、スクール生を対象とした「発展教育」、一般学生を対象とした「一般教育」、社会人を対象とした「実践教育」の三つに分類される。

2.1 発展教育

V.School は、入校した学部生および大学院生に対して、価値創造の「発展教育」を提供している。教育科目は、価値創造を価値創発と価値設計の二側面から講述形式で学ぶ「講義」、実習形式の授業で課題解決やアイデアの創出を通じて学ぶ「PBL（Project-Based Learning）」、同じく実習形式でアイデアを試作してフィールドで検証することを通じて学ぶ「FBL（Field-Based Learning）」、V.Diploma 取得のための「V.School セミナー」の4種類から構成される。その他に、スクール生の自主的な学修を支援する「Creating Value Circle」および「学生プロジェクト」も実施している。

（1）講義

V.School の価値創造に関する考え方を示す「価値創造＝価値創発×価値設計」に基づき、主に、「価値創発」に関する講義科目と、「価値設計」に関する講義科目を提供している。

2020 年度に開講した講義科目と内容は以下のとおりである。
①「価値創造と創発」
価値創造の創発的な側面について、主にシステムの観点から検討し、価値や機能といった概念に関する理論やこれまでの議論を学ぶ。
②「価値創造と設計」
イノベーション創出や価値創造のために求められる企業家精神や企業家

活動に関する基礎理論を学修し、知識や技術を社会実装するために必要な基礎知識を修得する。

③「価値創発の実践」

価値が生まれる際の創発的現象を、自然科学と社会科学および人文科学の側面から様々な事例をもとに解説し、創発的な実践のプロセスを学ぶ。

④「価値設計の実践」

大企業、中小企業、ベンチャー企業、NPO・自治体からゲスト講師を招聘し、それらの組織がSDGsに代表される社会的課題の解決に向けた価値設計にどのように取り組み、どのような課題に直面しているかを学修する。

⑤「なぜ行動を起こそうと思ったか」（連携組織：パソナグループ）

学生・教員が自らの課題設定に対する考え方について共有、議論した上で、パソナグループ南部靖之代表を初め、社会にインパクトを与えている外部講師の経験・思いを聴き、さらに議論を重ねることで、自らのビジョンや課題設定に関わる力を高める。

2021年度は、価値創発と価値設計を融合した科目として、「価値創造の考え方」を新設し、創発系の科目は「価値創造と創発」、設計系の科目は「価値創造と設計」に集約して講義を行っている。

(2) PBL

価値創造は、講義で学修するだけでは十分ではなく、学生自らが課題に取り組んで実習することで、初めて身につく。PBLは、課題に対してアイデアの創出から解決提案に至る一連のプロセスをスクール生に経験させることを目的としている。

2020年度に実施したPBL科目は以下の通りである。

①「価値創発PBL」

未来洞察ワークショップとアイデア創出ワークショップを通じて、予測される未来の課題に対する解決策のアイデアを創出する過程を体験することで、価値創発と集合知に関する実践的知識の修得を目指す。2020年度はSociety 5.0時代の学びをテーマにした。

② 「価値設計 PBL」

価値創発や価値設計に関して学修した知識と多様な各学生の専門性を結集し、国連が定める SDGs（持続可能な開発目標）の 17 のゴールと 四つの対象領域（大企業、中小企業、ベンチャー企業、NPO・自治体）を設定した具体的・実践的な課題にグループで取り組む。

③ 「スパイラルアップ PBL」

各学生が関心のあるテーマを持ち寄り、実際に社会へ価値を生む著作物、発明品、芸術作品、概念、組織、仕組みなどを制作する。人の期待・希望を読み取り、それを言語化して課題を設定し、課題に対する解決案を社会へ提供することで満足を生む過程をたどる。数人のチームで取り組み、価値創発 PBL および価値設計 PBL で学んだことを活かして、人を幸せにする価値を提供できる革新的かつ実践的な解決手段を提案する。

2021 年度は、フィールドで実証する形式の PBL 型授業やプロジェクトは、FBL として開講するため、PBL としては、「再生可能エネルギー社会を考える PBL」、「システム運用論 PBL-X」、「レジリエントな社会を牽引する起業家精神育成 PBL-X」などを開講もしくは開講予定である。（なお、PBL-X、FBL-X は他学部、他研究科との共同開講科目を示す。）

(3) FBL

価値創造は教室ではなく、さまざまな課題が現実に存在するフィールドに実装して初めて、その成果が検証できるものである。2021 年度から、価値創造のアイデアを試作して、フィールドで検証することを通じて学ぶ科目やプロジェクトを FBL とし、教室内で学ぶ PBL と並ぶ中心科目に位置付けている。

2020 年度は、FBL という名称は使用していなかったが、FBL に相当する科目およびプロジェクトとして、以下のものを実施した。

① 「神戸市課題解決プロジェクト」（連携組織：神戸市）

高齢化が進む神戸市で、デザイン思考を用いてまちの課題の解決に取り組む価値創発型プロジェクトである。神戸市役所企画調整局つなぐラボのサポート・メンタリングを受けながら、神戸市が抱える地域課題の一

つである「with コロナ時代における高齢者のニューノーマルをプロト
タイピングする」というテーマで実施した。(2020 年度は「PBL-X」と
して実施。)

② 「With/After コロナにおける兵庫県の中小企業の価値創造支援プロ
ジェクト（One Hyogo プロジェクト）」(連携組織：神戸信用金庫、有限
責任監査法人トーマツ)

新型コロナウイルスの影響を受ける地域の中小企業を支援することを目
的として、コンソーシアムを立ち上げ、中小企業支援プログラムを実施
するなかで、大学の技術シーズや学生発案のアイデアを活かせるかどう
か、価値創造の実践の場で学ぶ。(2020 年度は単独プロジェクトとして
実施。)

③ 「日常生活における心の豊かさプロジェクト」(連携組織：日本たばこ産
業)

「日常生活における心の豊かさ」を促進するような価値創造プロジェク
トを、学生が発案し、プロトタイプを社会で検証するまでを目指して取
り組む。(2020 年度は単独プロジェクトとして実施。)

2021 年度は、「神戸市課題解決 FBL-X」、「日常生活における心の豊かさ
FBL」を継続し、新たに、バブソン大学と協力して価値創造の実践的能力を
育成する「価値創造のための実践型 FBL」、三宮フラワーロードの今後の姿
を考える「フラワーロード FBL」(デザインクリエイティブセンター神戸、
神戸大学大学院工学研究科減災デザインセンターと共同開講)、学びの場を
プロデュースする「KOBE 文教区 FBL」(LIBERRA・CINEMA-EYE と共同
開講) などを開講もしくは開講予定である。

(4) V.School セミナー

V.School では、価値創造能力の育成が認められたスクール生に V.Diploma
(修了証) を付与する。V.Diploma を取得するためには、所定の科目を履修
するとともに、自らの価値創造力について、「自己評価書」を作成して提出
することを求めている。「V.School セミナー」は、これまでスクール生が受

けてきた価値創造教育を総括し、「自己評価書」にまとめていくプロセスを
支援するセミナーである。

2020年度は「特別セミナー」という名称で年度の最終段階で開講したが、
2021年度以降は、「V.Schoolセミナー」と改称し、前期と後期に分けて実施
する。

2.2　一般教育

神戸大学全体における価値創造教育を推進することは重要な課題である。
V.Schoolは、スクール生以外の神戸大学全学生が受講できる価値創造教育
を「一般教育」として提供している。

2020年度は、「一般教育」として、スクール専任教員が、共通教育科目の
総合教養科目として「企業社会論A、B」および総合科目として「Creative
School 基礎編、応用編」の合計4科目（4単位）を開講した。「企業社会論」
は、特に「企業社会論B」では、「21世紀の教養」をテーマに、パトス、ロ
ゴス、エトスについてPBL方式でディスカッション形式の授業を行った。
また、「Creative School」では、デザイン思考の基本的な手法を用いて、学
生が課題を解決するアイデアを考え、検証するプロセスを学修した。

2021年度以降は、上記科目の開講に加えて、学部高学年および大学院の
一般学生向けの価値創造教育のコンテンツ開発にも取り組む。

2.3　実践教育

V.Schoolでは、学生への価値創造教育と並んで、社会人向け価値創造教
育にも力を入れている。2020年度は、法人会員制度を設置して企業への門
戸を広げたことに加え、「With/Afterコロナにおける兵庫県の中小企業の価
値創造支援プロジェクト（One Hyogoプロジェクト）」の一環として、「中
小企業価値創造支援セミナー」全4回を実施し、10社が参加した。

2021年度は、「発展教育」の内容を企業研修用にアレンジして、体系的な
価値創造の実践教育プログラムの開発に取り組む。

3. V.Schoolサロン

「V.School サロン」は、価値創造に関する研究交流の場である。学内外の研究者、学生、社会人を、価値創造をキーワードにしてつなぐことで、研究と教育活動の活性化を目指している。学生に対しては、V.School の授業科目としても提供している。2020 年度は「価値創造サロン」の名称で実施したが、2021 年度より「V.School サロン」に改称した。

2020 年度は、価値創造の四つの側面（創造、創発、設計、社会）について、3 人のパネリストが議論するトライアローグ形式で実施し、表 17-3 に示すように合計 17 回のサロンを開催した。

2021 年度は、原則として、月 2 回ペースで、同じテーマについて、1 回目を教員中心、2 回目を学生中心のサロンとして実施している。

	第1クォーター	第2クォーター
価値の創造	5月7日：新型コロナウィルス以降の世界と価値を考える 國部克彦（V.School長） 玉置久（価値創発部門長） 忽那憲治（価値設計部門長） 司会：祇園景子	6月18日：大学の価値を考える 武田廣（神戸大学長） 國部克彦（V.School長） 菊池誠（システム情報学研究科教授） 司会：玉置久
価値の創発	5月14日：価値と円環モデル 玉置久（価値創発部門長） 長坂一郎（人文学研究科教授） 内田浩史（経営学研究科教授） オーガナイザー：玉置久	7月2日：アプローチの多様性 菊池誠（システム情報学研究科教授） 小池淳司（工学研究科教授） 祇園景子（V.School 助教） オーガナイザー：菊池誠
価値の設計	5月28日：農業における価値設計 忽那憲治（価値設計部門長） 中塚雅也（農学研究科准教授） 大川剛直（システム情報学研究科教授） オーガナイザー：忽那憲治	7月16日：ライフサイエンスにおける価値設計 坂井貴行（V.School 教授） 福本巧（医学研究科教授） 熊野正樹（産官学連携本部・教授） オーガナイザー：坂井貴行
価値と社会	6月11日：ダイバーシティ&インクルージョンと価値創造 西谷公孝（経済経営研究所教授） アレキサンダーロニー（国際協力研究科教授） 鶴田宏樹（V.School 准教授） オーガナイザー：西谷公孝	7月30日：地域社会における価値 藤井信忠（システム情報学研究科准教授） 安川幸男（V.School 客員教授） 小代薫（計算社会科学研究センター特命講師） オーガナイザー：藤井信忠

	第3クォーター	第4クォーター
価値の創造	10月1日：大学教育とは? 小池淳司（工学研究科教授） 菊池誠（システム情報学研究科教授） 鶴田宏樹（V.School 准教授） オーガナイザー：玉置久	11月26日：大学の教育 蛯名邦禎（神戸大学名誉教授） 齋藤政彦（神戸大学副学長） 山口透（神戸大学広報室長） オーガナイザー：祇園景子
価値の創発	10月15日：少子高齢社会における誰一人取り残さないコミュニケーション 原田和宏（人間発達環境学研究科准教授） 西田健志（国際文化学研究科准教授） 鶴田宏樹（V.School 准教授） オーガナイザー：原田和宏	12月10日：レジリエンスと価値 浜口伸明（経済経営研究所教授） 齊藤誠一（人間発達環境学研究科准教授） 藤井信忠（システム情報学研究科准教授） オーガナイザー：鶴田宏樹
価値の設計	10月29日：日常生活における心の豊かさ 大瀧裕樹（日本たばこ産業株式会社） 國部克彦（V.School 長） 祇園景子（V.School 助教） 安川幸男（V.School 客員教授） オーガナイザー：安川幸男	12月24日：経営学と価値 森村文一（経営学研究科准教授） 宮尾学（経営学研究科准教授） 深田昌則（パナソニック会社） オーガナイザー：森村文一
価値と社会	11月12日：都市空間に生まれる新しい価値 保志場国夫（三菱 UFJ リサーチ&コンサルティング） 村上豪英（株式会社村上工務店） 槻橋修（工学研究科准教授） オーガナイザー：槻橋修	1月7日：農村地域資源の価値 中塚雅也（農学研究科准教授） 長野宇規（農学研究科准教授） 井筒耕平（㈱sonraku） オーガナイザー：中塚雅也
まとめ		1月21日：価値創造スクエア 國部克彦（V.School 長） 玉置久（価値創発部門長） 菊池誠（システム情報学研究科教授）

表17-3　2020年度に実施した価値創造サロン

4. 社会・国際活動

　2020 年度は、新型コロナウイルスの世界的な蔓延という予想外の状況のもとで、計画の縮小、オンライン化を余儀なくされた。国内シンポジウムとしては、2020 年 9 月 7 日に創設記念式典内でのシンポジウムをオンラインと併用して開催し、設立 1 周年記念シンポジウムを 2021 年 3 月 29 日にオンラインで開催した。

　また、産業界で活躍するプロフェッショナルバリュークリエーターによるセミナー（Professional Value Creator：PVC セミナー）を、スクール生が

企画コーディネートして、4回実施した。

　国際シンポジウムに関しては、パリ大学で開催予定のCreating Value Alliance 主催のThird Global Conference on Creating Value はオンライン開催となり、國部スクール長が日本から登壇した。第4回国際カンファレンスはオンラインで2021年9月に開催予定である。

　また、Creating Value Alliance では、メリーランド大学（アメリカ）、南フロリダ大学（アメリカ）、オールボー大学（デンマーク）、北陸先端科学大学院大学等と協力して、V.School も価値創造に関する国際的なプラットフォームづくりに取り組んでいる。

（資料はV.School 事務部がとりまとめた。）

執筆者紹介

國部克彦（こくぶ かつひこ）··第1章、第4章
（編者紹介欄参照）

玉置 久（たまき ひさし）··第2章
神戸大学バリュースクール価値創発部門長、システム情報学研究科教授、博士（工学）

菊池 誠（きくち まこと）··第2章
神戸大学バリュースクール価値創発部門副部門長、システム情報学研究科教授、博士（理学）

忽那憲治（くつな けんじ）··第3章
神戸大学バリュースクール価値設計部門長、経営学研究科/科学技術イノベーション研究科教授、博士（商学）

藤井信忠（ふじい のぶただ）···················第5章、第13章
神戸大学バリュースクール価値設計部門副部門長、システム情報学研究科准教授、博士（工学）

鶴田宏樹（つるた ひろき）···········第6章、第7章、第13章
（編者紹介欄参照）

祗園景子（ぎおん けいこ）···········第6章、第7章、第10章
（編者紹介欄参照）

内田浩史（うちだ ひろふみ）·····································第8章
神戸大学バリュースクール価値創発部門副部門長、経営学研究科教授、博士（経済学）

安川幸男（やすかわ ゆきお）··第9章
神戸大学バリュースクール客員教授、合同会社イキナセカイ代表

佐藤正和（さとう まさかず）··第9章
神戸大学バリュースクール客員教授、株式会社Japan&IndiaProjectDesign 代表取締役

坂井貴行（さかい たかゆき）··第10章
神戸大学バリュースクール教授、博士（学術）

西谷公孝（にしたに きみたか）······················· 第11章
神戸大学バリュースクール協力教員、経済経営研究所教授、博士（経営学）

アレキサンダー・ロニー······················· 第12章
神戸大学バリュースクール協力教員、国際協力研究科教授、博士（文学）

浜口伸明（はまぐち のぶあき）······················· 第13章
神戸大学バリュースクール協力教員、経済経営研究所教授、Ph.D.(ペンシルヴァニア大学)

齊藤誠一（さいとう せいいち）······················· 第13章
神戸大学バリュースクール協力教員、人間発達環境学研究科准教授、修士（教育学）

金子由芳（かねこ ゆか）······················· 第13章
神戸大学バリュースクール協力教員、社会システムイノベーションセンター教授、博士（法学）

福本 巧（ふくもと たくみ）······················· 第14章
神戸大学バリュースクール協力教員、医学研究科教授、博士（医学）

熊野正樹（くまの まさき）······················· 第15章
神戸大学バリュースクール価値設計部門副部門長、産官学連携本部教授、博士（商学）

上田浩史（うえだ ひろふみ）······················· 第16章
神戸大学バリュースクール客員准教授、株式会社LeaGLO代表取締役

編者紹介

國部克彦（こくぶかつひこ）

神戸大学バリュースクール長、経営学研究科教授。博士（経営学）。主著に『価値創造の考え方』（共著、日本評論社、2021年）、『創発型責任経営』（共著、日本経済新聞出版社、2019年）等がある。バリュースクールでは、「価値創造の考え方」、「V.Schoolセミナー」等を担当し、価値創造のプロセスや実践の進め方を指導している。

鶴田宏樹（つるたひろき）

神戸大学バリュースクール准教授。博士（農学）。専門は生物化学、社会連携。これまでの経験から、様々な知識を構造化し、課題から提供価値を考える「価値工学」の学問分野の形成を目指している。バリュースクールでは、「V.Schoolサロン」の企画をはじめ、PBLやFBLなどの新しい教育プログラムの設計に関わっている。

祇園景子（ぎおんけいこ）

神戸大学バリュースクール准教授。博士（工学）。専門は遺伝子工学、科学コミュニケーション。主著に『美しい未来をつくるひとのための15のはなし』（編著、神戸大学出版会、2021年）等がある。バリュースクールでは、主にデザイン思考やシステム思考に基づくPBLを実施している。

価値創造の教育
神戸大学バリュースクールの挑戦
Education for Value Creation
at Kobe University Value School

2021 年 8 月 31 日　初版第 1 刷発行

編者　國部克彦　鶴田宏樹　祇園景子
発行　神戸大学出版会
〒 657-8501　神戸市灘区六甲台町 2-1
神戸大学附属図書館社会科学系図書館内
TEL　078-803-7315　FAX　078-803-7320
URL: http://www.org.kobe-u.ac.jp/kupress/
発売　神戸新聞総合出版センター
〒 650-0044　神戸市中央区東川崎町 1-5-7
TEL　078-362-7140　FAX　078-361-7552
URL: https://kobe-yomitai.jp/
印刷　神戸新聞総合印刷